中華文化思想叢書

中古政治制度

上冊

侯建新等　著

目次

導言

　　本冊的任務是，通過對西歐中世紀和中國中古政治制度的分析，發現它們之間的相同和相異之處；考察它們對民眾生活和經濟社會運動的影響，以及對兩種社會不同發展前途的影響。在世界各個地區的政治制度中，中古時代西歐和中國的政治制度具有典型性。對它們的集中分析與比較，有助於對當時世界上其它政治制度的理解。

　　本冊探討的時段是中古時期。西歐中古時期又稱中世紀，一般指五至十六世紀；中國一般指秦代至清代。一些教科書和論著稱這一時段為「封建時代」，把西歐和中國社會統稱為「封建社會」。可是，為什麼本書將該時段稱為中古而不是封建時代呢？顯然，西歐與中國政治制度研究與比較，首先遇到「封建」概念問題。「封建」概念的本質是什麼，歐洲封建社會的概念是否可以涵蓋中國社會，換言之，前資本主義的西歐社會與中國社會是否同構？本冊「總論」篇中的第一章用相當大的篇幅梳理了「封建」概念在中國的由來和在近代語境中的演繹，用歷史分析的方法討論了西歐封建主義（Feudalism）的主要特徵，進而結合馬克思、恩格斯、布洛赫等作家的相關論述和思想脈絡，進行了理論方面的澄清。最後的結論是，西歐 Feudalism 是歐洲歷史發展的產物，只屬於歐洲；中國的西周社會，是以血緣關係為紐帶的「封建邦國」；秦代至清代是皇權編戶制度。它們本是三個不同的概念，誰也不能涵蓋誰，屬於前近代時期不同的社會形式，不應該貼上同一個標籤。為了避免含混的、易入誤區的概念成為研究的先導，本書採取的做法是用「中古」稱呼我們討論的時段，中西皆

然。人類歷史是不斷發展的一條長河，然而各地區呈現的形式不同，這就是文明的多樣性。

本冊關於政治制度分析的原則是：重點不在具體的機構、組織、法規，而在體現於這些機構、組織、法規中的各種政治力量之間的權力、權利、義務關係。在本書中，政治制度特指一個政治共同體內不同成員之間的權力、權利、義務關係的制度安排及其內在的原則。這樣，一方面避免了一般政治制度史只重政治制度的外在形式介紹的傳統路數，另一方面可以進入到制度的更深層面，探討其賴以形成的原則和基礎。其中，中古個人權利，即原始權利或主體權利似應引起關注，是解讀中西政治制度的重要切入點。

根據這樣的原則，作者從七個方面對中古西歐與中國進行了分析，它們是：西歐與中國的政治制度淵源；王權與貴族或皇權與官僚士大夫；王權與教權或皇權與教化；王權或皇權與基層組織的關係，後者分別指西歐和中國的城鄉組織；西歐和中國的中古賦稅制度；王權與軍隊或皇權與軍隊。作者力求從不同角度展示一個主題，同時透過不同方面揭示西歐與中國的內在異同，現簡介如下：

關於西歐與中國的政治制度淵源。歷史表明，長期積澱的文化傳統對一個民族演繹的軌跡有著巨大的影響和制約，當人們既不能反省自己也不能識別和吸收其它文化的時候，即不能主動地創造歷史的時候，那樣的影響和制約顯得格外強大。西歐的法律政治制度逐漸形成於中世紀，發軔於中世紀以前，並且源於不同質的文化：即日爾曼人的瑪律剋制度、羅馬法和基督教三因素。瑪律克村社制度提供了西歐政治生活最原始的胚胎；羅馬法提供了比較成熟的法律參照體系，羅馬法的權制觀念與實踐成為西歐法律體系的重要生長點；而基督教的政治哲學及政治鬥爭結束了神聖王權時代，有助於建構起西歐二元乃至多元的政治構架。三要素逐漸熔為一爐，大約在人類歷史第二個千

年早期便初顯歐洲文明的雛形。中國政治制度萌芽於傳說時代，在堯、舜、禹「禪位」事例中已經有明顯的表現；在商周之際的宗法制、分封制、嫡長子繼承制中得到了一定的發育；尤其是經春秋至戰國的調整與捩轉，已經大體成形。及秦漢，隨著秦始皇「廢封建置郡縣」，該制度包括思想理論層面等業已完備，後世的王朝大體上延續了這種以皇權為中心的專制政體，雖有變化，也都屬形式或程度的差別，沒有本質的不同。

關於王權與貴族或皇權與官僚士大夫的關係。西歐以采邑制為基礎，並且須經貴族會議推舉，王權才能獲得合法地位。采邑是領主附庸關係的紐帶，以相互的權利和義務關係為原則，體現了等級權利即不平等的權利。在這種政治體制中貴族與國王有著不相等的權利，但畢竟享有一定的獨立的權利，並利用已有的權利制約王權。在貴族與王權的矛盾和衝突中，產生了《大憲章》，後來隨著第三等級的形成又產生了等級會議，同時西歐各國逐漸從以個人關係為基礎的封地制向以地域關係為基礎的領土制過渡，民族國家逐漸形成。中國的郡縣制延續兩千年，以皇權為中心，並且擁有一套龐大的官僚機構。在這一政治結構中，君主是唯一的權力主體，握有至高無上的權力，不容他人染指。一方面依靠士大夫治天下，一方面又不斷削弱與防範臣權；而士大夫不具有獨立的人格與權利，他們實際上是君權的延伸，對君權的依賴遠遠強於對君權限制。

關於王權與教權或皇權與教化。西歐的王權和教權是中古政體中兩個重要元素，雙方保持一定張力相互依賴又相互制約，經過「教皇革命」，產生了政教二元結構，並催生和確立了法律的最高權威。西歐各國發展的不同歷程決定了各自在王權和教權關係上的差異。中國「王權至上」的政治觀念與意識形態的教化密不可分。儒家「天人感應」和宗法觀念對精神生活的長期滲透，使人們毫不吝嗇地把社會性

的精神權威「道」與「聖」虔誠地奉獻給了「天」的代表——至高無
上的皇權。人們的宗教情結寄託在世俗君王身上，後者事實上成了人
們信奉的最大教主。在這樣的政治文化背景下，佛、道等任何宗教都
不可能獲得與王權分庭抗禮的獨立地位及權威。

　　關於王權或皇權與基層組織的關係。西歐莊園化後，公共權力分
散與低迷，而莊園內部的社會秩序卻嚴整而明確。莊民是領主的佃
戶，因此承擔一定義務，也享有相應的一份權利，儘管是有限的權
利。該佃戶只對他的領主承擔義務，在典型的莊園時代，即使對國王
也不負任何責任，因為國王不過是全國最大的領主或最大的領主之一
而已。國王只在他的直轄領地裏享有莊園主的權力。莊園—村社共同
體在經濟、司法、治安、政治生活等方面享有一定自治權。中國鄉村
共同體是皇權體制下的一個基層單位，其「編戶民」即在籍的黎民百
姓直接向朝廷完糧納稅，宗族、鄉約、縉紳階層和保甲組織相輔相
成，共同貫徹王朝政府對村民們的統治，普通村民的個人權利和參與
村莊事務管理的權利都相當有限。中西城市也有明顯差異。西歐城市
與「權利特許狀」的獲得聯繫在一起，城市從產生之日起，就展開了
爭取自治權的鬥爭。而不論鬥爭的結果如何，西歐城市一般都擁有一
定的獨立的權利，對本城事務進行自主管理。正是在這樣的政治環境
中，形成和發展起市民階級即中產階級。中國中古城市是由統治者
「自上而下」建立起來的，城市的興廢盛衰很大程度上取決於政治格
局的演變，城市的首要職能是政治軍事中心。城市是官府政治體系的
一種基層單位，官府對城市進行嚴格的控制，對市民實行高度的管制
和嚴酷的打壓。中古後期城市中出現了一些有微弱自治權的民眾組
織，在經濟發達地區還出現了新市鎮，但這些變異不能改變城市的性
質，也不可能對皇權政治產生實質性影響。

　　關於西歐和中國的中古賦稅制度。西歐賦稅制度理論概括為共同

利益、共同需要和共同同意三部分。在機構建制上，西歐具有比較專門的制稅組織與管理組織，制稅組織從一開始就形成了制衡王權的權力集體，並由這種權力集體最終演變為等級代表會議。與此相適應，制稅的基本形式也由個人協商制演變為議會授予制，因此稅款的徵收與支出須經議會批准。中國賦稅理論的基礎是「家天下」與「宗法制」。在機構建置上，中國似乎不存在專門的制稅組織，而無論是制稅還是管理，皇權都具有最終決定權。另一方面，皇室財政與國家財政各成體系，但實際上皇帝經常打破兩者界限，相互調配。而無論是將國庫錢財用於皇室，還是相反，都反映皇帝「家天下」的觀念。歐洲租稅分離，莊園領主徵租，王權主要徵收動產稅、商業稅和關稅；中國皇權徵收租庸調，徵收對象「編戶齊民」，戶籍制是財政制度的重要組成。

關於王權與軍隊或皇權與軍隊的關係。西歐中世紀的公共權力是分散的，這種狀況與當時王權和軍隊的關係密切相關。國家軍隊主要是由騎士性質的軍隊組成，此外還有雇傭軍與地方民團力量。在向權力集中的民族國家過渡的時期，大多數西歐國家都建立了常備軍體制，國王自己的私人衛隊數量體卻很小。軍隊具有貴族氣質，從軍被認為是一項高尚的職業，而且軍費開支受到代議制的限制，這些因素都影響了國王對軍隊的直接控制。在中國，皇帝是全國的最高軍事統治者，他執掌著全國的軍事資源，徵兵權、統兵權、調兵權、指揮權最終全部歸皇帝。皇帝通過分割兵權，製造文武對立、兵民對立，貶低士兵的地位等手段，實現對軍隊的統治。在軍力的部署上，屯重兵於中央，削減地方兵力，從而奠定郡縣制的政治基礎。

以上，林林總總，不一而足，置於卷首，但願對讀者諸君有所助益。

侯建新

第一篇

總論

第一章
「封建」概念辨析與中西政治制度概說

通過分析西歐中世紀和中國中古政治制度，考察它們的異同，考察它們對經濟社會運動的影響以及對社會不同發展前途的影響，有益於從歷史視野中更深刻地認識西歐與中國。

政治制度的形式固然重要，然而核心問題不是外在的形式，而在於政治共同體中各種政治力量之間的權力、權利、義務關係，在於形成這種關係的原則與基礎，以及這種關係在實際中是推動了社會進步還是延緩甚至阻礙了社會發展。它是我們觀察問題的出發點，而且始終是我們觀察和分析問題的重心。

中古時代西歐和中國的政治制度，在世界各個地區的政治制度中，具有典型性。對它們的集中分析與比較，有助於對當時世界上其它政治制度的理解。

要明確地以現代語言定義中古西歐和中國的某些政治制度是不容易的。以往，國內不少教科書和學術著作將中世紀西歐和秦代至清代的中國皆稱為封建時代，其制度統稱為封建制度。「封建」概念問題是本項研究首先遇到的問題，也是進行中西歷史比較研究不可迴避的理論問題。

「封建」、「封建主義」等詞彙在當今中國可謂耳熟能詳，從小學生的教科書到官方檔，以至學者的皇皇巨著，幾乎俯拾即是：將秦至清代二千多年的傳統社會稱為封建社會，將帝王稱為封建帝王，制度

當然也是封建制度。「封建」話語不僅流行於學術界，而且深入坊間。例如，迷信是封建迷信；包辦婚姻是封建婚姻；個人崇拜是封建遺毒等。總之，封建成為「落後」、「保守」、「腐朽」的代名詞，是中國傳統社會遲遲不能與現代社會接軌的原因。

與此同時，人們看到西歐進入現代文明前的社會被稱為「中世紀」或者「封建社會」。不過，西方晚近的研究成果越來越清晰地表明，所謂「黑暗」的中世紀並非一片黑暗。年鑒派第三代學者勒高夫所寫的《中古文明》是一部全面、系統的綜合之作，作者在為這本書的英文版寫的序言（1988年）中指出，該書的主旨在於說明：中世紀是一個充滿暴力，生活條件嚴酷的世界，同時也是特別具有創造力，奠定西方文明發展基礎的時代[1]。事實正是這樣，西歐「封建社會」只經過幾百年就長出現代文明，所以西方學者至今仍在回顧和反思他們中世紀的價值，反思中世紀與現代文明千絲萬縷的聯繫。

問題是，封建主義概念的本質是什麼，有沒有一個可以涵括中西的封建主義？看來，「封建」二字雖然「耳熟」，卻難以「能詳」，尤其難以從世界歷史的角度把這個問題說清楚。它不僅關乎中外歷史、理論問題，而且涉及中西譯文、學術史等，不勝繁複。然而，事關我國的人文社會科學建設，事關國民基礎教育，茲事體大，不容忽視，循名清源，義不容辭。

第一節　「封建主義」概念在中國之由來

中國古代即出現「封建」字眼，實為「封土建制」、「封邦建國」的簡稱。甲骨文中已有「封」字，意為在土坡上種樹，劃明疆界。《說文解字》云：

1　勒高夫：《中古文明》（Le Goff, J., *Medieval Civilization* 400-1500, Oxford 1988），序言。

> 封，爵諸侯之土也。……公、侯百里，伯七十里，子、男五十里。
>
> 建，立朝律也。

帝王要在其統治範圍內或勢力範圍內建立諸侯國，首先要確定它的疆界，設置「封」作為標誌，並建立某種法規，這就是所謂「封建」。大規模「封建」的事實發生在西周建國初年。滅掉「大邑商」後，地處西陲的周族如何統治這幅員廣闊的土地，於是分封制度應運而生。分封的用意，是讓王族的親戚子弟率領族人到各地建立武裝據點，以此為依託控制各個地區，從而形成拱衛宗周的態勢。這種封建制與宗法制互為表裡，一如《左傳》所載：

> 昔周公弔二叔之不咸，故封建親戚以蕃屏周。[2]
>
> 周之有懿德也，猶曰「莫如兄弟」，故封建之。[3]

周公感傷夏商二朝因疏其親戚而導致滅亡的教訓，所以廣封親戚，以屏障周室。「封建親戚」的原則便是宗法制。分封的各武裝據點被稱為「國」，國主要由王族控制。《荀子·儒效篇》說，周公攝政期間封國七十一，姬姓占五十三，所謂「親親建國」。同時分封少數異姓，多是原有方國部落的歸順者或受表彰者，如異姓者姜太公封齊，以表彰其「勤勞武王」。被封諸侯在封國內有世襲統治權，世襲方式依宗法制規定而行。周天子是各封國諸侯的「大宗」，作為「小宗」的諸侯國必須服從命令，定期朝貢，提供兵役。顯然，先秦的

2　《左傳》卷六，《僖公二十四年》。弔，傷；叔，末世，二叔指夏商兩個前朝──引者注。

3　《左傳》卷六，《僖公二十四年》。

「封建」有兩重要義：其一，在形式上是建立武裝據點，解決幅員遼闊的國土（即家族）安全問題，防衛目標主要是異姓種族；其二，在封國的原則上是血緣關係，目的在於維護王族一姓的統治。司馬遷說得明確：「……故王者疆土建國，封立子弟，所以褒親親，序骨肉，尊先祖，貴支體，廣同姓於天下也。」[4]

封建制度在春秋戰國之際逐步瓦解，秦統一後，全面推行郡縣制，並取而代之。實際上，終先秦之世，「封建」一詞很少使用；倒是秦漢以後，有郡縣製作為對立物，「封建」的特點才突顯出來，該詞出現的頻率也增加了。二者孰優孰劣的爭論，從秦漢以降未停止，分封制也遲未絕跡，只是漸行漸遠，不再佔據主流。「封建」概念也發生了一些變化，魏晉以降，封爵而不治民的制度也沿用「封建」之名。宋元時代，李昉等輯《太平御覽》設「封建部」五卷。繼之，馬端臨寫《文獻通考》設「封建考」十八卷，一方面把「封建」從西周追溯到黃帝時代，另一方面又把秦漢至唐宋封爵而不治民（或曰「封」而不「建」）的制度也囊括其中。後者可稱為「轉義的封建」。總之，無論西周的封建還是後來轉義的封建，一直到清末，人們對「封建」一詞的理解沒有多少變化，如果說有所變化，那就是後來的主要著眼點在於中央與地方的權力分配。甚至清末民初關於聯邦制還是聯省自治的辯論，仍然在體制的含義上使用「封建」一詞[5]。可是無論如何，此時中國的「封建」與「封建主義」無關，國人多數還不

4　《史記》卷六〇，《三王世家》。

5　例如，李大釗一九一六年在論及省制問題時，就上溯至封建與郡縣論，「古無集權、分權之語也。有之，則內重外輕云者，足當集權之義；外重內輕云者，足當分權之義焉。於是右集權者，則謳歌郡縣；右分權者，則想望封建。求之往籍，封建與郡縣之論戰，蓋至今而猶未有以決也。」（李大釗：《省制與憲法》（1916年），載《李大釗文集》第一冊，人民出版社，1999年版，頁21-230。）

知西歐的莊園或「莊園制」為何物，知者也不認為二者是一回事，因而沒有將它們聯繫在一起。

所以，最初的漢學家從不將中文「封建」譯為 feudalism。例如，十九世紀英國漢學家李雅各（James Legge, 1815-1897年）翻譯了不少中國古典經書，遇有「封建」字眼，從不譯為 feudalism，如《左傳》中「故封建親戚，以藩屏周」譯為 raised the relatives of the royal House to the rule of States，that they might act as fences and screens to Zhou（大意是：讓王族的親戚去統治諸侯國，以此作為周的屏障）。又如，對《詩·商頌·殷武》中「命於下國，封建厥福」，《左傳》中「莫如兄弟，故封建之」，以及「封建親戚」、「封建兄弟」等都作了類似的譯文處理[6]。李雅各等都是從本義上譯介中文「封建」一詞，即抓住王族血緣親屬建立諸侯國的本質。顯然，依西人的眼光，中國西周的「封邦建國」與西歐中世紀普遍推行莊園制基礎上的 feudalism 不是一回事，沒有將二者對譯不無道理。

中國學者最初也沒有將二者簡單地對譯。一九〇一年，嚴復（1854-1921年）的重要譯著《原富》（亞當·斯密著，現名《國民財富的性質和原因的研究》）問世。在這部譯著中，feudalism 譯為「拂特之制」。大概嚴復發現西歐的 feudalism 對中國歷史而言是陌生的，沒有一個適當的中國詞彙與之相對應，於是取音譯。嚴復在按語中明確說明他對「拂特之制」的理解：「顧分土因而分民，於是乎有拂特之俗。……一國之地，分幾拂特，分各有主，齊民受理其中而耕其地，則於主人有應盡之職役，而莫大於出甲兵，應調發之一事。用拂特之

---

6 「莫如兄弟，故封建之」譯為 it still said that none were equal to brothers, and advanced them to the rule of States；「封建親戚」譯為 to raise the relatives of the royal House to the rule of States；「封建兄弟」譯為 to advance brothers to the rule of States。（林誌純：〈封建主義問題〉，《世界歷史》1991年第6期）

制，民往往知有主而不必知有王。故地大民眾者，王力不足以御臨之也。」可見嚴復對西歐莊園制有一定的觀察深度，以至認為西歐拂特製與中國古代「封建」不同，所以說出「其建國本始之事如此，非必有錫土胙茅之事如中國也」[7]。一九〇三年六月，嚴復譯穆勒的《群己權界論》（On Liberty），對書中的 feudalism 仍取「拂特」之音譯。

問題出在嚴復不久後發表的另一部譯著《社會通詮》上。嚴復是帶著急迫的心情來翻譯這本書的。愛德華‧詹克斯的《社會通詮》（E‧Jenks, A History of Politics）初版於一九〇〇年，而嚴復翻譯並將其出版是一九〇四年[8]。在這部書裏，他第一次將 feudalism 譯為「拂特封建制」或「封建制」[9]，從而將西歐的 feudalism 與中國的傳統社會完全對應起來，後者不僅包括先秦時代，也包括秦代至清代。不僅是譯文的改變，受西方思潮和話語的衝擊，嚴復的思想也在發生變化。從該譯著的序言中可知，嚴復這位「天演論」的信奉者，深受詹克斯社會演進圖式的影響。詹克斯提出人類社會進化三階段，即圖騰社會、宗法社會和國家社會。在詹克斯看來，這是人類社會由低級到高級發展的普遍過程，也是每一個民族都必須經歷的進化序列，如同天有四季，人有童年、少年、壯年一樣。「封建於社會天演為何階級」（即「階段」──引者注）？嚴復自問自答道，「拂特封建制」乃為宗法社會與近代社會的過渡階段[10]。顯然，詹克斯將 feudalism 看做是西歐的，也是世界的，其它民族都要經歷的。這本是說西歐

---

7 亞當‧斯密著，嚴復譯：《原富》上冊（北京市：商務印書館，1981年），頁335-336。

8 商務印書館一九〇四年出版。

9 另據周振鶴考證，以「封建」對譯 feudalism 是從日本接受來的。外國人所編的漢英辭典直到一九一六年才把 feudal 譯作「封建」，feudalism 譯作「封建制度」。（周振鶴：〈19、20世紀之際中日歐語言接觸研究：以「歷史」「經濟」「封建」三譯語的形成為說〉，《傳統文化與現代化》1996年第6期）

10 愛德華‧詹克斯著，嚴復譯：《社會通詮》（北京是：商務印書館，1981年），頁75。

feudalism 有普遍性，可是一旦嚴復將其譯為「封建」，中文「封建」一詞也有了普遍性，語義學上的奇妙力量由此可見一斑。

　　事實上，嚴復全盤接受了詹克斯關於社會發展有機體的觀念，他在譯文中加入大段的按語讚賞有加，並依此聯繫和劃分中國歷史。他說，「由唐虞以訖於周，中間二千餘年，皆封建之時代」，是典型的宗法社會，其後，「乃由秦以至於今，又二千餘歲矣」。如何看待這一段歷史令嚴復躊躇不已，由於陷入詹克斯的進化圖式中不能自拔，只得認定「秦以至於今」也為「封建時代」。這樣一來，中西封建社會長短差異之巨，即使按詹克斯的觀點也令人費解。中國的「封建社會」，「蓋四千數百載而有餘也」，而起於中國唐宋間英法諸國的封建時代不過千年，「何進之銳耶」？嚴復百思不得其解，雖以「乃事變之遷流，在彼則始遲而終驟，在此則始驟而終遲，固知天演之事，以萬期為須臾」自慰，可仍然難以掩飾其深深的迷惑：「然二者相差之致，又不能為無因之果」，「而又不能不為吾群今日之利害，亦已明矣」（中西今日不同的利弊後果太明顯了）！譯述之際，不知多少次「擲管太息」，「繞室疾走」！[11]嚴復先生渴求新知卻又不能自圓其說的痛苦狀態，躍然紙上！

　　嚴復的痛苦，乃似是而非的痛苦；更確切地說，是削足適履的痛苦！遺憾的是，嚴復的痛苦很少被後人知曉，而他利用舶來的社會演進圖式分解中國歷史，並以「封建」對譯 feudalism 的做法卻被其後的中國學者普遍接受。二十世紀初葉前後，嚴復的這種思想傾向並非孤立。例如，早在一八九九年，梁啟超就提出中國與歐洲的國體都依次經歷了家族時代、酋長時代和封建時代，從中明顯透出了詹克斯式的社會演進圖式。這樣的觀念對於打破中國傳統的歷史循環論有進步

---

11 愛德華・詹克斯著，嚴復譯：《社會通詮》（北京是：商務印書館，1981年），頁75。

意義，倘若變成一個統一的模式去套各國歷史包括中國歷史時，勢必破綻百出。梁氏推斷說，中國西周和希臘的國體相同點最多，都是封建時代與貴族政治、列國分立，云云[12]。今天看來這樣的判斷頗為牽強，可見一旦陷入流行而又僵化的社會演進圖式，即使梁啟超那樣的智慧都要大打折扣。又例如，二十世紀初夏曾佑撰寫《最新中學中國歷史教科書》認為，人類總是由漁獵社會進入游牧社會，再由游牧社會進入耕稼社會。進入耕稼社會以後，又普遍實行宗法制、封建之制，「天下萬國，其進化之級，莫不由此」。夏曾佑的這一表述與詹克斯「圖騰—宗法—封建—近代國家」的社會進化圖式如出一轍，可見那時中國學界受其影響之深。

為了進一步說明當時社會思潮及歷史背景，我們有必要暫時離開主題，簡要回顧一下西方社會進化論的內涵與影響。

當達爾文穿行於太平洋的島嶼觀察自然界的物種變化時，他大概根本沒有想到幾十年後的社會學家運用他的自然界理論來認識人類社會的發展進程，這就是赫胥黎和斯賓塞所提倡的社會達爾文主義理論。雖然他們所論述的範圍和內容各不相同，但都認為文化是由低而高、由簡而繁的進化過程，並認為世界上各民族都沿著同一條路線直線發展，每一個民族都經歷過相同的階段。例如，泰勒在《原始文化》一書中把歐洲各民族文化放在最頂端，把澳大利亞土著民族的文化放在最下端，再把世界各民族文化依其高低和繁簡安排在兩個極端之間。摩爾根的《古代社會》把人類社會和文化發展分為蒙昧、野蠻、文明三個階段，每一個階段又分為低、中、高三個子階段。古典進化理論在西方學界風行一時，其後受到越來越多的質疑和批評。當

---

12 梁啟超：〈論中國與歐洲國體異同〉，載《清議報》第十七冊（1899年6月8日）和第二十六冊（1899年9月5日）。

二十世紀初葉前後傳入中國時，在西方已是強弩之末，以後古典進化論逐漸被新進化論代替，後者的重要主張之一是多線進化論，這是另一個話題了。

如果對當時占統治地位的社會思潮有所了解和體悟的話，我們對嚴復等人就多了幾分理解與寬容。國人初次接觸西方思潮，不善識別或食洋不化總是難免的。在社會進化圖式不可顛覆的大背景下，嚴復將feudalism與「封建」對譯，相當於將西歐中世紀與中國傳統社會等同劃一，對後者的認識與描述僅是借用中文「封建」一詞的外殼，實際在相當大程度上將中國的歷史納入西方的模式，按照西歐的邏輯進行演繹，並且標榜為人類社會的普遍性。顯然，二十世紀初葉以來，「封建」一詞在中國文字和口語上空前高頻率地出現，不是中國傳統話語的簡單延續，而是另有一番緣由與內容，確切說，「封建」已經不是先秦「封邦建國」的簡稱，也不是後來「封爵而不治民」轉義的封建制，而是隨西語 feudalism 而來的、帶有「普遍」意義的、人類進入近代國家前必須經歷的一個社會形態或社會發展階段，從而為以後五種生產方式說的流行打下伏筆。

如果嚴復當時還有幾分躊躇和遲疑的話，嚴復的後人們在這個問題上幾乎不假思索，認為每個民族，當然包括中國在內，經歷西歐那樣的「封建社會」天經地義，毋庸置疑。從二十世紀三〇年代中國社會史論戰，到五〇至七〇年代中國歷史社會形態劃分的討論，關於「封建社會」，不是有無問題，而是存在於中國歷史上的哪個時代、什麼時候形成、什麼時候崩潰的問題。也有不同的聲音，如胡適的

《中國哲學史大綱》[13]、鄭振鐸的《插圖本中國文學史》[14]、蔣伯潛、蔣祖怡的《經與經學》[15]、張蔭麟的《中國史綱》、侯外盧的《中國思想通史》等，仍然堅持「封建」是中國西周時代的特定概念，不能混同於西歐的 feudalism，也不足以概括秦漢以後的中國社會。在陳寅恪的文集中，未發現他在任何地方把秦始皇「廢封建、立郡縣」以後的中國社會稱作「封建社會」。張蔭麟的《中國史綱》是二十世紀四〇年代初刊印的高中歷史教材，其中「西周的封建社會」一章，在說清西周「封建社會的要素」[16]後，旋即作結道：

13 胡適於一九一八年作《中國哲學史大綱》，認為中國哲學的「懷胎時代」是公元前八世紀到公元前六世紀，論及這一時代的時勢，則屢屢出現「封建」一詞：「那時諸侯互相侵略，滅國破家不計其數。古代封建制度的種種社會階級都漸漸地消滅了。」「古代封建制度的社會，最重階級。」言及孔子哲學之大旨「正名」時如是說：「孔子眼見那紛爭無主的現象，回想那封建制度最盛時代，井井有條的階級社會，真有去古日遠的感慨。」（胡適：《中國哲學史大綱》，東方出版社，1996年版。）

14 二十世紀三〇年代初鄭振鐸所著《插圖本中國文學史》，論秦統一天下前的統一，「不過分封藩王，羈縻各地的少數民族而已。他們仍然保持其封建的制度，不甚受命於中央。到了秦統一之後，方才將根深蒂固的分散的地方王國的制度打得粉碎，改天下為郡縣」。（鄭振鐸：《插圖本中國文學史》，北京出版社，1999年，頁83）

15 蔣伯潛、蔣祖怡於一九四二年父子合著「國文自學輔導叢書」，意在向國人介紹傳統文化中經典之作的源流嬗變。叢書的《經與經學》一冊中有言：「秦始皇統一中國，廢封建，改郡縣，這是我國政治制度上一次極重大、極劇烈的改革，周朝以前行之數千年的封建制度被根本剷除了。……確是我國劃時代的政治變動，雖然古代的封建制度至戰國時已呈崩潰之象，可是政治上、社會上重大的改革，往往不為安於舊習的人們所贊成。」又說：「封建制度的崩潰，開始於春秋中葉而完成於秦，西漢初年和郡縣夾雜存在的諸國，不過是封建制度的迴光返照，故如曇花一現而即滅。這原是大勢所趨，無可避免的。」（蔣伯潛、蔣祖怡：《經與經學》，上海書店，1997年，頁17）

16 張蔭麟云：「嚴格地說封建的社會的要素是這樣：在一個王室的屬下，有寶塔式的幾級封君，每一個封君，雖然對於上級稱臣，事實上是一個區域的世襲的統治者而兼地主；在這社會裏，凡統治者皆是地主，凡地主皆是統治者，同時各級統治者屬下的一切農民非農奴即佃客，他們不能私有或轉賣所耕的土地。」（張蔭麟：《中國史綱》，上海古籍出版社，1999年，頁24-25）

照這界說，周代的社會無疑地是封建社會。而且在中國史裏只有周代的社會可以說是封建的社會。……從這散漫的封建的帝國到漢以後統一的郡縣的帝國，……是我國社會史的中心問題之一。[17]

錢穆在一九四○年出版的《國史大綱》中也不同意把中國自周秦以來的社會說成是「封建社會」，他說：

以政制言，中國自秦以下，即為中央統一之局，其下郡、縣相遞轄，更無世襲之封君，此不足以言「封建」。既無特殊之貴族階級，是亦不足以言「封建」。……土地既非采邑，即難以「封建」相擬。……中國以往社會，亦盡可非封建，非工商，而自成一格。何以必削足適履，謂人類歷史演變，萬逃不出西方學者此等分類之外？[18]

侯外廬寫於二十世紀四○年代的《中國思想通史》說得更尖銳，他說兩者相混（指先秦封建制與秦漢以後的制度相混──引者注），是「語亂天下」[19]。不過，他們的意見不佔據主流，而且聲音越來越微弱。

至此，問題可歸結為：在前近代人類社會是否存在一個統一的發展圖式，是否可以用一個概念表述所有民族和國家的社會性質與特徵？進一步而言，以往譯為「封建制度」的西歐的 Feudal System 是

17 張蔭麟：《中國史綱》（上海古籍出版社，1999年），頁24-25。
18 錢穆：《國史大綱》（商務印書館，1994年），〈引論〉，頁21-22。
19 侯外廬：《中國思想通史》第二卷，上冊（生活·讀書·新知三聯書店，1950年），頁374。

否可以涵蓋中國？我們擬採用歷史方法來解決和回答問題，因此首先還要接受歷史事實的檢驗。

第二節　西歐中世紀社會的歷史分析

　　布洛赫作為年鑑學派的奠基人享有世界性的盛名，是廣受人們信賴的歷史學家。其名著《封建社會》（Feudal Society）[20]，是研究西歐封建制的一部綜合性巨著，於一九三九至一九四〇年最初以法文版形式問世，二十年後英文版問世，著名經濟史學家波斯坦在〈序〉中稱讚它是論述西歐 feudalism 的「國際水準的著作」。二十年後，該書英文版第九次重印，另一位著名史學家布朗在序言中，仍然熱情洋溢地肯定這部書的歷史功績，稱之為西歐中世紀社會研究的奠基之作。二〇〇四年中文版也問世了[21]，距離原著發表已有六十餘年，可見該著不可磨滅的學術價值。研究西歐「封建制」[22]的著作汗牛充棟，匆匆流覽各家，不如認真分析一部權威著作，而布洛赫的《封建社會》本身是集各家之大成的公認權威。他在該著的最後一章即第三十二章「作為一種社會類型的封建制」中，專門一節分析「歐洲封建制的基本特徵」，雖然篇幅不長，卻是全書的精華，可作為我們探討西歐封建制的主要參考點，如若適當參照和比較中國的情況一併討論，可更加明瞭西歐封建制的本質及其與中國之差別。

　　歐洲 feudalism 的基本特徵歸納起來有如下幾方面：

20 M. Bloch, *Feudal Society*, London 1961.

21 馬克・布洛赫著，張緒山等譯：《封建社會》上、下卷（北京市：商務印書館，2004年）。

22 在本文沒有得出最後結論之前，仍按通常的對譯即西文 feudalism 為中文「封建主義」。

　　非血緣的、非強有力的國家權力支配的社會。布洛赫在描述封建制基本特徵時，第一句話就是，要知道西歐封建制是什麼，「最簡易的方法是從什麼不是封建制社會說起」[23]。其一，它不同於建立在血族關係基礎之上的社會。雖然它留有血緣關係的印記，例如其個人從屬關係仍保留著原始親兵制中準家族（quasi-family）成分，但該社會並非完全靠血緣關係維繫，布洛赫頗為肯定地指出，「更確切地說，嚴格意義上的封建關係紐帶正是在血族關係不能發揮有效作用的時候才發展起來的」[24]。西歐的封君封臣制度是弱者對強者的投靠，從形式上看，這種關係的結成是自願的。一個自由人有選擇主人的權利，這是諸多日爾曼法典都有明確規定的。封臣義務的核心是服軍役，軍役不能無限期延長，一般規定是一年四十天。軍役期間，封臣要自備馬匹、武器、盔甲和糧餉。較大的封臣還要帶上他下面的封臣，所帶騎士數量視受封土地大小而定。平時則要提供義務，例如，封君被人俘虜了，封臣要幫助繳納贖金；封君巡遊封臣的轄地，封臣有義務款待。當然，這些負擔在協議中早有規定，包括一年款待封君的次數，一次停留的時間長度。有的甚至規定封君隨從人員和馬匹的數量，以至伙食的標準。封君對封臣也有義務，一是提供保護，二是提供生計即封土。這裏有互惠關係，有人身依附關係，卻幾乎沒有血緣關係。

　　其二，推行封建制的國家不是一個統一的、強有力的國家。布洛赫說：「儘管凌駕於眾多小權力之上的公共權力的觀念仍持續存在，但封建主義是與國家的極度衰弱，特別是與國家保護能力的衰弱同時發生的。」[25]隨著蠻族入侵和蠻族國家的建立，大約公元一千年前後西歐社會興起以地方權力為中心的歷史現象，具體表現為公共權力的

23　馬克・布洛赫：《封建社會》下卷，頁700。
24　馬克・布洛赫：《封建社會》下卷，頁700。
25　馬克・布洛赫：《封建社會》下卷，頁700。

崩潰和領主專權的形成，被稱為「封建革命」，從而帶來了所謂「封建無政府狀態」。實際上行使政治權力的是那些大小領主們，他們在各自的領地上是公法和私法的統一執行者。它產生於混亂無序的年代，是無序中的有序，歐洲變得更穩定了，並逐漸產生了一種新的文明。布洛赫認為，如果沒有日爾曼入侵的大變動，歐洲的封建制將是不可思議的。「日爾曼人的入侵將兩個處於不同發展階段的社會強行結合在一起，打斷了它們原有的進程，使許多極為原始的思想模式和社會習慣顯現出來。封建制在最後的蠻族入侵的氛圍中最終發展起來」[26]，封建主義就其政治組織形式和內容而言，權力顯然是分散的，如嚴復所言：「用拂特之制，民往往知有主而不必知有王。」[27]

　　莊園制。正因為西歐國家沒有一個高度整合的行政、司法體系，也沒有一支常備軍，所以國王不是高高在上的專制君主，他與諸侯是封君與封臣的關係，以互惠的忠誠紐帶聯結在一起。國王的經濟來源實際上全部來自他作為領主的個人莊園，他也只生活在他的莊園裏，所謂「國王靠自己生活」。他只要求封臣們在發生戰事時及時地並全副武裝地趕到自己的身邊就行了。真正嚴整的社會秩序只存在於領地內部，而對於一個個領地或莊園的主人──尚武的貴族及騎士來說，既沒有一個外在的強大力量來控制和管理他們，他們之間也沒有多少經濟上的相互往來。采邑制度既是經濟制度，也是政治制度，從這個意義上布洛赫相當肯定地說：「封建主義即莊園制度，這種認識可追溯到很久以前。」[28]他和其它史學家都共同認為：feudalism 一詞是由通俗拉丁語 feodum（采邑）演化而來的，feudalism 這個新詞從本意上講僅僅適用於采邑制及其相關的事物，而與其它東西無關。因此，

---

26 馬克・布洛赫：《封建社會》下卷，頁700。
27 亞當・斯密著，嚴復譯：《原富》上冊（北京市：商務印書館，1981年），頁335。
28 馬克・布洛赫：《封建社會》下卷，頁699。

「當法國大革命時期的人們宣佈目的是消滅封建主義時，他們首先想要攻擊的便是莊園制度」[29]。以采邑為中介，形成領主與附庸的軍事關係，領主向附庸提供采邑，附庸為領主出征；在莊園內部，領主向他的佃戶提供份地，同時享用後者的勞役或貨幣報酬。莊園制是封建制的基礎。

中國西周實行的封建制，是地處西陲的周族為了統治幅員遼闊的土地而採取的政治舉措。王族的親戚子弟率領族人到各地建立武裝據點，其首要目標是解決周氏家族的安全問題。中央與地方的關係完全按照血緣關係的原則確定，享有「大宗」權威的周天子在上，各諸侯國即「小宗」掌控的「封地」顯然達不到西歐莊園那樣的獨立性。西歐莊園制按照領主附庸關係而建立，解決某一地區因羅馬帝國滅亡後共同面臨的安全問題，而不是某一血族的安全問題，所以不以血緣關係為唯一的維繫，或者基本不依靠血緣關係。莊園作為某一領主的領地，享有獨立的行政、司法與經濟特權，王室官吏不得干預領地，甚至國王本人未經允許都不得隨意進入。西周的「封邦建國」與西歐莊園制貌似而神異，似是而實非，二者難以簡單地認同。

如果西周封建製表面還有幾分相似的話，秦代以後的社會制度連這一點也不存在了。秦始皇「廢封建置郡縣」後建立的以皇權為核心的專制制度，其後二千多年基本不變，一直是中國政治制度的主導模式。雖然西漢有七國之反，晉有八王之亂，唐有藩鎮割據，明有燕王之變，但都為時不長，不構成列國之形。而且，它面對的既不是先秦時代的「封國」，更不是西歐那樣的莊園，與皇權沒其抗衡的教會，沒有歐洲那樣的、貴族，更沒有「第三等級」。皇權俯視下的蒼生，除輔佐他的王公大臣士大夫外，幾乎全部都是國家編戶制度下的小

---

29 馬克·布洛赫：《封建社會》下卷，頁699。

農，即「編戶齊民」。齊民，無差別之意，這裏主要指政治等級上的無差別。小農對土地擁有低度的或有限的所有權，而中央王朝擁有最高和最後的所有權，明顯的標誌就是朝廷向每一個編戶民徵收田租和賦役，「有田則有租，有身則有庸」。在中國漫長的中古時代，皇權對土地的最高所有權和對民眾的廣泛支配權，是西歐封建制從未擁有過的。秦始皇在琅琊刻石揮筆寫道：「六合之內，皇帝之土」，「人跡所至，無不臣者」[30]，顯然是「溥天之下，莫非王土；率土之濱，莫非王臣」這一古老原則在新制度下的進一步彰顯。

尚武的武士等級是統治階級。布洛赫說，「即使極為粗略的比較研究也將表明，封建社會最顯著的特點之一，是首領等級與職業武士等級事實上的一致性」，或者說體面風光的武裝職業等級是領主階級，也是統治階級。布洛赫列舉了兩個反證，來說明不具備這樣的特徵就不是封建制度。一是斯堪的納維亞或西班牙西北部諸王國，一是拜占庭帝國。由於沒有武士等級，所以只有形式極不完善的附庸制和莊園，或者既沒有附庸制也沒有莊園。在拜占庭帝國，八世紀的反貴族運動之後，繼續保留了羅馬時期統一的行政管理傳統，為獲得一支中央政府直接支配的強大軍隊，又創造出了為國家提供軍事義務的佃領地。與西歐采邑不同的是，它們只是農民采邑，確切說是規模不等的農民份地。此後，帝國政府最關注的事情是保護這些「士兵的財產」及一般的小持有地不受豪強的侵蝕。然而，十一世紀晚期經常出現的情況是，陷於債務的農民難以保持其獨立性，同時帝國受到內部紛爭的干擾，不再能夠對自由農民提供有效的保護。這樣，沒有武士等級的拜占庭帝國最終喪失了采邑制以及與之相聯繫的軍事和財政資源[31]。

中國始終不存在職業武士，也沒有首領等級與武士等級的一致

---

30 《史記》卷六，〈秦始皇本紀〉。

31 馬克・布洛赫：《封建社會》下卷，頁701-702。

性。春秋及其以前的社會確有尚武精神，上至各國國王，下至一般貴族子弟，都以從軍為榮。當兵不是下賤的事，而是社會上層階級的榮譽職務。春秋時代雖已有平民當兵，但兵源的主體仍是貴族。所以一直到春秋時代，軍隊還是貴族的軍隊，仍為傳統貴族的俠義精神所支配。戰國初期文化起了相當大的變化，我們由《史記》中可得知，經過一百年（公元前470至公元前370年間）的劇烈震盪，「革命的結果是，國君都成了專制統一的絕對君主，舊的貴族失去春秋時代仍然殘留的一些封建權利」[32]。文武兩兼的教育制度悄然破裂，文武分離開始出現。到秦代，兵源的素質與從軍的熱情都大大下降。又因為邊疆防戍規模空前增大，於是徵發「亡人」（流民）戍邊，這是後代只有流民當兵，兵匪不分局面的濫觴。漢武帝時，維護京師的兵力選自關西六郡的良家子弟，其餘則良莠不齊，或是招募的胡越降人，或是強制屯田的徙民[33]，尚有招募而至的匈奴兵。他們大半都是民間的流浪分子，甚至是外族浪人，很容易遭到一般清白自守的良民的輕視。雷海宗推斷說，「『好鐵不打釘，好漢不當兵』的成語不知起於何時，但這種鄙視軍人的心理一定是由漢時開始發生的」[34]。秦漢以後的兵制沒有很大變化，只有隋唐承襲北朝外族的制度，百餘年間曾實行半徵兵的府兵制，不過，無論如何也從未實行過與領主附庸制度相聯繫的騎士等級制度，也沒有以從軍為榮的貴族等級。在西歐，享有佩劍權是貴族的象徵。法國大革命以前，有著古老血統的貴族為了與公職貴族相區別，仍稱自己為「佩劍貴族」。即使在為國捐軀已完全不再是某個等級壟斷行為的今天，這種感情仍然存在。在洋洋百萬字的兩卷本中，布洛赫幾乎沒有提及中國，然而此處卻聯繫了中國社會，大概

---

32 雷海宗：《中國文化與中國的兵》（北京市：商務印書館，2001年），頁7。

33 《漢書》卷四十九，〈晁錯傳〉。

34 雷海宗：《中國文化與中國的兵》（北京市：商務印書館，2001年），頁24-28。

他發現這種差異太明顯了，他說：從軍「對於職業武士的作用是一種精神上的優越性——這種態度對其它的社會如中國社會，是非常陌生的」[35]。

　　領主附庸關係中的原始契約因素。在西歐封建制社會，獨特的人際關係紐帶是從屬者與附近首領的聯繫。這種關係紐帶從一個階層到另一個階層，像許多無限擴展開來的鏈條，將勢力最小者與勢力最大者聯繫起來。領主得到人，委身者得到土地，所以土地受到重視。諾曼領主拒絕諾曼公爵提供的珠寶、武器和馬匹等禮物，他說：我們需要土地。因為有了土地，才能供養更多的騎士。在體面風光的武士等級中，依附關係最初曾經表現為一種契約形式，這種契約是兩個面對面的活生生的人之間自由簽訂的。「由於行了臣服禮而封臣對封君有多少忠誠，則同樣封君對封臣也有多少忠誠」，布洛赫指出，「附庸的臣服是一種名副其實的契約，而且是雙向契約。如果領主不履行諾言，他便喪失其享有的權利。因為國王的主要臣民同時也是他的附庸，這種觀念不可避免地移植到政治領域時，它將產生深遠的影響」。人們普遍承認，附庸擁有離棄惡劣領主的權利。在這種情況下，許多表面看來似乎只是偶然性的起義，其實基於一條傳統深厚的原則：「一個人在他的國王逆法律而行時，可以抗拒國王和法官，甚至可以參與發動對他的戰爭……他並不由此而違背其效忠義務。」這就是《薩克森法鑑》中的話[36]。這一著名的「反抗權」的萌芽，在公元八四三年《斯特拉斯堡誓言》及禿頭查理與其附庸簽訂的協定中已經出現，十三和十四世紀又重現於整個西歐世界的大量檔中。這些檔包括：一二一五年《英國大憲章》、一二二二年《匈牙利黃金詔書》《耶路撒冷王國條令》《勃蘭登堡貴族特權法》、一二八七年《阿拉岡

---

35 馬克・布洛赫：《封建社會》下卷，頁712。
36 馬克・布洛赫：《封建社會》下卷，頁713。

統一法案》《布拉邦特的科登勃格憲章》、一三四一年《多菲內法規》以及一三五六年《朗格多克公社宣言》。布洛赫繼而強調說，在這裏，「西歐封建主義獲得了它的最原始的特徵之一」[37]。

中國前近代社會不存在西歐那樣的原始契約關係因素，此點大概是中西政治制度最根本的差異。中國官吏有權力，但在君主面前同樣缺乏最基本的個人權利。他們既沒有獨立的權利，也談不到維護自己的權利並與君權抗衡。說到底，中國君主與官僚之間的關係更像是主與奴的關係，官僚基本是專制君主的統治工具，一個附屬物，歸結為中國一條傳統的倫理原則，就是「君為臣綱」，此點以後還要論及。中國也缺乏具有一定的獨立性並與王權抗衡的宗教及教會組織。儒學對中國民眾精神生活影響最大，而它並非是官僚皇帝制的對立物，恰恰相反，儒學與後者是相伴相生的。此外，中國「編戶齊民」與朝廷之間也沒有西歐領主附庸關係中的契約因素，當農民個人受到來自上面侵害的時候，幾乎沒有多少抵抗和自衛的手段。顯然，與西歐的feudalism 相距甚遠。

關於西歐封建制度這些基本特徵，西方大部分作者都表明了相似或相近的見解。

比利時學者甘肖弗（F. L. Ganshof）認為，feudalism 主要有兩種意義，一是指社會形態，其明顯的特徵是：以個人的依附關係為中心組成社會，國家政治權力分散；佔據社會高位的軍事等級；不動產即土地不斷被分割等。第二個意義是它的特定的領主附庸關係，即封臣對領主的服從與服役，同時領主對封臣提供保護和土地，而土地採取封地（fief）的形式[38]。

---

37 馬克·布洛赫：《封建社會》下卷，頁702。

38 F. L. 甘肖弗：《封建制度》（F. L. Ganshof, *Feudalism*, London: Longman Group Ltd, 1964），導言。

美國學者海斯（C. Hayes）等認為，封建制度是在一個重大危險時期作為一種相互保障的社會而產生的。它的最簡單的方式是一個強有力的人與許多弱者聯合起來，共同持有和耕作一大片土地，共同保護他們的生命和財產。封建制度是中世紀流行於西歐的社會狀態。它是一種具有保護和服役兩種主要特點，弱者服役於強者，強者保護弱者的社會狀態[39]。顯然，海斯等也是強調 feudalism 中相互的權利與義務關係，即契約因素。

西方權威詞典《簡明不列顛百科全書》和《韋氏國際大辭典》對 feudalism 詞條均有較為詳細的釋義。《簡明不列顛百科全書》強調領主與附庸之間「私人的」和「自願的」的聯繫，從而接受可以世襲的領地；另一方面是莊園制，在莊園內領主對農奴享有員警、司法、財政等權利。與此同時，國王權力衰落，諸侯林立。臣民與領主的關係是社會的主要關係等[40]。《韋氏第三版新國際英語足本詞典》也以不同

---

39 C. 海斯、T. 穆恩著，世界書局編譯所譯：《世界史》上冊（三聯書店，1975年），頁443。

40 原文是這樣的：「一種以土地佔有權和人身關係為基礎的關於權利和義務的社會制度。在這種制度中，封臣以領地的形式從領主手中獲得土地。封臣要為領主盡一定的義務，並且必須向領主效忠。在更廣泛的意義上，feudalism 一詞指『封建社會』，這是特別盛行於閉鎖的農業經濟中的一種文明形式。在這樣的社會裏，那些完成官方任務的人，由於同他們的領主有私人的和自願的聯繫，接受以領地形式給予的報酬，這些領地可以世襲。feudalism 的另外一個方面是采邑制或莊園制，在這種制度中，領主對農奴享有廣泛的員警、司法、財政和其它權利。……feudalism 本身在九世紀期間有很大發展。國王的權力衰落了，各地的政權實際上成為獨立的了，並開始建立起他們自己的地區性的小國家；他們彼此征戰不休。從十二世紀起，feudalism 受到各種敵對勢力的攻擊。擁有拿薪俸的官員和雇傭軍隊的中央集權國家建立了起來。臣民與君主的關係代替了封臣與領主的關係。城鎮由於經濟發展甚至建立了自己的民兵，能夠在很大程度上形成它自己關於社會的概念。這與貴族的概念是不同的。作為貴族階層物質生存的采邑制度在十二至十三世紀經歷了一場深刻的經濟危機。儘管 feudalism 到十四世紀末已經不再是一種政治的和社會的力量，但它仍然在歐洲社會中留下了自己的烙印。它對現代形式的立憲政府的形成產

的表述指出 feudalism 類似的基本特徵：領主與封臣的關係；采邑制；領主在領地內獨立行使政府職能等[41]。

　　一九五〇年，普林斯頓大學召開了一次有關 feudalism 的專題學術討論會，編者在會後出版的論文集中指出，feudalism 主要是一種政治統治方式（a method of government），這種統治方式的特點在於：它的基本關係不是統治者與臣民，也不是國家與公民，而是領主與封臣的關係。它是封建制中的核心因素雖然 feudalism 一詞源於 feudum（封地、采邑），因此與土地所有權有著重要聯繫，但不應因此將土地關係誤解為 feudalism 的中心[42]。

　　歷史以及歷史研究表明，西歐 feudalism 的基本特徵——國家統治權力的分散，莊園制度和武士等級制，領主附庸制及其包含著的原始契約因素等幾個方面——是西歐社會歷史的產物，不具有普遍性，對中國傳統社會尤其秦代至清代社會而言，恰好是陌生的，難以用同一個概念涵蓋之。

　　下面我們再看看馬克斯、恩格斯等相關作家是如何認識這一問題的。

生了極大影響。」（《簡明不列顛百科全書》第3冊，北京、上海：中國大百科全書出版社，1985年，頁132，參照該書1984年的英文版）

41 原文是這樣的：「1. A: feudalism 從九世紀到大約十五世紀，在歐洲繁榮過的一種政治制度。它建立在領主與封臣的關係之上，所有的土地都是以采邑的形式持有的（如國王的采邑），作為主要的附屬情況，有效忠、佃農在軍事和法庭方面的服役、監護權和沒收權。B: feudalism 賴以建立的原則、關係和習慣。可比較 commendation, feud, liege, lord, precarium, vassal。2. 大領主或世襲的拂特領主從土地徵入歲收，同時在他們的領地內行使政府的任何一種社會權力。3. 少數人為了自身利益實行的控制：社會的、政治的或經濟的寡頭統治。」Philip Babcock Gove, ph. D. & The Merriam-Webster Editorial Staff, *Webster's Third New International Dictionary of the English Language Unabridged*, G. & C. Merriam Co., 1976, P. 892.

42 拉什頓‧庫伯恩編：《歷史上的封建主義》（Rushton Coulborn ed., *Feudalism in History*, Princeton, New Jersey: Princeton University Press, 1956），頁3-7。

第三節　西歐中世紀社會的理論分析

本來是兩種不同的物品，為什麼貼上一個標籤並且裝進同一個籮筐？這是中西歷史的雙重誤讀，也是某種歷史認識的誤區使然。關於西歐 feudalism，前面做了歷史的分析，下面我們追尋馬克斯等相關作家的論述，嘗試作一點理論方面的澄清。

前已提及，當二十世紀初「封建」一詞在中國空前高頻率地出現時，已經不是中國傳統話語的簡單延續，既不是西周「封土建制」的簡稱，也不是秦漢以來「分封」與「郡縣」孰優孰劣論辯中的封建，隨著西語 feudalism 與「封建」對譯，「封建」已成為同一的、中西概莫能外的社會發展階段。它是「五種生產方式說」的重要組成部分。

「五種生產方式說」曾在我國的歷史教學和研究領域佔有絕對的統治地位，近二十年來雖然受到越來越多的詰問，不過在許多情況下仍然莫衷一是。焦點似乎還是在馬克斯等作家關於該問題論述的解釋上。堅持者認為，五種生產方式說是馬克斯關於人類社會發展史的經典解釋，不容改變；反對者則認為這不是馬克斯的本意而是斯大林所為。

長期以來，國內教科書一直把馬克斯的歷史發展觀解釋為五種生產方式或五種社會形態的發展圖式，其直接來源是前蘇聯理論界。斯大林在《論辯證唯物主義和歷史唯物主義》中指出：「歷史上有五種基本類型的生產關係：原始公社制的，奴隸制佔有制的，封建制的，資本主義的，社會主義的。」[43]從此，五種生產方式的單線發展圖式被蘇東國家等解釋為關於世界歷史演進的規律。例如，前蘇聯人編寫的教科書寫道：「所有的民族都經歷基本相同的道路……社會的發展

43　《斯大林文選》（人民出版社，1962年），頁199。

是按各種既定的規律，由一種社會經濟形態向另一種社會經濟形態依次更替的。」[44]在這樣的思維框架下，既然所有國家或地區都要經歷這樣幾種社會形態，中國當然也不例外，其中勢必包括經歷一個封建社會，在這裏，feudalism 已經不是對西歐的歷史性描述，而是一個抽象的、普遍的概念。

關於西歐的「封建制度」是否有世界性的普遍意義，早在啟蒙運動時代就有過爭議。在孟德斯鳩看來，西歐「封建法律」建立是一種獨特的現象，是「世界上曾經發生過一次，大概永遠不會再發生的事件」[45]。但伏爾泰把西歐封建主義認作普遍存在的古老的社會形態。伏爾泰的觀點已包含人類社會單線發展那樣的概念，對後世的影響更大些。

聖西門（1760-1825年）深受維科、孔多塞影響，是一位典型的階段進化論者。他認為，人類社會是一個有規律地從低級向高級發展的過程，發展過程分為五個階段：開化初期，古希臘羅馬的奴隸制社會，中世紀神學和封建制度，封建制度解體的過渡時期，未來的「實業制度」。

傅立葉（1772-1830年）也把人類歷史劃分為若干階段，只是更加複雜：（1）原始時期；（2）蒙昧制度；（3）宗法制度；（4）野蠻制度（中國、日本、印度都屬於野蠻時期，沒有進入文明時期）；（5）文明制度（文明制度又分為四個階段，即童年時期如希臘羅馬的奴隸制，社會成長時期如奴隸解放和「封建主義」，衰落時期，文明制度凋謝時期）；（6）保障制度；（7）協作制度；（8）和諧制度[46]。

---

44 轉引自羅榮渠：《現代化新論》（北京大學出版社，1993年），頁53。

45 轉引自馬克·布洛赫：《封建社會》下卷，頁697。

46 《傅立葉選集》第一卷（商務印書館，1982年），頁72-73、77；第三卷，頁138-172、284。

黑格爾也有類似的歷史階段劃分。到十九世紀中葉,達爾文發表
《物種起源》,更是直接影響和推進了十九世紀以來關於不同民族都
在同一軌道上演進的觀點,形成古典進化論。胚胎學、地質學、生物
學、考古學、文化人類學、歷史哲學等各個不同領域都提出了相應的
概念。

一些人認為馬克斯也有類似的歸納,他們引用最多的一段話是
「大體說來,亞細亞的、古代的、封建的和現代資產階級的生產方式
可以看做是社會經濟形態演進的幾個時代」[47]。馬克斯在《〈政治經濟
學批判〉序言》中,論證生產力與生產關係、上層建築經濟基礎的矛
盾運動,特別論及社會形態一定要與生產力相適應:一種社會形態,
在它們所能容納的全部生產力發揮出來以前,是絕不會消滅的,相
反,在其物質條件沒有具備以前,一種社會形態也不會產生。接著說
出上面那段話。顯然,馬克斯在這裏致力於說明生產力和生產關係,
而不是致力於論證人類社會的發展階段,更沒有這樣的含義:每一個
民族或地區都須依次經過這幾個社會階段,而且一個社會形態一定產
生下一個社會形態。所謂「亞細亞的」即亞洲的,怎麼會發生在歐
洲?同樣,古代古典的即希臘羅馬的社會形式,也沒有在亞洲發生。
另一段時常被引用的話,來自馬克斯和恩格斯的《德意志意識形態》
一書。該書談到,一個民族的生產力發展水準,最明顯地表現在該民
族分工的發展程度上,也就是所有制的各種不同形式。接著,他們談
到:第一種所有制形式是部落所有制:第二種所有制形式是古代公社
所有制和國家所有制;第三種形式是封建的或等級的所有制。仔細閱
讀原文就會發現,他們是依據歐洲的歷史進行的歸納,如第二種所有
制顯然指古希臘羅馬的城邦制度;第三種所有制顯然則指日爾曼人的

---

47 《馬克斯恩格斯選集》第二卷(人民出版社,1972年),頁83。

中世紀制度：文中提及武裝扈從，鄉村的農奴制和城市的行為制等[48]，很明顯，馬克斯恩格斯以歐洲的歷史事實為依據，論證其生產力發展的過程就是社會分工擴大的過程觀點，看不到試圖對全人類歷史發展階段的歸納和抽象。恰恰相反，他們把幾種社會形式視為歷史研究的公式，更沒有奉為每個民族一般發展道路的哲學圖式。他們在《德意志意識形態》一書中寫道：「這些抽象本身離開了現實的歷史就沒有任何價值。……這些抽象與哲學不同，他們絕不提供可以適用於各個歷史時代的藥方或公式。」[49]可惜，斯大林教條化的處理，恰恰將其變為「修剪」歷史的「藥方」。

應當指出，馬克斯和恩格斯關於人類歷史多樣性的觀點，或者說他們的多線歷史發展觀，這在他們大部分作品尤其晚年成熟的作品中有相當明確的表述。如果說馬克斯在《〈政治經濟學批判〉導言》中採用的是政治經濟學的方法，注重宏觀邏輯演繹，那麼進入歷史研究領域或採用歷史分析方法時，馬克斯關於社會形態的種種概念，包括 feudalism 在內，都給予了嚴格的空間和時間的限定。

實際上，在馬克斯筆下，feudalism 一詞幾乎未見用於西歐之外。馬克斯在《馬・柯瓦列夫斯基〈公社土地佔有制〉一書摘要》中，批評了俄國學者柯瓦列夫斯基將西歐意義上的封建主義套用於印度，馬克斯指出，印度存在君主集權制，阻礙了印度社會演化為西歐式的封建制，所以印度不存在 feudalism[50]。對英國學者約翰・菲爾的批評就更嚴厲了，「菲爾這頭蠢驢把村社結構叫做封建結構」！馬克斯顯然不同意菲爾將孟加拉和錫蘭社會與西歐社會混為一談[51]。同樣，馬克

48　《馬克斯恩格斯選集》第二卷（人民出版社，1972年），頁26-32

49　《馬克斯恩格斯選集》第二卷（人民出版社，1972年），頁31。

50　《馬克斯恩格斯全集》第四十五卷（人民出版社，1985年），頁284。

51　〈約翰・菲爾爵士《印度和錫蘭的雅利安人村社》一書摘要〉，《馬克斯古代社會史筆記》（人民出版社，1996年），頁385。

斯也反對用 feudalism 概括奧斯曼土耳其和波斯的社會形態[52]。馬克斯恩格斯在一八五三年的通信中第一次討論了東方問題，馬克斯在信中推薦貝爾尼埃關於東方城市的研究，認為它「極其出色、生動和令人信服」。接著他用醒目而明確的語言肯定了貝爾尼埃書中的主要觀點，馬克斯說：「貝爾尼埃完全正確地看到，東方（指土耳其、波斯、印度斯坦）一切現象的基礎是不存在土地私有制。這甚至是了解東方天國（指中國——引者注）的一把真正的鑰匙。」馬克斯所指的貝爾尼埃的「核心段落」還有如下內容：「歐洲的君主國不是土地的唯一所有者，對此我們應該多麼高興和感到多麼幸運！……亞洲的國王們被盲目的情慾所驅使，亟欲獲得比神法和自然法所保障的權力更大的絕對權力。他們攫取一切，最終卻喪失一切。……如果在我們這裏也存在同樣的政體，那麼哪裏還有王公、主教、貴族、富裕的市民、興旺的商人和機靈的手工業者？到哪裏找巴黎、里昂、圖盧茲、盧昂、倫敦等等這樣的城市？哪裏還看得見星羅棋佈的小城鎮和小村莊，……無論臣民還是君主從哪裏獲得豐富的收入。」[53]顯然，他把包括中國在內的東方傳統社會與西歐傳統社會看做有相當大差異的兩類社會形式。

幾年後，當馬克斯撰寫《經濟學手稿》時，東方社會被明確地概括為「亞細亞生產方式」，並與西方等其它的社會形式相對應。在《經濟學手稿》「資本主義生產以前的各種形式」一節中，馬克斯將前資本主義生產主要分為三種形式，除「亞細亞」的所有制形式外，還有「古代的」、「日爾曼的」所有制形式[54]。眾所週知，「亞細亞的」

52 佩里・安德森著，劉北城、龔曉莊譯：《絕對主義國家的系譜》（上海人民出版社，2001年），頁494。

53 佩里・安德森：《絕對主義國家的系譜》，頁504，另見該書注釋28。

54 《馬克斯恩格斯全集》第四十六卷（上）（人民出版社，1979年），頁470-497。

指東方,「古代的」(classical)指希臘羅馬,而「日爾曼的」主要指中世紀的西歐。當然,還有許多未能涵蓋在內,如斯拉夫式的(東歐及俄羅斯)、日本式的等等。很明顯,在馬克斯的歷史視野中,這些前資本主義的各種生產方式是並列的,是人類不同民族和地區曾經存在的不同的社會形式,它們之間根本不存在依次演進的「邏輯公式」,也不存在產生的歷史必然性。

馬克斯關於「亞細亞的」、「古代的」、「日爾曼的」的諸種說法,明確表達了各種所有制形式的差異,否定了那種抹煞差異、人為的歸併於單線圖式的做法。他發現這幾種生產方式是不一樣的,不過還未來得及對其本質特徵作出更確切的概括,所以姑且以地區的、時代的、民族的徽誌命名。這一點是確切無疑的,即按照馬克斯的這一基本思路 feudalism 僅是前資本主義諸種形式中的一種,而且只屬於西歐。同理,按此思路,也不存在西歐是封建社會,其它是亞封建社會、準封建社會,或者說唯有西歐才是正常的,其它是不正常、發育不良的那種西歐中心主義的觀念。為什麼會產生不同的所有制形式呢?馬克斯恩格斯的回答是,原始社會晚期「農業公社的歷史道路」的不同使然。由於原始村社殘餘相當驚人的堅韌性和持久性,所以它們對各自不同的文明社會有著深刻而長遠的影響。事實也正是這樣,在世界資本主義市場形成之前,不同社會模式的發生和發展基本是封閉的、分散的,它們之間的交往和影響是偶然的、有限的,所以社會形式的獨特性就格外突出,所以,日爾曼人的 feudalism 不能說明中國的皇權專制制度,正如後者不能涵蓋前者一樣。

毋庸諱言,馬克斯晚年成熟作品中表達的辯證的一元多線歷史發展觀,長期以來被人們忽視了,這是不應該的,也是不公平的。斯大林及《聯共(布)黨史》聲稱每個民族都必然經歷五種生產方式的圖式說,過於教條化、簡單化,顯然不能涵蓋馬克斯恩格斯的全部思想。

馬克斯的《經濟學手稿》（包含明確表述馬克斯一元多線發展觀的
〈資本主義生產以前的各種形式〉一文），一九三九年在莫斯科首次
出版，可是卻被《聯共（布）黨史》「忽視」了，正如英國馬克斯主
義學者 E・霍布斯鮑姆所言，這樣的「忽視是特別令人吃驚的」[55]。
霍布斯鮑姆指出，按照馬克斯的觀點，「明確地說，原始公社制度的
發展，有三條或四條線路，各自代表一種在它內部已經存在或隱含於
其中的社會勞動分工形式，他們是：東方形式、古代形式、日爾曼形
式和斯拉夫形式，後者的提法有些晦澀，以後就沒有進一步討論，不
過它與東方形式有密切關係。⋯⋯在一八五七至一八五八年之際，這
種討論是相當先進的」[56]。霍布斯鮑姆所說的「相當先進」正是指對
古典進化論的突破，是一種辯證的、非單線的社會發展觀。

　　資本主義產生以前的幾種主要社會形式之間存在著巨大差異。其
實，即使大體相同類型的內部也存在差別：古典類型的希臘與羅馬不
同，亞細亞社會也不是一模一樣，例如中國與印度就大不相同，更遑
論東西方明顯不同的社會發展形式。所以，馬克斯從來沒有把東西方
社會的發展模式與道路混為一談。在《資本論》中，馬克斯分析了西
歐從中世紀走向資本主義的歷史進程，隨後他鄭重聲明：「我明確地
把這一運動的『歷史必然性』限於西歐各國」，並且反對把西歐的歷
史發展進程「變成一般發展道路的歷史哲學理論」，否則，「這樣做，
會給我過多的榮譽，同時也會給我過多的污辱」[57]。馬克斯的這一鄭
重聲明應當也適用於前資本主義各種社會形式的分析，包括對西歐與
東方的分析。

---

55 郝鎮華：《外國學者論亞細亞生產方式》上冊（中國社會科學出版社，1981年），
　　頁2。

56 郝鎮華：《外國學者論亞細亞生產方式》上冊（中國社會科學出版社，1981年），
　　頁9-10。

57 《馬克斯恩格斯全集》第十九卷（人民出版社，1963年），頁130。

關於西歐的「封建制度」是否也在世界其它地區發生的討論從未
停止過。進入二十世紀，不少人將西歐封建主義具有普遍性的觀點歸
於布洛赫，並產生較大影響，其實這樣的認識也是不確切的。

布洛赫在他兩卷本的巨著《封建社會》中，幾乎完全都在談論西
歐的 feudalism，僅用十頁篇幅探討了西歐 feudalism 的普遍性問題。
在總結了西歐封建主義的基本特徵後指出：「具有這些特點的社會結
構，必定帶有一個時代和一種環境的印記，」[58]是否可能像母系氏族
或父系氏族社會那樣，封建社會也是人類社會歷史發展的一個階段
呢？不錯，布洛赫提出了這樣的假設，不過他並沒有沿著這樣的假
設，簡單地給定結論，而是求諸實證。布洛赫不愧為偉大的歷史學
家，他認為可以提出任何假設，而結論則要在一個一個具體的案例分
析之後才可得出。可是，「這裏所涉及的比較研究工作顯然超出了一
個人所具有的能力範圍」[59]，所以西歐之外他只涉足日本案例分析。
日本十一世紀以後政治權力的分割、職業武士等級的興起、莊園的出
現等，似與西歐 feudalism 有一定相似性，其實也不盡然，其中「模
擬血緣關係」和「誓約體系」的因素明顯不同於西歐。布洛赫隨之指
出，「日本的附庸制是比歐洲附庸制程度高得多的從屬行為，其契約
性質則少得多」，而且不容許附庸建立「符合自己利益的、對莊園上
的人有著廣泛權力的真正的莊園」。「建立起來的莊園極少，且極其分
散，……不是西歐真正莊園化地區的莊園」[60]。很明顯，布洛赫關於
西歐封建制具有普遍性的觀點仍然是一個假設而已，最多及於日本；
即使對於日本也頗有保留，他進一步總結說：「日本的附庸從屬關係
在更大程度上是單方面的，且天皇的神聖權力處於各附庸誓約體系之

---

58 馬克‧布洛赫：《封建社會》下卷，頁705。

59 馬克‧布洛赫：《封建社會》下卷，頁705。

60 馬克‧布洛赫：《封建社會》下卷，頁706。

外;就這方面來說,從一個在許多方面都頗類似於西歐封建主義的體制中,並沒有出現類似情況,這也絕非偶然。」[61]

值得注意的是,布洛赫的最後一章「歐洲封建主義的延存」對西歐 feudalism 作了相當精彩的點評,將其不僅看作一個歷史過程,也視為一份寶貴的歷史遺產,其中特別強調了武士觀念與契約觀念。他說,在西歐,附庸的臣服是一種真正的契約,而且是雙向契約。而這種「契約」觀念一旦移植到更大範圍的政治領域,就不可避免地限制了王權。按照這種觀念,當國王違背約定時,附庸有權利反抗,甚至可以兵戎相向。九世紀即已萌動的這一著名的「反抗權」,十三和十四世紀又重現於整個西歐世界的大量檔中。布洛赫的全書封筆之語意味深長,雖與前面的觀點不無相違之處,但還是忍不住說了出來,一語破的。他說:「西歐封建主義的獨創性在於,它強調一種可以約束統治者的契約觀念,因此,歐洲封建主義雖然壓迫窮人,但它確實給我們的西歐文明留下了我們現在依然渴望擁有的某種東西。」此語一出,布洛赫其實也就明確地否定了西歐 feudalism 的普遍性。

布洛赫認為西歐的 feudalism 最終不能涵蓋日本,更不能涵蓋中國,他實際上認為西歐 feudalism 只屬於西歐。前述馬克斯按照生產方式將前資本主義社會分為三四種形式,其中西歐日爾曼人的社會僅是一種,與亞細亞的、斯拉夫等並列,講的是同樣的道理。應該說,人類社會歷史是一元與多線的統一,個性與共性的統一。至此,不可避免地涉及人類歷史發展的普遍性問題,需專文另論,這裏不予展開。

---

61 馬克・布洛赫:《封建社會》下卷,頁714。

第四節　人類文明的多樣性：西歐與中國是不同的社會形式

　　馬克斯按照生產方式將前近代人類社會分為三四種，湯因比按照文明形態將其分為三十一種，韋伯按照不同的宗教文化分為基督教、儒教、印度教、佛教、古猶太教、伊斯蘭教等若干種。很明顯，西歐的 feudalism 不能涵蓋中國，西歐與中國是前近代社會不同的社會形式，須用不同的概念表述之。

　　那麼，回到前面的議題，對歷史學上的「封建」文本該如何處理呢？筆者以為，如果接受以上認識，關於「封建」一詞可以考慮如下兩種方案，一是一步到位的方案，二是逐漸解決的方案：

　　其一，循名責實，各歸其位。西周的「封邦建國」制和秦漢以後的「郡縣制」，同屬於中國傳統社會，是中國傳統社會中兩個不同的發展階段。眾所週知，一如我們前面一系列分析所表明的那樣，先秦「封建制」與其後的「郡縣制」不同，而與西歐中世紀的 feudalism 更不相同。按其自身歷史面目而言，一個簡單而徹底避免混亂的辦法，是各歸其位，名副其實。

　　A.先秦方面：真正實行過「封邦建國」的先秦時代應恢復「封建社會」的稱謂，而無須稱「奴隸社會」或其它什麼稱謂。先秦的「封建」僅發生於先秦，這種以血緣關係為紐帶建立起來的「封建親戚」制度，在西歐從未發生過，與西歐的中世紀制度基本無關，所以遇有「封建」或「封建制」字眼，不應譯為英文的 feudal 或 feudalism，而應像早期漢學家李雅各那樣將其本義表述出來。倘若必須直譯西文時也可以音譯，「封建制」即為 fengjian（中文拼音）。

　　B.秦代至清代：秦漢以後「廢封建置郡縣」，不應再稱封建社

會，至於哪一種稱謂更確切，學界須深入探討逐漸達成共識。王亞南早在二十世紀四〇年代就把該時期稱為「專制官僚社會」或「官僚社會」[62]。馮天瑜則用「宗法—專制社會」、「東方專制社會」代之[63]。韋伯稱之為「家產官僚制」[64]。費正清和巴林頓・摩爾都對中國社會使用自西語 feudal 而來的「封建」稱謂提出質疑，費正清說「這個西方術語（feudal——引者注）用於中國，價值很小」[65]。摩爾則說：「無論如何，使用『封建主義』（指 feudalism——引者注）並沒有使用『官僚主義』來得更貼切。」[66]劉澤華提出「王權主義」[67]概念。

筆者曾稱之為「宗法性官僚君主制」，或「皇權專制制度」[68]不過，無論如何，迄今為止關於中國古代社會的概念都有類似的問題，即未能明確地涵蓋該社會制度的經濟要素，因此難以盡如人意。不論官僚君主制還是皇權專制，皆指政治層面；在籍編戶農民制度則是該政權形式最深厚最廣泛的經濟基礎，鑒於此，可否考慮使用「皇權-編戶制度」概念？此處僅提出一個假設，共進一步討論參考，我們期待著學界更為深入的探討。

---

62 王亞南：《中國官僚政治研究》（中國社會科學出版社，1981年）。

63 馮天瑜說，這些概念不一定準確，但較之濫用「封建」，心裏踏實幾分。載張豔國主編：《史學家自述——我的史學觀》（武漢出版社，1994年），頁45-47。

64 家產官僚制由 patrimonial bureaucracy 直譯而來，參見何懷宏《世系社會及其解體》（三聯書店，1995年），頁67。另參見金耀基：《從傳統到現代》（中國人民大學出版社，1999年）。

65 費正清：《美國與中國》（商務印書館，1987年），頁26-27。

66 巴林頓・摩爾著，拓夫等譯：《民主和專制的社會起源》（華夏出版社，1987年），頁129-130。

67 「王權主義」概念，見劉澤華：《中國的王權主義》（上海人民出版社，2000年）。

68 「宗法性官僚君主制」概念，見侯建新：《社會轉型時期的西歐與中國》（濟南出版社，2001年），第七章。另見新建新：〈封建概念辯析〉，《中國社會科學》2005年第6期。

C.西歐方面：西歐的 feudal 原本來自通俗拉丁語「采邑」（feodum），直譯似為「采邑制度」或「采邑社會」，譯為「封建」，容易與先秦「封建制」混淆，不妥。應當尋求一個更合適的對譯詞，也可退回一百年前嚴復曾經使用的音譯（「拂特製」）。這樣的 A、B、C，不僅從內容上，而且從稱謂上把三個概念區分開，各居其位，自然就防止了混亂。否則的話，不知道究竟說的是哪一個封建，就像一鍋粥。試想，依照澄清後的概念研究和講解中國歷史和歐洲歷史，是何等的清爽！

其二，淡化「封建」概念，暫且放棄以它來定性社會形式的努力，以時段稱謂代替之，倘若歐洲史學姑且保留，中國史學則應擯棄之，以示區別。中國近百年尤其近半個世紀以來，「封建」一詞頻密出現，滿目皆是，誤讀甚廣。如「封建專制」，事實上，封建的就不是專制的，封建是對專制權力的一種分散和控制；又如「封建迷信」，迷信從來就有，永遠會有，與封建沒有必然關係，怎能將今天的迷信稱封建迷信呢？如費正清所言，在中國，「『封建』成了罵人的字眼，可是它缺乏明確的意義」[69]。法國學者謝和奈也批評說：「人們如此濫用了『封建』一詞，以至於它失掉了任何意義。」[70]所以，不如遠離庸俗化的誤讀，從嚴肅的歷史學家、專業歷史學教師和學者做起，嚴守學術標準，暫且避免使用「封建」一詞，而用「古代社會」、「中古社會」等時段稱謂來代替。其實不少學者已經付諸實踐，例如，白壽彝先生主編的《中國通史》，把從秦代到清代的這一長時段稱為「中古時代」。目前稱謂極不統一，相比而言，似乎用「中古時期」或「中古社會」較為合適些，既可銜接先秦時期的上古社會，

69 費正清：《偉大的中國革命》（世界知識出版社，2000年），頁264。
70 謝和奈：《中國社會史》（江蘇人民出版社，1995年），頁50。

也可與西歐「中世紀」或「中古社會」相對應，這也正是本書所採取
的方法。不僅中國和歐洲，世界其它地區大多也可以採用這樣的世界
歷史分期：上古、中古、近現代、當代等。當然，不論該方案還是第
一個方案，都是不成熟的，姑且拋磚引玉，供大家討論。

其實，以 feudalism 一詞來概括西歐中世紀也未必準確，許多西
方學者對此早存異議，並且有意將該稱謂棄而不用。布羅代爾強調指
出，「對於封建主義這個經常使用的詞，我與馬克・布洛赫和呂西
安・費弗爾一樣感到本能的厭惡。他們和我都認為，由通俗拉丁語
『feodam』（采邑）演化而來的這個新詞僅僅適用於采邑制及其附屬
物，而與其它東西無關。把十一至十五世紀之間的整個歐洲社會置於
『封建主義』之下，正如把十六到二十世紀之間的整個歐洲社會置於
『資本主義』之下一樣不合邏輯」。他認為西歐中世紀多元社會至少
由教會、城邦等五種不同的小社會組成，相互並存，相互摻和，帶有
一定的整體性，而 feudalism 只是其中的一種成分，難以概括社會整
體[71]。因此西方早有一些作者關於西歐歷史的描述，避免使用該詞，
例如廣為學界稱道的薩瑟恩《中世紀的形成》[72]一書，就完全沒有出
現 feudalism 字眼。可見，避免使用定性分析概念而用時段稱謂替
代，在西方早有先例。

以上，希望有助於說明兩點：一是西歐的 feudalism 不能涵蓋中
國的傳統社會；二是中文「封建」與西文 feudal 等對應屬誤譯。歷史
的真相是：中國先秦「封諸侯，建同姓」制度是中文「封建制」的本
義；秦漢以後是「皇權專制制度」；西歐則是 feudalism。它們本是三

---

71 費爾南・布羅代爾著，顧良等譯：《15至18世紀的物質文明、經濟和資本主義》第二
  卷（三聯書店，1993年），頁506-507。
72 R. W. 薩瑟恩：《中世紀的形成》（R. W. Southern, *The Making of the Middle Ages*,
  1953）。

個不同的概念，誰也不能替代誰，誰也不能涵蓋誰。就西歐和中國而言，它們屬於前近代時期不同的社會形式，不應該貼上同一個標籤。循名責實清源，勢必免去中西歷史的雙重誤讀，規範學術概念，更重要的是，破除前近代社會人類歷史發展圖式的神話，更科學、更深刻地認識西歐和中國的歷史。

第五節　主體權利：解讀中西政治制度的切入點

個人權利深刻影響了西方政治法律制度，浸潤了他們的現實生活與歷史，事實上，西方權利的歷史起源於中世紀，甚至更早。

一　「主體權利」概念

主體權利（Subjective Rights）經常出現在關於西歐中世紀社會發展問題的討論中，關於它的譯法和含義常常令人迷惑不解。筆者以為該概念有如下特徵：其一，在一般的意義上講，權利總是雙向的，權利意味著一種界限，例如，這方是臣民的權利，另一方就是國王的權利；這方是弱者的權利，另一方就是強者的權利；這方是囚徒的權利，另一方就是法官的權利。不過，從 Subjective Rights 產生的背景上看，中世紀的權利有自下而上的特點，它賦予人們抵制權和反抗權，因此在實際中總是與限制統治者或有產者的權力聯繫在一起。其二，Subjective Rights，不論哪一方的權利，都是人的應享的權利，相對客觀存在權利而言的主體權利。中世紀 Subjective Rights 被認為與人的主體性連在一起，尤其與他們所認為的人固有的天性聯繫在一起；換言之，它是依據人固有的天性所應當享有的權利，而不是實際運作中的權利即實在權利。維利（Michel Villey）是西方權利起源研究的重要學

者，他將 Subjective Rights 概念的起源追溯到十四世紀奧卡姆，如同韋里總結的那樣，這個概念被認作「每個人內在的或固有的（underlies or is inherentin a person），是人作為主體的本性（a quality），一種天賦（a faculty），自由（a liberty）和行為能力（an abiity to act），一句話，「主體權利即是個人的權能」（subjective right is a power of individual）[73]。不難發現，奧卡姆關於 Subjective Rights的定義與自然權利的概念頗為接近，雖然不完全等同之，卻相通之，該概念確有主觀或觀念層面上的含義。其三，大概也是最重要的一點，Subjective Rights 和 Rights 是中世紀西歐法律和法律結構向近代演化的重要標誌。一方面，它是自然法向自然權利轉變的結果，另一方面，則是從客觀的法律為重心向個人或個體（包括團體）權利為重心轉變的結果，是這一轉變過程中產生的重要的階段性成果。這個轉變在中世紀經歷了漫長而複雜的過程，像德文中的 Recht 至今還保留法和權利的雙重痕跡，黑格爾的法（Recht）哲學，通常被英譯為權利（Right）哲學，馬克斯的「資產階級 Recht」被譯為「資產階級法權」等。

在西歐，很早就存在兩種法：實定法（人定法）和自然法，或實定法和神法。大凡人所制定的或在人們的生活中由習慣而形成的法律皆為實定法。而自然法則不同，自然法被認為來自自然秩序，它是一個源於古典時代的概念。據《羅馬法典》解釋，自然法就是自然教給動物和人類的法則；雌雄結合、子女的生養和教育等，都是由自然法中產生出來的行為[74]。中世紀基督教神學把自然法等同於或者相通於神意。既然自然法就是神意，所以它體現的是上帝的意志。在西歐法

---

73 布萊恩‧蒂爾尼：《自然權利觀念：自然權利、自然法和教會法研究》（Brian Tierney, *The Idea of Natural Rights, Studies On Natural Rights, Natural Law and Church Law* 1150-1625, Scholars Press, 1997），頁28。

74 馬克斯‧比爾著，何新瞬譯：《英國社會主義史》上卷（商務印書館，1959年），頁7。

律文化史中，人類的實定法必須服從於自然法，國家的實定法必須符合於自然法。自然權利不是人們在任何社會都能實際運用的權利，卻是所有社會都應該承認的權利，而且不斷釋放著不可低估的精神能量，制約和影響著實定法的運行和發展。同時自然權利概念本身也在不斷改善，而自然權利獲得了社會的、主觀的和個體意義上的價值，即為主體權利（Subjective Rights），它後來顯然成為近代意義上的人權概念的重要來源。主體權利（或自然權利）與實定權利（或契約權利）這兩種權利構成了近代人權的基本內容。

中世紀的權利不可能是充分的，也不可能是平等的，它實際上是有限的權利，等級的權利，所以，Subjective Rights 也具有原始的、發展中的、中世紀的權利觀念的特徵。中古時代的西歐和中國社會都是一種等級制度或身份制度，就其制度的本質即人身依附性而言沒有什麼根本的不同，然而人身依附的形式和程度卻難以說沒有區別。這種區別集中表現在主體權利上，它是中西社會比較研究的重要切入點。歷史表明，這既是文化價值取向問題，也是制度與發展問題，它對西歐和中國中古社會政治制度的發展前途產生了極其深遠的影響。

二 從主體權利看西歐中古政治制度

人類文明的多樣性是客觀事實，是自古以來就存在的客觀事實。與中國古代制度不同，很久以來人們就看到西歐中世紀存在著多元的政治體制。人們發現，在社會活動的主體之間，包括統治者和被統治者之間，尤其在王權和其它社會力量之間，存在著既緊張又合作的關係，或者說某種程度的契約關係。

教權與王權就存在著這種關係。哈佛大學名譽教授伯爾曼所著《法律與革命》一書，是一部著重研究西方法律傳統形成因素的力

作，二十世紀末葉問世後在國際學術界產生了很大的影響，喬治・H.
威廉斯評論說：「《法律與革命》本身就是一部革命性的著作。」[75]二
十世紀九〇年代譯為中文出版後在我國學術界亦引起廣泛關注。伯爾
曼所指的革命是所謂「教皇革命」，即十一世紀末至十三世紀末這二
百年中教皇與王權爭奪主教授職權及其所引發的教會與世俗兩方面的
一系列重大變革，伯氏認為這一變革是西方法律傳統與政治制度的基
礎。教皇革命後，教權與俗權誰也沒有吃掉誰，而是達成一種妥協，
出現教權與俗權的並立、教權法律體系與俗權法律體系之間的合作與
競爭等，他認為這是非西方社會所不具備的或不能同時具備的[76]。

其實，伯爾曼所說的西歐社會的這種「妥協」或契約關係，實質
上是一種權利關係，即承認社會上有不同的權利主體，他們的權利是
相對獨立的。這種權利關係不僅僅發生在教權與俗權之間。西歐中世
紀最基本的社會關係即領主與附庸關係，就表現為雙方的義務和權利
關係，所謂「由於行了臣服禮而封臣對封君有多少忠誠，則同樣封君
對封臣也有多少忠誠」，也就是領主權利和封臣權利的互惠性。不
過，需要說明的是，這裏所說的契約關係不同於真正現代意義上的契
約關係，它只是在一定範圍內和一定程度上發生，梅因稱它為「原始
契約」。梅因說，從羅馬契約法中「借用來的原作為保護臣民權利的
用語竟成為國王和人民間一個現實的原始契約的學說，這一學說首先
在英國人手中，後來，特別是在法國人手中發展成為社會和法律一切
現象的一種廣博的解釋」[77]。

---

75 哈樂德・J. 伯爾曼著，賀衛方等譯：《法律與革命——西方法律傳統的形成》（中國
　　大百科全書出版社，1993年），見該書封底。

76 令人感興趣的是，蒂爾尼從自然權利觀念演變的歷史，將西方近代文明起源追溯到
　　十二世紀，從不同角度得出與伯爾曼相近的結論，見布瑞恩・蒂爾尼：《自然權利
　　觀念：自然權利、自然法和教會法研究》。

77 梅因著，沈景一譯：《古代法》（商務印書館，1984年），頁195。

這種權利關係在王權與貴族諸侯之間的表現同樣令人印象深刻。
大家知道，西歐的國王是諸大貴族中的一員，早期的國王是由貴族會
議推舉而產生的，所以恩格斯曾稱西歐早期封建制為貴族民主制。德
意志很久以後還保留著七家大貴族出任國王的法定資格，七家大貴族
被稱為「七大選侯」。國王與貴族之間有著某種承諾或「約定」，一旦
一方違約，即使國王一方違約，另一方都可以放棄原有的承諾，甚至
舉兵共討之。十三世紀初英國貴族及騎士與國王約翰的一系列衝突，
包括談判、戰爭和戰爭威脅都可以從這個意義上去理解，而最後由國
王和二十五名男爵作為執行人簽字的《自由大憲章》，可認為是國王
與貴族關係第一次訴諸文字的「約定」，該約定使雙方的權利和義務
關係進一步作了調整。

王權與教權有約，亦與貴族諸侯有約，而且契約和權利關係原則
的範圍不斷擴大，以至與平民出身的「第三等級」有約。如果說《自
由大憲章》是以王權的讓步而告終，那麼半個世紀後英國等級會議的
召開則是以王權更大的讓步而達成的新妥協。在男爵們擬制的一份協
議即「牛津條款」上，比以前對約翰王要求的更多，其中更多地體現
了普通自由民、騎士下層的利益。等級會議的第一、第二等級是僧侶
的和世俗的貴族，現在又出現了非貴族的第三等級。在著名的「威斯
敏斯特條例」中，禁止領主隨意扣押自由佃戶的土地和財產，若要扣
押，必須經過一定的法律程序。所謂等級會議，其實質是等級契約，
或等級權利。

在社會的上層是王權與貴族，在社會的下層，即在大大小小的領
主與佃戶之間包括與農奴佃戶之間也存在著相互的權利與義務關係。
在領主的莊園裏，即使在農奴制最殘酷的時代，領主和領主管家也不
能不經過法庭直接治罪於某一個農奴，而要根據習慣法並在莊園法庭
上進行裁決。這並不是說，農奴不受壓迫和不貧困，而僅僅是說，他

已根據一種法律體系取得了權利；他有條件堅持某些個人權利，從而獲得某種程度的保護。顯然，西歐中世紀莊園法庭實際上具有兩重性：既有保證封建主實行超經濟強制的一面，也有對封建主政治和經濟特權進行限制的一面。在莊園管理中表現出的除法庭干涉以外不受任何干涉的司法獨立性的傳統，使西歐農民即使在農奴制最嚴酷的時期也能夠或多或少地保持一些個人權利，這或許是農奴私有財產——財富獨立發展的最隱蔽的秘密之一。而包括農奴在內的農民個人財產的普遍、有效的積纍，雖然主要通過「靜悄悄的勞動」[78]、貨幣贖買和法庭鬥爭，而非暴力廝殺或暴力下簡單的政權更迭，卻逐漸從根本上削弱著封建制度的統治基礎。如同伯爾曼指出：在西歐，在那樣的條件下，「所謂封建制度下的法律，不僅維護當時通行的領主與農民的權力結構，而且還對這種結構進行挑戰；法律不僅是加強而且也是限制封建領主權力的一種工具」[79]。

這樣，莊民與領主相對，貴族與王權相對，王權或領主與城市相對，當然還有教會與王權相對等等，從而形成西歐多元的法律體系和多元的社會結構。

顯然，原始的契約關係是多元社會結構的前提，而原始的個體權利和權利關係是契約關係的核心內容。一定程度的契約關係總是與一定程度的獨立的個體聯繫在一起，西歐中世紀是個人財富和社會財富以及社會生產力逐漸積纍和發展的歷史，同時也是個體和個人權利及其觀念不斷發展的歷史。從占絕大人口比例的生產者方面看，西歐個人權利的發展確實經歷了一個歷史過程。

---

78 恩格斯的原話是：「當居於統治地位的封建貴族的瘋狂爭鬥的喧叫充塞著中世紀的時候，被壓迫階級的靜悄悄的勞動卻在破壞著整個西歐的封建制度，創造著使封建主的地位日益削弱的條件。」(《馬克斯恩格斯全集》第21卷，人民出版社，1979年版，頁448)

79 哈樂德・J. 伯爾曼：《法律與革命》，頁647。

　　西歐農民在維護和爭取個人權利的鬥爭中，有時也訴諸暴力，例如英國的瓦特泰勒起義和法國的扎克雷起義，但更多的時候是靠法庭鬥爭和貨幣贖買，這是勞動民眾維護自己權益的兩把利劍。鬥爭的結果往往不是雙方完全破裂，或者一方取代另一方掌權，而是以法律為依據、以法律為歸宿，彼此達成一種妥協，建立一種新的權利義務關係。例如，中世紀初期佃戶的負擔量是不確定的，尤其被稱為任意稅的塔利稅，使農民苦不堪言；農奴婚姻的不自由也是十分著名的，農奴必須為兒女的嫁娶繳納一筆婚姻捐；農奴也沒有遷徙的自由，逃亡農奴常常被原莊園領主追捕。然而，經過反覆的較量，到中世紀中期以後，這些不自由的依附印記被一一抹去。按照最初的中世紀法理，農奴沒有個人財產，因而也就無所謂死前做遺囑的必要和權利，而到十四世紀後，大部分農奴都先後獲得了遺囑權，從而使法律實際上承認了農奴的個人財產所有權。最初農奴及其子弟也沒有上學和作牧師的權利，他們就以貨幣為手段不斷使其子女擠入學校或教堂，在實踐中使得那項戒律變得殘破不堪。一四○六年英國國會最先頒佈了保證人人都有受教育權利的著名法案，而此前不少農奴的後代已步入高級聖職的行列，包括舉足輕重的坎特伯雷大主教一職。由於瑪律克的民主傳統，使得西歐農民即使在農奴制最殘酷的時期也能通過法律和法庭等形式保留最基本的抵抗手段，獲得某種程度的保護，不斷發展和擴大個人權利，儘管是有限的權利，甚至是最低限度的權利。這並不是說，西歐中世紀農奴不是受壓迫的群體，而是說他們有條件不斷改善自己的社會處境，既有物質的也有精神的；顯然，包括勞動大眾在內，這個社會逐漸醞釀形成了主體權利生長和發展的環境。在資本主義原始積纍的同時，甚至在它之前，就已經確立了個體權利的生長點，而市場經濟的確立無疑進一步刺激後者的發展，從而演繹成為現代個人權利及現代社會。

三 從主體權利看中國中古政治制度

　　而自秦始皇正式開端的皇權專制主義，面對的不是具有民主傳統的瑪律克村社社員，也沒有與其抗衡的教會和貴族諸侯。人口中的絕大部分是國家編戶制度下的小農，而這種小農是從殷、周時井田制下公社共同體成員即「眾人」、「農夫」演變而來的。小農對土地擁有初級或相對的所有權，而國家擁有最高和最後的所有權，明顯的標誌就是國家向每一個編戶農民徵收租稅和勞役，即「有田則有租，有身則有庸」。在中國漫長的傳統社會中，皇權對土地的最高所有權和對民眾的廣泛支配權，是西歐君主從未擁有過的，而中國秦漢時就已經有了深厚的傳統。秦始皇在琅琊刻石中揮筆寫道：「六合之內，皇帝之土」，「人跡所至，無不臣者」，[80]顯然是對「溥天之下，莫非王土；率土之濱，莫非王臣」這一古老原則的繼承。

　　西歐王權最初主要依靠與其對立又合作的貴族進行統治，後來依靠等級會議進行統治，中國王權靠什麼呢？中國王權靠官僚，即士大夫。宋朝大臣文彥博說：「為與士大夫治天下，非與百姓治天下也。」[81]官僚制度與君主制度的結合，或者說以皇權為中心的官僚君主制，構成了古代中國政治制度的基本框架。

　　中國的皇權與官僚，不存在西歐王權與貴族那種契約性的等級關係。中國官僚的權力來自君主，權力可以授予，也可以收回。因此官僚只對君主負責，按君主的旨意辦事。違抗「聖旨」要被貶職、撤職，以至殺頭、滅族的危險。所以官僚在下屬、百姓面前，盛氣凌人，趾高氣揚，但在君主面前卻頂禮膜拜，卑躬屈膝。他們有權力，但在君主面前卻缺乏最基本的個體權利。他們既沒有獨立的權利，也

---

80 《史記》卷六，〈秦始皇本紀〉。
81 《續資治通鑑長編》卷二二一。

談不到維護自己的權利並與君權抗衡，官僚完全是專制君主的統治工具。官僚，特別是高官，對君主似乎不無約束，「納諫」好像就含有限制君權因素的政治行為，而在實際中所謂「勸諫」離開君主的主導就無法運轉，因為勸諫最終依賴於君主的德行。亡國之患，殺身之禍的警示，的確會打動大多數君主，但是如果帝王面對這類諫語仍然執迷不悟，一意孤行，群臣只好徒歡奈何，否則只有自己去死，即所謂「死諫」。勸諫前提就是對君權的維護，最終又把自己的命運託付給君王；其實質是君主專制權力的延伸，不是官僚士大夫獨立的並受到某種保護的權利，更不是根據自身利益而進行的政治博弈。

隋唐科舉取士後，君權更是牢牢掌握了官僚隊伍的命運，從官員的選拔、任命到獎懲，無不取決於君權。科舉制度似乎提倡一定範圍內的平等競爭，忽視血統身份，而實際上正在鑄造一種更加牢固的身份制度，那就是以官階為本位的身份制度。在君權面前，這些登第的進士、舉人更難以談到獨立的權利，他們依靠君王主持的科舉而取得功名，取得「官」的身份，形成空前龐大的官紳隊伍。同時，官僚的主體權利進一步削弱，其標誌是相權的作用越來越小。明朝時索性在形式上避開了「丞相」名稱，而稱「內閣」，清朝稱南書房、軍機處，實際上成為高級秘書班子。君權與相權發生矛盾的時候，總是以削弱相權，擴大君權而告終。但相權削弱以後，接踵而來的必然是外戚、宦官專權，一種更具病態的統治形式。顯然，中國政治體制內部存在著深刻的不可克服的矛盾。

中國也不存在具有一定的獨立性並與王權抗衡的教會。中國民眾精神生活中影響最大的是儒學，而儒家學說是與官僚君主制相伴相生的。如夏曾佑先生指出，漢武帝以後獨尊儒術之動機，「非有契於仁義恭儉，實視儒術為最便於專制之教耳」[82]。董仲舒提倡的「三綱」、

---

[82] 夏曾佑：《中國古代史》（商務印書館，1933年），頁274。

「五常」實則是給官僚君主制度披上了一套神秘的外衣。儒家的信徒被稱為儒生，在中國古代社會的大部分時期，尤其是隋唐以後，儒生是科舉選官的基本對象，二者不僅一致，還可說是一體了。

最重要，也是最有普遍意義的問題，是當時占絕大多數人口比例的農民的個體權利之微弱。在中世紀社會解體前，西歐各國普遍經歷了小塊土地所有制階段，如英國、法國、荷蘭、瑞典等國的農民都對土地取得了自由所有權，成為小塊土地的主人被稱為自耕農，馬克斯曾指出，「在這裏，土地的所有權是個人獨立發展的基礎，也是農業發展的一個必要的過渡階段」[83]。中國農民始終沒有達到這個階段，所以，嚴格地講，直至近現代以前中國沒有自耕農。中國史學家使用「自耕農」一詞是從西方人著作特別是從馬克斯的《資本論》中借用的，我認為，採取簡單對號的方法將西方的「自耕農」移用於中國古代史，是不妥當、不準確的。自秦朝以來兩千餘年的古代社會中，中國只有「編戶齊民」和各種形式的佃農，所謂中國的自耕農就是國家的編戶農民，即國家將其登籍造冊並徵租繳賦的農民，他們對土地擁有有限的所有權，而國家擁有最高的所有權和支配權。西歐的「自耕農」和中國的「編戶農」是兩個互不相干的概念，反映出生產者與土地不同的所有權關係，而土地所有權是生產者個體發展的基礎，也是個體權利發展的基礎。

生產者主體權利的微弱，還表現在當農民個人受到侵害特別是來自上面的侵害的時候，幾乎沒有多少抵抗和自衛的手段。我們知道，中國古代法律以及儒學倫理的一般目標，就在樹立並維護官紳對人民的統治秩序，而官紳的統治又往往與家族的統治結合在一起，越發顯得堅韌與細密。在這種秩序下，一個孤立無助的農民起訴土豪劣紳的

---

83 《馬克斯恩格斯全集》第二十五卷，頁909。

侵權行為，幾乎是不可想像的。他們沒有西歐那樣的法律傳統，沒有
陪審團，也沒有必須嚴格遵循的法庭程序。西歐是多元的法律體系，
一個農奴為保護自己不受其領主的侵害可以訴諸莊園法院或城市法
院，假如他是自由佃戶，還可以訴諸王室法院；做為一名基督教教
民，當市俗法院不公平時他還可以求助於教會法院。而一個中國農民
一般只能接受其家族田主或鄉紳的裁判，還可能被送至官府裁斷，即
所謂官紳共治。「視細民為弱肉，上下相互，民無所控也。」[84]在實際
生活中，中國農民更缺乏自保和自衛的能力，面臨苛政的壓迫和盤剝
而無抵抗的憑藉。難怪中國農業勞動者難以積纍起個人財產和財富，
也一直沒有產生像英國約曼那樣的富裕農民階層，成為現代農業的發
起人。

　　十六世紀，當一個新時代來臨的時候，這個古老帝國的上上下下
似乎還毫無知覺；當十九世紀英國的戰艦打上門來乃至逼至大沽口的
時候，一部分人才終於承認外面出現了自己不知曉和自己不曾擁有的
東西。究竟什麼使一個泱泱大國在昔日的蠻夷之邦面前顏面喪盡？以
後即使願意放下架子，「師夷之長」，變法圖強，似乎也遲遲難與世界
潮流風一道同，癥結何在？這是一個國人爭論了一個半世紀，至今也
見仁見智的問題。實際上，在傳統的武器庫裏，中國人不甚瞭解、也
是最缺乏的大概不是堅船，也不是利炮，甚至也不是識字率一類的文
化教育水準。

　　亞當・斯密在《國富論》中指出，中國財富在馬可・波羅客居中
國時代以前，「就已經達到了它的法律和制度所允許達到的充分富裕
程度」[85]。差不多一個世紀後，馬克斯從亞細亞生產方式角度，再次

---

84 光緒《昆新兩縣續修合志》卷一，〈風俗〉。
85 亞當・斯密著，楊敬平譯：《國富論》上冊（陝西人民出版社，1999年），頁93。

論證了包括中國在內的東方社會的停滯性。筆者以為，在主體權利薄弱甚至缺位基礎上建立起來的法律政治制度，在歷史發展的某一階段內，它自有其存在的合理性和積極因素，然而，當社會發展到一定程度後，其壓抑個體發展的負面作用就越來越明顯，而且，離現代社會（市場＋法治社會）越近，這種法律政治制度的負面作用也就越大。因為，以市場經濟為基礎的現代社會畢竟是以個人為本位，以權利為本位。這無疑是中國文明的要害，一個致命的薄弱點！也是中西社會差異之關鍵。無論如何解釋中國傳統社會的特殊性，也無論中國歷史上曾經有過多少輝煌，這一點都難以否認。這樣的社會是「行政權力支配社會」，也可稱之為「單軌社會」[86]。中國傳統政治制度壓抑財富，首先壓抑的是創造財富的個體和群體的人。值得注意的是，在政治和軍事體系之外，中國始終沒有出現靠經營實業起家的「第三等級」，當然，也不會出現西歐那樣的原始積纍和「前原始積纍」。

　　總之，筆者認為，我們應當重視經濟因素，也應當重視非經濟因素，提倡經濟與社會互動，經濟發展與法治環境發育並重，這是西歐與中國中古政治制度與社會轉型的歷史告訴我們的最重要的歷史真諦。由傳統社會走向現代社會，從一定意義上講就是走向權利本位的社會，進入權利時代，當然，不是絕對的權利，不受任何制約的權利，而應當是正義與權利的統一，效率與公平的統一，個人與社會的統一。

---

86 侯建新：《現代化第一基石：農民個人力量與中世紀晚期社會變遷》（天津社會科學出版社，1991年），頁377-384。

第二篇
西歐

第二章
西歐政治制度淵源

　　中古政治制度是西歐史學界一個非常重要的研究領域，學術史源
遠流長，在這一研究領域聚集了眾多的政治史學家、法律史學家與歷
史學家，可謂名家輩出，流派紛呈，碩果累累。對中古政治制度研究
的學術史作一個簡要的回顧，有利於研究者理清各種學術流派的發展
脈絡與時代背景，從而在原有基礎上進行更加全面深入的探究。

第一節　西歐中古政治制度研究概述[1]

　　有關西歐中古政治制度史的研究，可以從兩個方面進行剖析：一
是政治制度的性質，二是具體的政治制度的描述，兩者互為補充，其
中又以政治制度的性質的研究最為重要與繁榮。具體到政治制度的性
質，又涉及中世紀西歐王權的性質，國王與法律的關係，各國代議制
度的形成與發展，還涉及國王與社會中各等級之間的關係等等。下面
首先考察一下西歐學者對中古政治制度性質的研究成果。

　　早在中古末期，英國的政治理論家福狄斯丘就對英國當時的政制
進行了論述，他的代表作是《英國法贊》與《英格蘭的統治方式》。
福狄斯丘在政治制度理論方面最突出的貢獻是區分了「皇帝的」或者
「國王的」權力與「政治的」或者「憲法的」統治權。「這種區別在
於兩種體制各自的法律淵源。在國王統治權之下，法律淵源是統治者

1　陳日華提供了本節的初稿。

的意志，而在憲法統治權之下，法律是由『公民』制定的。」[2]此外
還有其它的政治思想家，如十九世紀法國的托克維爾等人也從不同的
角度對中古西歐的政治制度進行過相應的論述。這時候的論述屬於個
人的觀點，還沒有形成一種流派。

第一個形成了學派並且對後世的政治制度史研究有著深遠影響的
是十九世紀末期形成的以斯塔布斯為首的牛津學派。牛津學派最重要
的代表人是斯塔布斯，此外還有弗里曼與格林兩人。斯塔布斯的代表
作是一八七四年至一八七八年出版的三卷本的《英國憲政的起源與發
展史》（簡稱《英國憲政史》）（ *The Constitutional History of England in
Its Origin and Development* ）。牛津學派秉承輝格黨人的「憲政主義」
政治思想，形成了「憲政主義」的史學觀。斯塔布斯認為：「英格蘭
的歷史就是一部與國王鬥爭的歷史，其目的是為了享有自己的權利與
自由，或者說是怎樣地保衛這些古老的權利與自由。」[3]牛津學派的
另一名代表人物格林則重新評估了國王在歷史中的地位，他把歷史的
主角賦予了人民。「一八七四年《簡史》[4]的問世是歷史學上一件劃時
代的大事，因為英語世界第一次獲得了一部關於自己過去世代的系統
連貫而又令人滿意的記載。書的主角成了人民；只有這樣，英國的歷
史才能完整地得到說明。國王的事蹟被歸入到他們的適當地位，這裏
鼓角之聲開始斂息。喬叟比克勒西戰役佔據了更多的篇幅。王朝儘管
經歷了無數更替，仗也打了不少，但人民始終還是人民。」[5]

2　大衛‧米勒、韋農‧波格丹諾編，中國問題研究所等譯：《布萊克維爾政治學百科全
　　書》（中國政法大學出版社，1992年），頁265。

3　威廉‧斯塔布斯：《英國憲政史》（William Stubbs, *The Constitutional History of
　　England in Its Origin and Development*, vol. ii , Oxford 1896），頁1。

4　此處《簡史》即《英國人民簡史》。

5　喬治‧皮博迪‧古奇著，耿淡如譯：《十九世紀歷史學與歷史學家》下冊（商務印書
　　館，1997年），頁568。

　　以斯塔布斯為代表的牛津學派高舉「憲政主義」的史學大旗，對中世紀西歐的政治制度進行了深入的研究，他們以嚴謹的研究方法開創了中世紀政治制度史研究的新紀元。雖然後世對牛津學派以及它的憲政主義史學觀進行了眾多的指責與批評，但是在作者看來，後世的批評不過是在它的影響下進行的眾多修正而已，或者是這一理論的延伸與變異。

　　二十世紀四〇年代，法國年鑑學派的大師布洛赫在社會類型的框架內研究了西歐的政治體制，開創了一種研究的新範式。在他定義的feudalism社會範式中，他以近乎列舉的方式簡單地考察了三種類型的國家，即屬於新型王權的卡佩王朝、擬古性質的王權德意志及綜合征服與日爾曼殘餘性質的盎格魯—諾曼王權[6]。在布洛赫看來，中古西歐社會是處於混亂狀態的權力分割階段的，這也是中古社會的一個重要特徵[7]。二十世紀七〇年代，英國的中世紀史學家扎考爾也指出：在中世紀以契約為基礎的政治體制中間，國王具有一個領主的特徵，受到相應的權利與義務的束縛，即使教會賦予他「王權神授」的光環，國王也難以擺脫契約的約束。依據契約的原則，臣屬可以要求國王盡一個好的領主應盡的義務與責任，同時臣屬有權反抗國王的暴政[8]。

　　研究中古的政治制度，必然涉及王權與議會這一類型的代議制組織之間的關係，這也是學者們研究的一個焦點。傳統的觀點以斯塔布斯為代表，他認為在都鐸王朝時期，很少見到議會與國王鬥爭的現象，因此他斷言，都鐸王朝是一個君主專制的王朝，議會的議員由國

6　馬克・布洛赫：《封建社會》下卷，頁673-686。

7　馬克・布洛赫：《封建社會》下卷，頁704。

8　N. 扎考爾：《中世紀制度導論》（N. Zacour, *An Introduction to the Medieval Institution*, London 1978），頁98。轉引自孟廣林：《英國封建王權論稿》（人民出版社，2002年），頁12。

王指命，議會不過是國王的奴僕。一直到十七世紀初期，議會才又重
新開始限制王權的鬥爭。到二十世紀二〇年代，斯塔布斯的觀點受到
波拉德與尼爾的挑戰。尼爾指出：「十六世紀初期，議會基本上還是
一個立法機構與批准稅收的組織，當到了都鐸王朝晚期的時候，議會
已經開始希望在與國王的政治鬥爭中發揮越來越大的作用了。」[9]二
十世紀六〇至七〇年代出現了以愛爾頓為代表的「修正派」。他認
為，毋庸置疑，議會與國王之間存在著衝突，但是不應該把議會史簡
單地理解為下院與國王鬥爭的歷史。研究者應該從「議會立法事務」
的角度來理解這些衝突，議會的首要職能是立法。愛爾頓指出：「都
鐸議會仍然是一個正常運行同時進行立法事務的場所，而並不完全是
提出異議及爭奪權力的地方。」[10]總之，如何正確地評價國王與議會
的關係以及議會在中世紀西歐政治制度史中的地位與意義確實是一個
複雜的問題，況且議會是代議制度在中央層次的體現，假如我們再深
入地研究一下代議制度的基層因素或者動因，或許可以更好地理解西
歐議會這一獨特的現象。關於中世紀代議民主思想研究，比較有影響
的成果有卡萊爾兄弟六卷本的《西方中世紀政治學說史》，該書以翔
實的資料敘述了議會制度在中世紀的發展和演變，是該領域開拓性的
成果之一[11]。烏爾曼的《中世紀政治思想》是與此相關的另一部專
著，對中世紀的民主思想有較深入地闡述[12]。最近的一部重要著作是

---

9 J. E. 尼爾：《伊莉莎白一世與其議會》（J. E. Neale, *Elizabeth I and Her Parliaments*,
   vol.1, London 1953），頁16、21。

10 G. R. 愛爾頓：《都鐸與斯圖亞特王朝政治與政府研究》（G. R. Elton, *Studies in Tudor
   and Stuart Politics and Government*, vol.2, Cambridge 1974），頁19-61。

11 卡萊爾：《西方中世紀政治學說史》（R. W. Carlyle, A. J. Carlyle, *A History of Medieval
   Political Theory in the West*, New York 1909-1936）。

12 W. 烏爾曼：《中世紀政治思想》（Walter Ullmann, *A History of Political Thought: the
   Middle Ages Renguin*, 1965）

莫納漢的《同意、強制和限制──議會民主的中世紀起源》。該書以羅馬法復興中某些私法原則的公法化為基本線索，展開對中世紀民主思想的考察，具有相當強的說服力，但視野不夠開闊[13]。

　　王權與法律的關係也是政治制度史研究中的一個重要的方面。二十世紀早期，德國學者科恩提出了在日爾曼法律影響下的「有限王權」論。科恩的代表作是《中世紀的王權與法律》，此書在一九三九年由克瑞米斯（S.B.Chrimes）翻譯成英文。科恩認為：「臣民們反對暴君的統治，並不是由於君主違反了『契約』，而是由於君主脫離了客觀的法律秩序。」[14]科恩還指出：「有一個基本觀念一如既往、毫無改變：古老的法律是真正的法律，而真正的法律就是古老法律。因此，從中世紀的觀點來看，制定新法律是不可能的，而且所有的立法與法律改革也只是對那些蒙遭違反的善的古老的法律的恢復。」[15]布洛赫也持相似的觀點。他指出：「簡言之，在所有的地區，都是由習慣法最終決定了前一時代法律遺產的命運。習慣法已經變成了法律唯一的有活力的源泉，甚至諸侯們在其立法中，也不過是要求對它加以解釋而已。」[16]此外還有眾多的學者對這一論斷進行了闡釋，然而究竟是「王在法下」還是「王在法上」，學者們卻是意見不一，解決這一問題可以考慮通過比較的方法，結合中世紀西歐的實踐進行研究。

---

13 A. P. 莫納漢：《同意、強制和限制──議會民主的中世紀起源》（A. P. Monahan, *Consent, Coercion and Limit: The Medieval Origins of Parliamentary Democracy*, McQiu-Queen's university Press 1987）。參見叢日雲、鄭紅：〈論代議制民主思想的起源〉，《世界歷史》2005年第2期。

14 F.科恩：《中世紀的王權與法律》（F. Kern, *Kingship and Law in the Middle Age*, London 1939），頁78。

15 F.科恩：《中世紀的王權與法律》（F. Kern, *Kingship and Law in the Middle Age*, London 1939），頁151。此處譯文同時參見哈耶克著，鄧正來譯：《法律，立法與自由》第一卷（中國大百科全書出版社，2000年），頁130。

16 馬克‧布洛赫著：《封建社會》下卷，頁198。

　　早先的研究有一個缺陷，就是過分關注國王和政府，而較少關注其統治最終所依靠的貴族，自 K.B. 麥克法蘭起，國王與貴族關係的研究成為一個研究的熱點。K.B. 麥克法蘭的代表作是他的論文集《中世紀英格蘭晚期的貴族》（1973，牛津），麥克法蘭關注的是國王、權貴、地方鄉紳等之間的關係。他認為國王與貴族間的關係主流是合作型的關係。當然近來的研究又對麥克法蘭的論點進行了一定的修正[17]。

　　中世紀的政治制度研究還涉及具體的制度研究，這方面的代表作品也是有一定數量的。陶特在一九二〇至一九三三年出版了六卷本的《中世紀英格蘭行政制度史述》（*Chapters in the Administration History of Medieval England*）；其後，克瑞米斯對中世紀英國的行政制度進行了權威的研究，代表作是《中世紀英國行政制度史導論》（*An Introduction to the Administration History of Medieval England*）等等。

　　中古西歐政治制度史的研究是一個十分複雜的問題，除了以上簡單涉及的問題以外，諸如地方基層組織、地方社會的自治、教會與世俗政權之間的關係以及王權與軍隊的關係，這些問題也應該進入研究者的視野；同時，政治制度的研究不應該僅僅局限於政治領域，還要涉及經濟與政治、與社會的互動，這些都值得研究者注意。

第二節　日爾曼人的瑪律克傳統

　　歷史表明，長期積澱的文化傳統對一個民族發展有著巨大的影響和制約，當人們既不能反省自己也不能識別和吸收其它文化的時候，即不能主動地創造歷史的時候，那樣的影響和制約顯得格外強大。西

---

17 相關的論述參見克莉絲汀·卡朋特：《地方與政策——沃里郡土地社會研究》（Christine Carpenter, Locality and Polity: *A Study of Warwickshire Landed Society 1401-1499*, Cambridge 1992），頁3-6。

歐的法律政治制度逐漸形成於中世紀，發軔於中世紀以前，並且源於不同質的文化類別，內容相當豐富，對其來源的探討有助於對西歐中世紀法律政治制度的理解。法國法制史專家波洛克說：「歷史的統一性在於任何人試圖論述它的一小段，必定會感到第一句便扯破了一面無縫的大網。」[18]

梅因在談到西歐中世紀制度的來源時，曾經特別指出它的二因素。梅因的原話是這樣的：「我曾不止一次的說過，『封建制度』是古代蠻族習慣和羅馬法的一種混合物；其它任何形式的解釋都是不足信的，甚至是不可領會的。」[19]所謂古代蠻族習慣，就是古代日爾曼習慣法。他認為，只有深刻地理解古代日爾曼社會和習慣法及羅馬法，才能更深刻地理解西歐中古社會。我們先從日爾曼因素談起。

一　瑪律克及其自由民大會

日爾曼人來自歐洲北部多霧的海邊[20]。他們分為不同的部落因而有許多舊族名，後來被統稱為「日爾曼人」。不知道有民族和國家觀念的日爾曼人，只形成了暫時的集團或戰鬥同盟。唯一穩定的單位是部落，後者大概淵源於軍事組織，這些部落組成幾千個村鎮。不同的日爾曼部落使用極為相近的語言，有著相同的傳統、信仰和社會制度，其中最典型的是日爾曼人通行瑪律克村社制度。在古代日爾曼部落裏，瑪律剋制度幾乎是唯一的制度，它在日爾曼人的全部生活裏已

---

18 邁克爾・E. 泰格和邁德萊恩・R. 利維：《法律與資本主義的興起》（Michael E. Tiger & Madeleine R. Levy, *Law and the Rise of Capitalism*, New York: Monthly Review Press, 1977），頁2。

19 H. S. 梅因：《古代法》（商務印書館，1981年），頁205。

20 P. 布瓦松納：《中世紀歐洲生活和勞動》（商務印書館，1985年），頁8。

經紮下了深根，並對中世紀產生了極為深遠的影響。恩格斯指出：
「……在整個中世紀裏，它是一切社會制度的基礎和典範。它浸透了
全部的公共生活，不僅在德意志，而且在法蘭西北部，在英格蘭和斯
堪的那維亞。」[21]

愷撒時代後大約一百五十年，隨著鐵器的推廣和個體家庭生產能
力的增長，至少到塔西陀時代，土地的耕作基本由各個家庭獨立進行
了[22]。當日爾曼人邁進文明社會時，鐵器已普遍使用，個體相對發
展，這是一個十分值得注意的現象[23]。

瑪律克標誌性的政治制度是自由民大會。一切重大事情，包括罪
犯的審判，都由自由民大會集體決定。酋長們可以決定小的事情，重
大事情則先由酋長們詳細討論，再交部落會議討論作最後決定。除非
遇到意外的變故，部落會議定期舉行，大約是在新月初生或月圓時，
他們認為這是討論事物最適當的時候。由於日爾曼人居住十分分散，
他們又過分自由，於是產生了一些流弊。塔西陀描述道：「當召集會
議時，他們不能立刻集合，而需要費兩三天的時間才能召集，這倒是
他們自由自在的一個缺點了。在聚合了相當多的人以後，會議便開始，
大家都帶武器就座。祭司宣佈肅靜，在這時候，他們有維持秩序的權
力。於是，在國王或酋帥們之中，或以年齡、或以出身、或以戰爭中
的聲望、或以口才為標準，推選一個人出來講話；人們傾聽著他，倒
並非因為他有命令的權力，而是因為他有說服的作用。如果人們不滿
意他的意見，就報之以嘖嘖的歎息聲；如果大家很滿意他的意見，就
揮舞著他們的矛：這種用武器來表示同意的方式，乃是最尊敬的贊同

21　《馬克斯恩格斯全集》第十九（人民出版社，1963年），頁353。
22　《馬克斯恩格斯全集》第十九（人民出版社，1963年），頁355。
23　中國戰國時代才普遍使用鐵器，此前不久還依靠著集體協作的勞動方式，而此時的
　　中國人在文明社會已經經歷了近二千年的漫長歲月。

方式。」[24]罪犯也在大會上受審，輕罪罰沒家畜，重罪宣佈死刑。

日爾曼人也有「國王」，而且他們選擇國王時，要考慮家族，其實所謂「王」就是部落領袖。然而，「王」沒有無限的或專制的權力，名義上的意義大於實際上的意義。塔西陀說，他們只給他們的國王或酋長們很適中的權力[25]；愷撒也說：「……和平時期，他們就沒有這種掌握全面的領袖，只有各地區和部落的頭頭，在他們中間主持公道、解決糾紛。」在一些地區，如在德意志的法蘭克人是沒有國王的[26]。

按照塔西陀的記載，在日爾曼人的最高權力機構自由民大會上，或者說在法庭上，國王遠不能隨心所欲，沒有無限的權力。他不得施行刑罰、捆綁、拷打；而巫師可以。事實上，只有巫師才能申斥人，監禁人，甚至鞭打人。這種責罰並非受到國王或將領的指使，而是被認為出於神的命令，因為神是被相信能夠鼓舞士氣的[27]。從中我們可以發現日爾曼人行政權和教化權最早的角色分離。日爾曼人的信仰充滿了自然主義，也充滿了了愚昧，不過他們對神的信仰還是頗為虔誠的，他們如此虔誠，以致出現最早的非偶像崇拜的萌芽。塔西陀說：「日爾曼人認為把諸神圍在牆垣之中或將諸神塑成人的形象都是褻瀆神明的行為。他們將森林木叢林獻給神祇。他們所稱諸神的名稱都是不可理解的，只有他們在虔心敬奉之中才能領悟其意義。」[28]

---

24 塔西陀：《阿古利可拉傳——日爾曼志》（商務印書館，1959年），頁61。

25 「國王的權力並不是無限的，他不能一意孤行……但此外如死刑、囚禁甚至鞭笞等種種事務都只有祭司們才能執掌。」（見塔西陀：《阿古利可拉傳——日爾曼尼亞志》，頁59。

26 愷撒：《高盧戰記》（商務印書館，1979年），頁143。

27 塔西陀：《阿古利可拉傳——日爾曼志》，頁59。

28 塔西陀：《阿古利可拉傳——日爾曼志》，頁60。

二 親兵制

　　酋長或軍事首領與圍護在他身邊年輕戰士所結成的關係，即親兵制，則是日爾曼人更重要的制度，可稱為瑪律克的另一個重要的標誌。一個貴族出身的青年或者對國家有功之人的兒子，在很年輕的時候便可以得到酋長的位子或成為一個傑出的軍事首領；一個平民出身的年輕人同樣可以被選為首領。選擇將領時，主要依據他們在戰場上的英勇和能力。青年人總是喜歡追隨著那些雄武有力，富有戰鬥經驗的人。假若他精力充沛，勇敢善戰，身先士卒，他便受到尊敬，受到服從，被一大群出類拔萃的青年衛護著，是一種光榮，也是一種力量。他們是和平時期的裝飾，戰爭時期的堡壘。這些青年平時擁護首領的地位，戰時保衛首領的安全；首領則向他們提供武器、給養以及一份戰利品。如果一個酋長的侍從的數目和勇敢超過其它酋長，那麼他就會在部落內外聲名卓著，各地將遣使來見，贈送禮品，並願與之結盟。聲名常常可以決定一場戰爭的命運。「在戰場上，酋帥的勇敢不如他人，是他的恥辱；侍從們的勇敢不如酋帥，也是他們的恥辱。假使自己的酋帥戰死，而自己卻從戰場上生還，這就是畢生的羞辱了。保衛酋師，甚至將自己的軍功獻歸酋帥的名下，這才是精忠的表現。酋帥們為勝利而戰鬥；侍從們則為酋帥而戰鬥。」[29]在日爾曼古老的親兵制中，在首領與戰士的關係中，人們不難發現一種相互的權利與義務關係，一種原始的契約因素。孟德斯鳩稱其為中世紀西歐封臣制度的來源[30]。

---

29 塔西陀：《阿古利可拉傳——日爾曼志》，頁62。
30 孟德斯鳩：《論法的精神》下冊〈商務印書館，1963年〉，頁349。

三　習慣法，屬人法，和解金

　　古代日爾曼人通行習慣法。習慣法，就是依據以前的慣例行事，並賦予法律的性質。古代日爾曼人的習慣法是一個頗為寬泛的概念，日爾曼人的經濟、社會與文化生活都滲透著習慣法或習慣法精神，如瑪律克條田輪種制度、公地共用制度、自由民大會制度、決鬥規則、一妻制、親兵制以及對身份等級的承認和維護等，都在習慣法的範疇之內。這裏，我們主要就日爾曼人法律中的屬人法原則等作簡要介紹和分析。

　　屬人法是古代日爾曼人習慣法的一個特殊性格，即法律隨人而行，不受地域的限制。法蘭克人按照《撒利克法》裁判；阿爾曼人按照《阿爾曼法》裁判；勃艮第人按照《勃艮第法》裁判；羅馬人按照羅馬法裁判。日爾曼人原來自己各部落的法律就不是統一的，征服羅馬、入主歐洲後，依然如此。法蘭克人在建立克洛維王朝以前，就命令族中賢明的人編纂《撒利克法》。當克洛維王朝時，萊茵「河畔法蘭克」部落和「海邊法蘭克」部落合併，但仍舊保持本族原有的習慣[31]。西哥特人、勃艮第人和倫巴第人建立了各自的王國，就把自己的法律用文字寫下來，他們和法蘭克人一樣，目的並不是讓被征服的各民族遵守他們的習慣，而是為著給自己遵守。孟德斯鳩說：「當時的征服者完全沒有想到要使自己的法律趨於統一；甚至沒有想到要給被征服的民族制定法律。」[32]日爾曼人保持自己的法律，不論他走到

31　萊布尼茨在他的論文《法蘭克人的起源》中說，《撒利克法》是在克羅維朝以前制定的，但它不可能是在法蘭克人離開日爾曼尼亞以前制定的，因為那時法蘭克人還不懂拉丁語。又，海邊法蘭克即撒利法蘭克，「撒利」即「海」的意思，因為這個部落居住在注入荷蘭瑞得爾海的依塞爾河兩岸。見孟德斯鳩：《論法的精神》下冊，頁237的正文及注釋。

32　孟德斯鳩：《論法的精神》下冊，頁240。

哪裏，他們同樣承認其它族法律，即使是被征服族的法律，這就是日
爾曼人的屬人法的精神。

　　屬人法是日爾曼傳統的重要組成部分。瑪律克村社的自由民大會
制度、戰士與首領結成的親兵制度等，都散發著一種原始契約因素，
使他們具有更看重個體和個體選擇的民主傳統。對法律的認識和屬人
法精神也包含了這樣的因素。他們將法律認作協調、妥協和秩序的保
證，重於認作統治的手段，所以他們在與其它部族發生關係時，不追
求法律的統一，「甚至沒有想到要給被征服的民族制定法律」。孟德斯
鳩追溯日爾曼屬人法來源時，也將其歸因於日爾曼人的傳統。他寫道：

> 我發現這種情況是淵源於日爾曼民族的風俗的。這些部族被沼
> 澤、河泊、森林所分隔。我們甚至在愷撒的著作裏也看到，這
> 些部族是喜歡分居的。懼怕羅馬人使他們聯合了起來；在它們
> 混合了起來的時候，每一個個人是被按照本族的習慣和風俗裁
> 判的。當這些部族分開的時候，它們全都是自由、獨立的；但
> 它們混合的時候，它們仍然是獨立的。各族各有一個國家，但
> 又各有自己的政府。領土是共同的，部族是各異的。因此，在
> 這些部族離開它們的家鄉之前，它們的法律精神已經是屬人的
> 了；它們把屬人法的精神又帶到它們的征服地去。

　　屬人法原則體現在野蠻人的法律裏，尤其法蘭克部族的法律裏，
也體現在五至九世紀西歐早期君王的敕令裏。屬人法的主體不僅是
族，而且也指某個個人。孟德斯鳩繼續寫道：

> 子女遵從父親的法律，妻子遵從丈夫的法律，寡婦恢復自己本
> 來的法律；脫離奴籍的人遵從原奴隸主的法律。不僅如此，每

　　個人都可以選擇自己所樂意遵從的法律，但羅達利烏斯一世規
定，這種選擇必須公開發表。[33]

　　在知道了日爾曼人的屬人法的性質後，我們就能夠理解為什麼在
蠻族王國往往同時出現兩種或更多的法律體系了。在法蘭克人統轄的
地區，人們制定《撒利克法》給法蘭克人遵守，解決法蘭克人間的爭
訟；制定《提奧多西烏斯法典》給羅馬人遵守，解決羅馬人間的爭
訟。西哥特人統轄的地區也通行兩種法律。有一個最明顯的例證，即
禿頭查理八六四年在畢斯特所頒發了這樣一項敕令，該項敕令把依據
羅馬法裁判的地區和不依據羅馬法裁判的地區區別開來。從該敕令
看，按照羅馬法裁判的地區恰恰是以後仍然遵守羅馬法的地區。顯
然，在非羅馬法的地區內一定是絕大多數人選擇了某種日爾曼法律，
以致在這些地區幾乎沒有人選擇羅馬法；而在羅馬法地區，很少人選
擇野蠻民族的法律。

　　屬人法就是法律隨人而行，不受地域的限制。日爾曼人的屬人法
基本是習慣法，不是制定法。屬人法沒有大一統的法律模式訴求，把
其它性質的法律並存視為正當，把選擇和轉換在另一種法律下生活也
視為正當，如此等等，都值得格外關注。這些特徵使人聯想到，在日
爾曼人的法律中很早就有多元法律體系的影子。此外，還值得指出的
是，在日爾曼人的法律中，《撒利克法》以及阿爾曼人、巴威利亞人
的法律更為典型。它們樸實可風，帶有一種原始的粗野性格，並有一
種精神，這種精神從未被他種精神削弱過。這些法律變化很少，因為
這些部族大部分在日爾曼境內，因此具有典型的日爾曼性格。但是西
哥特人、倫巴第人和勃艮第人的法律就不盡然，因為這些民族在全新
的地方定居，法律大大失掉了它們原有的性格。

33　孟德斯鳩：《論法的精神》下冊，頁241。

和解金制度是日爾曼人法律的另一個典型特徵。翻開《撒利克法》，似乎在閱讀一份各種過失或罪責的贖金清單，從偷竊牲畜、損害穀田、搶劫行人，到殺害奴隸甚至殺死伯爵，都作出關於抵償的各種規定。這些規定表明，他們在細心地斟酌受害一方在和解時所應接受的公道金額。對此孟德斯鳩由衷地稱讚「這些野蠻法律的精確程度是妙不可言的」[34]。以貨幣贖買罪錯的法律，著眼於和解而非著眼於報復。在日爾曼人的法典裏，立法者們對賠償的給付和接受都是強制性的。一方面，拒絕給付和拒絕接受賠償被認為是拒絕和解，是危險的罪行。另一方面，一個人在接受賠償之後不能再進行報復，否則就是更嚴重的犯罪。這種罪是私罪，又是公罪，被認為是對法律本身的輕蔑。日爾曼人只有兩種公罪，那就是叛徒和懦夫。這是日爾曼人法律中僅有的兩種死罪（叛徒弔死，懦夫溺死）。一般來說，日爾曼人只准許罰金，其它一概不許。這些自由而好戰的人民認為，除非手執武器，他們的血是不應該流的。日爾曼人的罰金法律與同態復仇法律形成鮮明對照。和解金體現著妥協精神和對生命的尊重；和解金因不同人而開列的價格不等，表明了這是一個等級社會，而從農奴到伯爵的生命一律都以罰金為補償，又從不平等中體現了平等。

第三節　羅馬法的滲入與融合

一　羅馬法的復興[35]

羅馬法是古代社會最發達的法律體系，也是構成近現代西方法律

---

34 孟德斯鳩：《論法的精神》下冊，頁382。另一版本譯作「在這問題上，《撒利克法》是妙不可言的」，見同頁注釋。

35 因英語 Reformation 同時含有「復興」、「改革」的意思，所以羅馬法復興、文藝復興和宗教改革均用此詞，故此而得名。

體系和法學的重要基礎。表面上看，中世紀後羅馬法似乎幾近沉寂，其實不然，尤其進入十二世紀後，以教會大學為中心，羅馬法在西歐各國的理論和實踐中出現了明顯的復興，這就是著名的羅馬法復興運動。以往國內學界多介紹文藝復興運動，宗教改革運動次之，羅馬法復興運動鮮有問津，殊不知後者是歐洲法律政治制度形成的重要源頭之一。哈斯金斯在《12世紀文藝復興》一書中指出：「沒有什麼比羅馬法律更能體現羅馬人聰明才智的特質，也沒有什麼比她的法律的影響更持久、更廣泛。羅馬法的復興是所有羅馬文化復興的核心部分。這種復興屬於制度史，同樣也屬於知識史的範疇。實際上兩者在這一點上是密不可分的。」[36]在羅馬法的傳播中，十二世紀佔有決定性的地位，而這一時期也正是西歐文明形成的重要時期。梅特蘭說：「在羅馬法的繁榮歲月之後，沒有任何時期像在十二世紀那樣，對於法學的關注在知識生活中佔有如此大的比重。」[37]

羅馬法的成熟形式體現在《查士丁尼民法大全》中，它是東羅馬帝國皇帝查士丁尼（483-565年）在公元六世紀在君士坦丁堡編纂和頒佈的。這是一個羅馬法律和法律理論的總集，體現了羅馬上千年悠久的法律傳統。羅馬人對法律充滿敬畏，據李維說，羅慕洛建城之初就頒佈了法律，因為「民眾只有通過法律才能凝聚成一個民族的整體」[38]。西塞羅的名言「我們是法律的奴僕，以便於我們可以獲得自由」表達了羅馬人的一種根深蒂固的信仰[39]。

---

36 F. Pollock and F. W. Maitland, *History of English Law*, i , iii. 以上轉引自查理斯‧霍默‧哈斯金斯著，夏繼果譯：《12世紀文藝復興》〈上海人民出版社，2005年〉，頁159。

37 查理斯‧霍默‧哈斯金斯：《12世紀文藝復興》，頁159。

38 轉引自叢日雲：《西方政治文化傳統》〈大連出版社，1996年〉，頁314。

39 西塞羅：《為奧魯斯‧哈比圖斯辯護》（Cicero, *The Speech in Defence of Aulus Cluentius Habitus*）第五十三卷，第一四六章。轉引自叢日雲：《西方政治傳統》，頁336。

　　進入中世紀後，羅馬法在西歐一直沒有消失。羅馬法以兩種形式
遺存下來，其一是羅馬人的習慣法，如公元四三八年的《狄奧多西法
典》（Theodosian Code）等。日爾曼人的屬人法原則，使得羅馬人在
大多數日爾曼王國中可以保留他們的法律，原羅馬教會也可以保留他
們的教會法。所以，在原羅馬帝國多年統治的區域，如意大利的部分
地區和法國南部，羅馬法實際上一直是當地行之有效的法律。其二就
是《查士丁尼民法大全》。它包括《法典》，即帝國立法彙編；《新律》
（Novels），即查士丁尼後期立法；再有就是《法理匯要》，它是羅馬
著名法學家的著作摘要，體現了羅馬法學分析的模式，一種內在的原
則和精神，所以它的地位最為重要，影響也最大，對重建西歐的法律
科學起了不可忽視的作用。

　　羅馬法復興運動應該從十一世紀晚期意大利法學家伊爾內留斯
（Irnerius）創辦波隆那大學法學院算起，他在那裏主持羅馬法講座，
該大學成為羅馬法復興的發源地，而《法理匯要》的手抄本於一一三
五年在阿馬爾菲的發現，也為這場運動提供了重要條件。當時西歐處
於動盪歲月，文獻部頭大，羊皮紙又十分稀少，所以保存下來很不容
易。當然歷史學家不同意對《法理匯要》手抄本的發現過高評價，因
為羅馬法在此前漫長的幾個世紀裏並非束之高閣，羅馬法的復興並非
因這一發現而啟動。然而，《法理匯要》的發現和研究確為西歐法學
新發展的核心環節。法律條文不能成為法律科學，從公元六〇三年到
一〇七六年，《法理匯要》從人們的視野中消失，「它的生命力只有通
過微弱的線索在維持著，在它再一次展現在人們面前之前，不可能有
法學的復興」[40]。作為教師和法學家，伊爾內留斯的著作，主要是針
對《民法大全》原文做出評注，他的研究成果集中反映在他的《評注

---

40 查理斯・霍默・哈斯金斯：《12世紀文藝復興》，頁162。

集》（Glosses）中。他不僅把每段文字的表面含義解釋得明白、準確，而且還根據全書的整體背景揭示其內在的含義。其中，他對《法理匯要》的評注最為精彩。也就是說，他不是以節錄或內容摘要為基礎，而是以《民法大全》原文為基礎，進行注釋與評論，因此深得羅馬法要義，從而成為注釋法學派的代表，並賦予法學名副其實的獨立學科的地位。伊爾內留斯和他繼承人的活動中心在博洛尼亞，博洛尼亞因此而遠近聞名，成為注釋學派的故鄉。拉什達爾是這樣評價博洛尼亞注釋法學家的，他說：「在許多方面，博洛尼亞學校的工作代表著中世紀歐洲知識分子的最傑出的成就。……評價羅馬法在中世紀文化史中的地位的時候，我們必須謹慎的區分人們對它作為一門科學的研究以及作為一種職業的追求。在它作為一門科學的研究的黃金時期，該領域的教授幾乎全部聚集在博洛尼亞。這一時期包括從伊爾內留斯導致羅馬法復興之後的一個半世紀。正是通過『注釋派法學家』——包括伊爾內留斯、著名的『四博士』……之手，法學研究取得了實質性的進展。在現代任何科學部門的教授們看來，這些人的著作也許是中世紀學術的唯一成就，之所以得出這樣的結論，不僅僅因為這些現代人的歷史興趣，也不僅僅由於要尋找有參考價值的觀念，同時還在於試圖尋找解決問題的可能性，而這些問題至今仍然困擾著現代學生，使其充滿疑惑、困難和問題。」[41]

　　從十二世紀到十六世紀，意大利成為羅馬法在整個歐洲傳播的中心。與此同時，西歐各國越來越熱衷於羅馬法的研究。最初通常是法學教授們把羅馬法從一所大學帶到另一所大學，繼而一批批受過大學教育的法學家在社會逐漸立足，並嘗試將羅馬法的基本原則和概念融

---

41 赫斯廷斯‧拉什達爾：《中世紀歐洲大學》，頁254-255（Hastings Rashdall, *The Universities of Europe in the Middle Ages*, vol.i, Oxford: The Clarendon Press, 1936）。

會到法律實踐中去。法國不僅有大批學生前往波隆那留學，而且很多
學校都採用意大利法學家的著作為教材。十三世紀開始向法國北部傳
播，那裏流行地方習慣法。在向法國北部的傳播中，奧爾良大學──
一座新興的法律大學起了重要的作用；另一個傳播的途徑是王室，王
室歡迎羅馬法，其周圍聚集著一大批精通羅馬法的法學家。

　　德意志一貫以羅馬帝國的繼承者自居，在德皇的鼓勵下，羅馬法
在德意志出現雖晚，但發展快，影響深。在西班牙，羅馬法在這一地
區作為補充法律長期存在。即使遠在海峽對岸、自成法系的英格蘭，
也出現了布萊克頓那樣研究羅馬法的著名學者。英國的法律是地方習
慣法，並且也沒有什麼羅馬遺產可依託。在相當長一個時期內甚至限
制羅馬法和羅馬法的教學。「儘管如此，至少從文化方面講，英國在
十二世紀受到了羅馬法復興的影響。許多英國神職人員在博洛尼亞學
習法律。即使他們學習的主要是教會法，他們也足夠聰明地摘引羅馬
法泰斗的言論來印證自己的觀點。」[42]教會法和羅馬法，實際上這兩
套法律體系是「手拉手地傳到英國」。博洛尼亞的評注家也來到英
國，講授法律，著書立說。他們曾對《查士丁尼法典》和《法理匯
要》進行摘編，取名為《窮人之書》（The Poor Man's Book），對象是
買不起昂貴書籍，又沒有時間深入研讀羅馬原始資料的學生。由於這
本書的緣故，牛津大學的法律學生得到了「窮人」稱號，可見羅馬法
在英國大學的影響。在牛津大學，對羅馬法的學術研究在整個中世紀
一直保持，另一方面，羅馬法從來沒有被國王的法官所「接受」[43]。
總體看，羅馬法對中世紀的英國法律還是打上了深深的烙印。

　　其實在西歐的大部分地區，羅馬法從未中斷。前已述及，日爾曼

42　查理斯‧霍默‧哈斯金斯：《12世紀文藝復興》，頁172。

43　查理斯‧霍默‧哈斯金斯：《12世紀文藝復興》，頁172。

人的蠻族國家在法律上奉行屬人主義原則，即在日爾曼人內部實行日
爾曼習慣法，而被征服的原羅馬居民可以繼續沿用羅馬法，故羅馬法
一直作為帝國的「殘存物」發揮著作用[44]。因此，在大規模的羅馬法
復興之前就整理、發行了一些簡明羅馬法典，例如《西哥特羅馬法
典》等，以供被征服地區的住民使用。與此同時，由於各日爾曼蠻族
國家法典幾乎全部在操拉丁文的羅馬法學家和教會僧侶幫助下完成，
所以不可避免地帶有羅馬法的印記。羅馬法的引入，給西歐社會帶來
重大的觀念和現實變革。據說，當時「羅馬法具有與《聖經》同等的
權威和受到與《聖經》相似的尊崇」[45]。

　　隨著西歐經濟與社會的發展，復興和改造羅馬法成為一種現實的
需要，或者說羅馬法為社會實踐需要提供了可利用的法律資源。商品
貨幣經濟越繁榮，個體之間、地區之間的交換越頻繁，個體權益越需
要作出明確的界定，而系統嚴密的羅馬法不僅具有詳細的人法、物權
法、繼承法、債權法和訴訟法，而且對社會的基本單位和各種組織的
地位亦有較為明確的法律界定。「再有，就是一種個人主義的法律，
他為企業家的活動提供一種適當的法律基礎，因為這種活動超出了源
於日爾曼法的中世紀法律體系所規定的莊園式經濟的限制。」[46]羅馬
法以私法為主體，私法是羅馬法的精華，因為它包含著權利觀念，以
權利為法律的基礎。下面，我們以中世紀權利概念的形成為例，看羅
馬法如何滲透到中世紀的法律政治體系中，後者又是如何接受並改造
著羅馬法，從而演繹出嶄新的、與近代社會接軌的觀念和實踐。

---

44 J. H. 伯恩斯主編：《劍橋中世紀政治思想史》（J. H. Burns *The Cambridge History of Medieval Political Thought*, Cambridge 1988），頁41。

45 H. 伯恩斯主編：《劍橋中世紀政治思想史》（J. H. Burns *The Cambridge History of Medieval Political Thought*, Cambridge 1988），頁47。

46 葉士朋著，呂平義等譯：《歐洲法學史導論》（中國政法大學出版社，1998年），頁73。

二 中世紀權利概念的演繹

關於近代權利觀念的起源，西方學術界有不同的觀點。馬克波遜、麥金太爾等人認為，近代權利觀念是近代社會的產物，大約起源於十七世紀，其中有的學者將權利觀念起源歸之於洛克[47]。的確，約翰・洛克在《政府論》（下篇）中曾明確提出個人至上的觀點，認為在最高倫理原則名義下，個人享有不可剝奪的自然權利，其中最重要的是享有生命、自由、私人財產的權利。政府的職責是保護這些權利。對這些權利的保護是通過社會契約由個人委託給政府的，政府與人民之間是一種契約關係。一七七六年美國的《獨立宣言》、一七八九年法國的《人權宣言》這些代表西方政治文明精髓的作品，都以洛克的自然權利學說作為理論基礎，甚至在具體的言詞表達上都沒有做大的改動。不過，追根溯源，洛克難說是自然權利觀念的首創者。這個源頭在中世紀，它是在中世紀的權利鬥爭基礎上發展起來的，這種觀點二十世紀中葉後在西方學術界逐漸佔據主流地位。

關於權利的觀念產生於西歐中世紀，西方學者又形成兩種不同的意見。一種以法國哲學家維利為代表，認為自然權利的淵源應追溯到十四世紀，關鍵人物是法蘭西斯派的威廉的奧卡姆。奧卡姆是唯名論的代表人物，唯名論強調個性而否認事物的共性，這一點與實定權利向主觀權利過渡時出現的至高無上的個體性相切合。在維利看來，這是一種趨勢的開端，「個人……開始成為法律科學關注的中心，自此以後，法律開始著力描述人的法律特徵，人的能力及個人權利的範圍」，維利因此稱奧卡姆為「主體權利之父」[48]。

---

47 科斯塔斯・杜茲納著，郭春發譯：《人權的終結》（江蘇人民出版社，2002年），第頁13、90-91。

48 B. 蒂爾尼：《自然權利觀念：自然權利、自然法和教會法研究》，頁62、66。

另一種觀點以蒂爾尼為代表，他追溯至更早的時期，認為早在十二世紀即已啟動。蒂爾尼指出，自然權利產生於十二世紀教會法學家格拉提安（Grantian）等對《教令集》的注釋過程中，這自然涉及自然法與教會法，涉及教俗之間的鬥爭。《教令集》影響很大，很快成為其它學術團體參照的「範本」。它是十二世紀羅馬法復興的重要部分，而且法學教育的發展也出現在那個時期。後來的法學家們在注釋《教令集》時，普遍將 ius 這個詞理解為主體意義上的權利，認為這種主體的、主觀上的意義是 ius 的最初意義，作為客觀的含義則是由此引申出來的。其中儒菲奴斯（Rufinus）更是提出自然權利存在於三種事情中，即命令、禁止、示範。私有財產的支配權也是一種自然權利[49]。格拉提安的論述有很大的不確定性，這一點尤其表現在他對法的定義上；當然也可以說，格拉提安不自覺地表述了西歐業已存在的兩大法律體系。在歐洲法律理論中，與其它非基督教的地區不同，至少從那一時期起就存在著「神法」或「自然法」、「自然權利」這些概念，與人類制定並實施的「人法」即「實定法」並立。這兩種法有時能達成一致，更多的時候則存在分歧和距離。不論一致還是分歧，在人們的心目中，包括大多數被統治者和統治者的心目中，「神法」、「自然法」、「自然權利」總是作為「實定法」的內在原則出現，因而對「實定法」的制定和發展走向有著巨大的影響力。兩個世紀後，奧卡姆第一次明確地強調了兩大法律體系的區分，即實定權利（positive rights）和自然權利（natural rights）的並立，並且進一步闡述了自然法和自然權利理論。他認為自然法和自然權利都源於「正義的理性」，一種把人類作為理性的、自由的和負有道義的潛在觀念。憑藉著這一信念，奧卡姆討論了統治者權力的限度。他將每個人都有與生俱來的自然權利的思想，與基督教福音派的自由權觀念以及宗教

---

49 B. 蒂爾尼：《自然權利觀念：自然權利、自然法和教會法研究》，頁178。

法學家對權利的理解組合在一起，成功地進行了一種創新。他認為
「實定權利」僅是物的外在的法定權利，是規章規定或人們經協商而
建立起來的，當權利持有者發生某種罪錯或外界發生某種變動時，該
權利可能被剝奪，也可以被剝奪，儘管持有者可以在法庭上申訴。自
然權利或主體權利則不然。奧卡姆強調指出，它是所有人都應該擁有
的權利，這種權利不是源於人定法，而是「源於自然」，因此，「這種
權利永遠不能被放棄，因為……它是維持生命之必須」（This right
could never be renounced since … was necessary to sustain life）[50]。不
容忽視的是，世俗權力與教會權力的並立，實定法與非實定法的並
立，確為西歐社會獨一無二的現象。

　　話語是觀念的外在表現，所以一般說來，觀念的形成要早於話語
的出現；而觀念的形成與其承襲的歷史文化傳統有關，也與當時的社
會生活密切相關。事實也正是如此，考察分析十二世紀之前的農民起
義、異端運動、貴族暴動等都不難看到這種觀念的表現。進入十二世
紀，隨著權利語境的形成，政治、經濟、宗教以及社會生活領域內的
權利鬥爭更加激烈。這方面，英國的《自由大憲章》便是典型的例
證。《自由大憲章》的基本精神是限制王權，鞏固並擴大臣民的自由
和權利，臣民有諸侯、僧侶、騎士、市民、外商、自由農民，涉及了
土地、動產、賦稅、債務、人身、傳統或習慣諸多問題，可視為主體
權利觀念積澱和發展的一次集中表現。此後，《大憲章確認令》、《牛
津條例》以及眾多的國會檔，甚至農民起義綱領都涉及或集中提出了
主體權利問題。在中古的法國，權利意識雖不像英國那樣強烈，但略
加考察同樣可見這樣一條清晰的線索。《三月大敕令》即可視為《自
由大憲章》的同類檔，同樣涉及了國民自由、權利多方面問題。難怪
法國著名歷史學家布羅代爾說：「十一和十二世紀，在封建王朝的統

---

50 B. 蒂爾尼：《自然權利觀念：自然權利、自然法和教會法研究》，頁121-122。

治下，歐洲達到了它的第一個青春期，達到了它的第一個富有活力的階段。」[51]其實大約從公元九五〇年起，西歐開始進入文明的復蘇階段，當然，也是日爾曼文明在中世紀的成型期。土地大面積開墾，人口增長，貿易活躍，城市興起，大學誕生，羅馬法復興，一個獨特的「多元」社會開始形成。總之，主體權利起源與發展，離不開西歐相應的社會土壤也離不開羅馬法的滲入與影響。

　　雖然羅馬法大部分內容屬於私法問題，但從私法中抽取的原則，卻被廣泛地運用於公共權力領域，而且那些原則也在不斷的改善中。羅馬法復興後，法學家們多見於政府官員和國王顧問，法學的推論方式，法律的基本概念、規範、原則，都被移植於政治領域，用來表述政治思想。儘管中世紀權利仍然是原始的、有限的，可是其意義不可忽視：觀念上的要求隨時可因條件的變化而轉化為實際的權利和權力，原始的權利可以不斷向近代權利轉化。重要的是羅馬法為西歐中世紀的權利觀念提供了思想資源，而後者的不斷成熟與發展又開啟了現代權利之門。

第四節　基督教的貢獻

　　前已述及，梅因在談到西歐中世紀制度的來源時，曾經指出它的二因素，那就是日爾曼人因素和羅馬法因素。我們以為西歐政治制度應當來源於三因素，即需加上基督教因素。基督教作為一種觀念形態，一種價值系統，統治了整個中世紀，整個西歐，上至國王貴族，下至平民百姓，在他們的精神生活乃至情感生活中基督教都佔據不可替代的位置。經濟上，基督教組織擁有龐大的地產，是個最大的領

---

51 費爾南‧布羅代爾著，肖昶、馮棠等譯：《文明史綱》（廣西師範大學出版社，2003年），頁294。

主，據一些西方經濟史學家的估計，中世紀教會土地的數量約占西歐
全部地產的三分之一。政治上，基督教會又是一個擁有特權的政治勢
力，不僅能夠約束王權，而且有自己一套獨立的法律和司法審判體
系，其影響不僅在精神領域，而且深入到世俗生活如婚姻、繼承、個
人遺囑及個人生老病死等。所以，薩拜因將基督教的興起稱為「西歐
歷史上最革命的事件」[52]。在西歐中世紀的生活中，基督教是不可迴
避的，更準確地說是不可或缺的，如同日爾曼因素和羅馬因素一樣，
到處都可以發現它的印記。其中，基督教的政治影響頗為深遠，而這
也恰好是本章需要說明的問題。

一　《聖經》的政治觀念及其影響

基督教的政治影響與其教義密不可分，所以我們首先從《聖經》
說起。基督教是救世之說而不是一種政治哲學，不論《舊約》還是
《新約》專門涉及政治話題的篇幅都極為有限。然而，基督教教義對
西方政治文化的真正貢獻，在於它引進了一整套全新的價值體系，受
其影響，西歐人的政治觀念發生了根本變化，進而推動政治制度發生
變化。它引導人們從觀念上淡漠政治，遠離政治，卻又極為深刻地影
響了政治，最終促成了一個西歐史無前例的政治架構。

其一，原罪說。「原罪說」在《聖經》中並非有完全成形的理論
闡述，而是後代基督教教父和神學家從《聖經》中提煉出來的。「原
罪說」由中世紀著名神學理論家奧古斯丁首先提出，後經湯瑪斯・阿
奎那等系統闡述，成為基督教信仰的重要基石。《聖經・創世紀》的
文字描述具有極深的神學含義。起初，上帝創造萬物，第六天創造了

---

52 喬治・薩拜因著，湯瑪斯・索爾森修訂，盛葵陽、崔妙音譯：《政治學說史》（商務
　　印書館，1986年），頁222。

人。一方面，人是根據上帝的形象造的，所以人身上的能力為萬物所沒有──人有心靈可直接與上帝溝通，人有創造器物的能力，人有肉身、精神、智力、靈魂，人有上帝一般的自由意志。另一方面，則體現為人的有限的知與能、可善可惡、被造和被主宰。據此，人有不可克服的終極困境，如果人肯追隨上帝，這種局限性將置於上帝的保護之下，靠上帝的恩賜、能力來克服。倘若人背離了上帝，這種屬世的特點佔了上風，就會陷於矛盾和混亂中不能自拔，總在不斷地鬥爭，不斷地自己製造自己的信仰，意圖擺脫卻永遠不能離開上帝帶來的終極困境和深層的迷茫。《聖經》選取了亞當和夏娃吃禁果作為墮落的開端。他們聽信了蛇的話，相信吃禁果後「眼睛就明亮了，便如神能知道善惡」。這意味著：（1）善惡可以不憑神的指引，人類自行可知全部；（2）人應該並且可以如上帝一樣行事，不受上帝的主宰。這裏喚起了人肉體中那種本能的貪欲──我要如上帝一般的「能」。可見，「原罪」並非肉欲論和繁衍論[53]，其基本或本源含義是人的傲慢自大和對上帝的反叛。人自大地模仿上帝的作為，企圖將自我樹為存在中心，人與神的秩序被打亂了，所以奧古斯丁說「惡是向著高一級存在的僭越」。原罪的本質是「僭越」，即人僅具備有限的智慧和德行，卻有著無限的貪欲，或者說，有限的人卻要試圖比附至善至能的上帝──無限的上帝，正是在這裏構成了對上帝的反叛。

　　「原罪說」對人們政治觀念的影響極為深刻，事實上它已經成為西方政治文化的重要理念。它表明，人都是有原罪的，即使貴為帝王，也與普通人一樣並非人間神明，也不是至善的聖人。「原罪說」對人類「人性原罪」的預設必然會導致「權力原罪」。權力能給人帶來權力以外的很多東西：地位、財富和其它，因而人生來就有對權力

---

53 受希臘哲學影響的基督教思想才把肉欲與罪聯繫起來。

的貪欲和濫用權力的傾向。霍布斯就認為：「持續的和孜孜不倦的對權力的要求，是整個人類的共同欲望。」[54]顯然，對國家權力的深刻懷疑，使後者喪失了在世人心目中的唯一性和可能出現的神聖性，這也就為世俗權力的對立物諸如神法、自然法，乃至教會的權力預留下了空間。

其二，二元政治觀。在《聖經》裏，耶穌在面對死亡時平靜地說：「我的國不屬於這世界。」[55]基督徒對國家權力的懷疑和對來世的信仰，大大降低了國家和政治生活在人們價值體系中的地位。它也使基督徒產生了「上帝的選民」與「這個世界」，「上帝之城」與「世人之城」之間鮮明的二元性的強烈感覺。在中世紀，「基督徒以一種冷漠、陌生與疏遠的心態看待國家，他們不再有城邦公民那種對國家或政治共同體的認同感。他們只給予國家有限度的承認，有條件的肯定。他們絕不把無限的溢美之詞給予國家，也不會把全部身心奉獻於國家。」[56]亞里斯多德的城邦和柏拉圖的理想國，曾經被認為「至善」或是一切事物中的「最美」者，基督教則與此不同。在他們看來，任何政權形式都不能加以神聖化，因為人的本性根本承擔不起對人類品德的信任，政權的形成無法避免偏私和局限，不可能達到神所具有的至善和絕對正義。所以，他們與國家拉開距離，以保留、懷疑的眼光審視國家。同時，也不完全放棄政治領域，因為人類生活的最高理想——愛的理想，既不能放棄，又無法完全實現，這正是人類的悲劇性現實。實際上，基督教明確地肯定了服從世俗統治者權力的義務[57]，防止社會的混亂無序，作為對人罪惡本性的一種控制和彌補。

---

54 克勞斯・馮・柏伊姆著，李黎譯：《當代政治理論》（商務印書館，1990年），頁134。

55 《聖經・約翰福音》第十八章，第三十六節。

56 叢日雲：《西方政治傳統》，頁385。

57 「在上有權柄的，人人當順服他。因為沒有權柄不是出於神的。凡掌權的都是神所

據認為，人的本性也不能自願遵守公正的要求，非得要有政治權力強制推行。一方面要服從上帝的權威，另一方面也要服從世俗國家的權力，如何處理此岸與彼岸的關係？《聖經》上耶穌用一句話作了概括：「愷撒的物當歸給愷撒，神的物當歸給神。」[58]此話的背景是，當時有人給耶穌出難題，問他納稅給愷撒可以不可以，該納不該納？於是耶穌作出了上述回答。這是一句很平常的話，卻是基督教關於世俗兩界關係的經典表述，以後便成了區分上帝權威與世俗權威的依據。此即基督教著名的「二元政治觀」。

　　從基督教的根本理論上講，上帝創造一切，是世界絕對的主宰，唯一的權威，被稱為「萬主之主，萬王之王」，當然置於世俗權威之上。然而該理論在肯定上帝權威優先性的前提下，並不主張用神權溶化俗權，吞併俗權，導致極端的神權政治；也沒有在皈依上帝的旗幟下鼓動反叛，或流於消極遁世的一般的宗教傳統，而是將神俗兩者分開，承認兩者的價值，劃出各自的大致領域。耶穌的態度的確與眾不同，此語一出，難怪聽者「就很稀奇他」[59]。實際上，《聖經》提出了一種新的政治模式的基本原則：在上帝的物與愷撒的物之間作出區分，意味著精神權利與世俗權利並立，或者說教會與國家的並立，並使兩者保持某種張力和富於彈性的平衡。一方面，教會掌控精神權利和宗教生活領域，抵禦世俗國家的侵犯，並以社會道德權威的名義對世俗統治者進行監督；另一方面，國家要退出精神領域，滿足於世俗的政治角色，同時也抵禦教會建立極端僧侶政治的欲望。從神學理論

命的，所以抗拒掌權的，就是抗拒神的命。抗拒的必自取刑罰。……所以你們必須順服，不但是因為刑罰，也是因為良心。你們納糧也為這緣故，……凡人所當得的，就給他；當得糧的，給他納糧；當得稅的，給他上稅；當懼怕的，懼怕他；當恭敬的，恭敬他。」《聖經·羅馬書》第十三章。

58　《聖經·馬太福音》第二十二章。《聖經·馬可福音》第十二章。

59　《聖經·馬可福音》第十二章。

上看，二元政治觀是「原罪說」的延伸；從實際政治生活上看，二元
政治觀分散了權力、制衡了權力，最終拒絕了極權政治，不論是世俗
極權政治還是僧侶極權政治。十九世紀英國學者阿克頓比較早地注意
到了基督教二元政治觀與西方政治文化傳統的關係。他在論及自由的
起源時闡述說，耶穌關於「愷撒的歸給愷撒，上帝的歸給上帝」這句
話，「是以保護良知的名義，賦予世俗權力它從未有過的神聖，也給
它加上了它從未有過的束縛；這是對專制的否定，是自由的新紀元的
開始。因為我們的主不僅頒佈律法，而且創造實施的力量。在至高無
上的領域保持一個必要空間，將一切政治權威限制在明確的範圍以
內，不再是耐心的理論家的抱負，它成為世界上哪怕最強大的機構和
最廣泛的組織的永恆責任與義務。這種新的律法、新的精神和新的權
威，賦予了自由以新的涵義和價值」[60]。阿克頓的觀點為歷代學者所
一再確認。

其三，上帝選民說。《聖經》說：「因為你歸耶和華你神為聖潔的
民，耶和華從地上的萬民中，揀選你特作自己的子民。」[61]信仰上帝
的基督徒認為自己是神的兒女，天國的公民，無論人的世俗地位如
何，通過受洗入教，他們「已經脫去舊人和舊人的行為」，成為新
人，「這新人在知識上漸漸更新，正如造他主的形象」[62]。這樣的觀
念，使他們有可能跳出一般尊卑榮辱的世俗觀念看待社會，無疑也助
長了基督徒自尊自信的心態。

人的得救純粹是靈魂的事，與種族、出身無關，甚至不分「為奴
的」，還是「自主的」。原來被稱為上帝選民的以色列人，他們本來應

---

60 阿克頓著，侯健、范亞峰譯：《自由與權力：阿克頓勳爵論說文集》（商務印書館，
  2001年），頁55。

61 《聖經‧申命記》第十四章。

62 《聖經‧哥羅西書》第三章。

該享有上帝子民的名分，律法、禮儀等原來都是屬於他們的，甚至基督肉體的血統也是以色列人。然而事實並非如此。基督教認為不是血統上是以色列人就是「以色列人」，也不是亞伯拉罕的後裔就是上帝心目中的「亞伯拉罕後裔」。亞伯拉罕也生了不少兒女，而上帝眼中唯獨以撒的後裔才是亞伯拉罕的兒女，是承受救恩之約的一群。這就說明了憑人肉體的努力所生的兒女不能直接成為上帝的兒女，而必須是透過上帝應許而得的兒女才是上帝的兒女。「肉體所生的兒女不是神的兒女；唯獨那應許的兒女才算是後裔」，[63]關鍵是對耶穌的信仰和上帝的恩待。正是在這個意義上，著名基督教史學家沃爾克說：「基督徒認為自己是與眾不同的人，是新的種族，是真正的以色列人。雖說他們也為羅馬的國家及統治者祈福，但他們認為自己不再是羅馬公民，而是天國耶路撒冷的公民。」[64]

按照基督教，人雖是罪人，但也是上帝的孩子，上帝關心個人的命運和靈魂的得救，每個追隨上帝的人通過上帝的揀選都可能成為天國的選民。在社會政治形態中，這樣的觀念勢必為維護每一個人的自由和尊嚴提供價值論基礎。由於每個人在上帝眼裏是自由、平等的，基督教即使在被迫屈從於一種誰也不能完全自由的政治制度時，也堅持個人的獨特價值。在中世紀，這種觀念與羅馬法中的權利思想一拍即合，很快融為一體。前已述及，我們看到基督教會如何積極參與了「主體權利」概念的鍛造，推動了中世紀原始個人權利的發展，從而有效地支撐了西歐多元政治架構，絕非偶然。

63　《聖經‧羅馬書》第九章。

64　威利斯頓‧沃爾克著，孫善玲等譯：《基督教會史》（中國社會科學出版社，1991年），頁47。

二 基督教早期的政治實踐及其影響

基督教的政治影響同時來自於教會的政治實踐。

基督教會起初僅是猶太教內一些信仰耶穌的人的自由聚會，一個聖徒團體，後來隨著大量信徒的湧入，變成了一個拯救靈魂的機構。由於基督徒不崇拜偶像，拒絕禮拜羅馬的神祇，疏遠國家，遭到了羅馬帝國的拒斥。基督教最初形成後的三百年間，基本處於非法地位，遭到政府的殘酷迫害。基督徒面對迫害採取忍耐、不抵抗的態度，然而正是憑藉這樣堅定的信念，他們的影響範圍不斷擴張，勢頭不可抑制。三一三年，繼承西部帝位的君士坦丁和東部皇帝李錫尼在米蘭城會晤，達成共識，頒佈「米蘭敕令」，宣佈宗教信仰自由，歸還從前罰沒的基督教堂和財產，基督教獲得了合法地位，從此結束了「三百年教難」。

「米蘭敕令」後，基督教地位上陞，與帝國關係也越來越密切，到四世紀末，基督教成為唯一合法的宗教，也是帝國的國教。一方面，由於政府的支持，基督教的傳播更為迅速和廣泛，很快覆蓋了帝國全境；另一方面，基督教失去了往昔的自由和獨立，從主教的任免、調動到教義的確定都受到皇帝的控制。與此同時，也就產生了教會與國家的新的抗衡。這不再是合法生存的抗爭，而是在新的社會條件下教會爭取自治權利和權力的抗爭。

在教會爭取自治權力的早期鬥爭中，米蘭主教對皇帝侵犯的抵制最為典型。米蘭主教安布洛斯（約340-397年）明確宣佈，皇帝作為一個基督徒，同樣是教會的兒子，「在教會之中，而不是在教會之上」。他在給皇帝的信中大膽指出，在信仰與靈魂的問題上，「主教通常是信奉基督教的皇帝的法官，皇帝卻不是主教的法官」。一次，皇帝干預教產，指令把一所教堂交給阿利烏斯派。安布洛斯主教斷然拒

絕，聲稱「宮殿屬於皇帝，教堂屬於主教」，最終迫使皇帝做出讓
步。另一次，由於皇帝對民眾的一次屠殺行為，安布洛斯拒絕為其舉
行聖餐禮，最後迫使皇帝脫下紫袍當眾懺悔[65]。安布洛斯的言行對中
世紀教會與國家關係產生了頗為深遠的影響，因為這不是一般的權力
之爭，而是在嘗試履行一種新的原則，即凡屬上帝的事就不屬皇帝，
宗教事務和信仰問題應劃為教會的權力範圍。

　　這樣一種新原則的成形與實施不是一蹴而就的。進入中世紀後，
基督教在蠻族國家內廣泛傳播，然而教會與國家的關係若即若離，處
於一種不確定的變化中。四九六年，克洛維率領三千親兵在蘭斯大教
堂接受洗禮，加入基督教，法蘭克成為信仰基督教的國家。隨著法蘭
克國家的領土擴張，基督教也獲得不斷的推廣，查理曼大帝時期尤為
明顯。從查理曼頒佈的薩克森地區敕令中可以看到，他在征服薩克森
人地區的過程中，曾得到天主教會的幫助。同時，每佔領一個地方便
在當地實行基督教化，普遍建立教堂和修道院，傳播基督教，勸導或
強迫當地居民受洗，加入教會。羅馬帝國崩潰後，陸續建立起來的日
爾曼人國家，西哥特、法蘭克、盎格魯─薩克遜、倫巴德等，先後皈
依了西部正統的天主教。隨著基督教的傳播，西歐分別建立了四個國
家教會，它們是：西班牙教會、法蘭克教會、英格蘭教會和倫巴德教
會。各王國內教會的地方組織也隨之普遍建立起來，它們在鄉村建立
教堂，派神甫管理，形成「牧區制」。不久，整個西歐大地實現了基
督教化。基督教已有幾百年傳播的歷史，現在又有世俗國家的扶持，
在西歐各國迅速傳播是不足為奇的。然而，過多受惠於國家，勢必也
受制於國家。八世紀至九世紀中葉，特別查理曼在位時，教會一度受
世俗政權的管轄和支配。例如，查理曼頒佈命令，規定神甫由主教封

---

65 卡萊爾：《西方中世紀政治學說史》第一卷，頁180-184。

立，主教則由查理曼委派。教會通過的宗教法規必須以國君的名義頒佈。七五一年，教皇為丕平加冕，其含義也是相當複雜的。一方面，表明丕平的王位是上帝賦予的，「君權神授」的觀念給王權塗上了一層神聖的色彩；另一方面，教皇為國王加冕意味著教皇對世俗君主的王位有批准之權，自然也有罷免之權。總之，這一時期西歐的政治結構雖然已經包括了「二元政治」的全部要素，但教會與國家關係是不確切的，充滿變數的，往往根據雙方力量的大小在不同時期形成不同的傾向，總體看似乎向國家政權傾斜的時候更多些。

教會爭取權力最重要、影響也最為深遠的實踐，當屬十一世紀末到十二世紀發生的主教授職權之爭。該事件對於歐洲文明的意義如此重大，以至當代美國著名法學家哈樂德・J.伯爾曼稱其為「教皇革命」，是「西方歷史的斷裂」，是一次真正的歷史轉折[66]。這場革命的發端是一○七五年《教皇敕令》宣佈廢除世俗的聖職授予權，「只有教皇才可以廢黜和恢復主教」，皇帝和國王應該拜在教皇的腳下，教皇應該是「所有人的唯一法官」[67]，從而挑戰先前的政治和法律秩序。變革自那時起，直到十二世紀後期，甚至到十三世紀早期，歷經幾代人，一種新的秩序才有了最後的保證，即法律的保證。最後的解決方案都是通過艱難的談判達成的，德國、法國、英格蘭和其它地區莫不如此。在這種談判中，所有各方都放棄了他們最激進的要求。教皇格列高利七世的目標意味著一種神權政治國家，而王權一方則要教會放棄它的全部地產、全部財產和全部世俗權力。結果，以雙方的妥協而告終。教權與王權的對抗在德國最為突出。鬥爭持續了半個世紀，最後以締結沃姆斯協定結束，時為一一二二年。根據這個協定，

---

66 哈樂德・J.伯爾曼：《法律與革命》，頁50。

67 S. Z. 艾勒、J. B. 默洛：《教會與國家》(S. Z. Ehler and J. B. Morall, *Church and State through the Centuries*, London 1954)，頁43-44。

雙方同意：主教和修道院長依教會法規在教會內部經自由選舉產生，
皇帝可臨場監選；皇帝放棄主教授職權，交出授任聖職權力象徵的指
環和權杖。同時，教皇承認皇帝有世俗的授任權。在英格蘭，直到一
一七〇年，即格列高利發出《教皇敕令》九十五年後，國王才最終放
棄了成為英格蘭僧侶的最高統治者的要求。

　　教皇革命的後果是相當明顯的。其一，它以法律的手段平抑了皇
帝和國王的權力，剪除了他們頭上的光環，逐漸結束了神聖王權時
代。教皇革命是從挑戰王權的單一權威開始的，稱皇帝和國王的權威
從來就缺乏「神聖的」或「超凡脫俗的」品格。幾個世紀以來，皇帝
和國王不僅在俗界而且在「屬靈」事務即教會生活中扮演主角，其實
他們是俗人，只能揮舞世俗之劍，只能負責現世的事務。教皇革命使
他們各歸其位。伯爾曼指出：「古代國家和日爾曼—法蘭克國家是宗
教國家，在其中，最高政治統治者還負責維護宗教教義和宗教儀式，
並且經常自以為是一個神聖或半神聖的人物。教皇革命的主要目標之
一就是剔除最高政治權威的宗教職能和宗教特性。在那以後，皇帝和
國王被那些遵從羅馬天主教教義的人當作是俗人，從而在精神事務上
完全不具有權能。」[68]撤銷了皇帝和國王的精神權能，最終為中古時
代，甚至也為近代世俗國家奠定了基礎。其二，教皇革命把西歐社會
劃分為相互獨立又相互保持某種緊張關係的教會權威和世俗權威，產
生了並行的兩個法律體系——教會法和世俗法，從而限制了各自的管
轄權，實踐了二元政治觀。在「教會自由」的口號下，教皇革命使僧
侶擺脫皇室、王室和其它世俗政治統治，並使他們統一在教皇的權
威下。

　　倘若將教皇革命的後果置於整個歷史背景下，人們不難發現，這

---

68 哈樂德・J. 伯爾曼：《法律與革命》，頁137。

裏所涉及的遠不止權力之爭，而是預示著一種新的事物秩序，「一種新的天堂和新的人間」。伯爾曼指出：「隨著教皇革命而來的是產生了一種新的教會法體系和各種新的世俗法體系……西方法律傳統形成於一種徹底革命的場合，這種革命奮鬥的目標是建立『事物的正當秩序』或『世界的正當秩序』。『正當秩序』意味著一種新的劃分，即把社會劃分為相互分離的教會權威和世俗權威，意味著把教會權威建為一種政治法律實體，還意味著相信教會權威有責任改造世俗社會。」[69] 按照伯爾曼的觀點，司法管轄權和法律體系的多元化使法律的最高權威性成為必要和變得可能。「西方法律的多元論，已經反映和強化了西方的政治和經濟生活的多元論，它一直是或一度是發展或成長（法律的成長和政治與經濟的成長）的一個源泉。它也一直是或一度是自由的一個源泉。」[70]

　　總之，經過幾個世紀的發展，在一定社會條件下，日爾曼人瑪律剋制度、古代羅馬法和基督教思想三要素熔為一爐，逐漸形成近代西方政治文明的雛形。自此，法律政治傳統作為西方文明之魂，逐漸浸潤了西歐社會的整個肌體，如同儒家政治思想深深彌漫於數千載的中國傳統社會一樣，西歐中古歷史到處都可以發現它們的足跡。即使在中古最嚴酷的條件下，社會各等級也都有團結和抵抗的手段，不論貴族團體、教會群體、市民群體甚至農奴群體，社會都很少出現劇烈的震盪。政治文化傳統的形成、存在和發展是無形的，也是有形的。沒有它，我們難以想像英國早在十三世紀初便出現被稱為現代民權思想之源的「大憲章」，半個世紀後繼而出現人類社會最早的議會；同樣，富裕農民和富裕市民階層形成，乃至出現與教會、世俗貴族並駕

---

69 哈樂德・J. 伯爾曼：《法律與革命》，頁124、140。
70 哈樂德・J. 伯爾曼：《法律與革命》，頁12。

齊驅並逐漸取而代之的「第三等級」。這一系列西歐歷史上頗為獨特的社會現象，都與其息息相關。無論如何，它們畢竟是現代西方政治制度的母體，是一系列發展鏈條中最初的、也是相當重要的一環。正是它們的不斷實踐與發展，使西歐最先邁入市場經濟和工業化的發展道路，近代大國先後崛起於西歐，不是偶然的。

第三章
西歐王權與貴族

在西歐早期中世紀的社會中，國王與貴族共生的同時又不斷地發生摩擦，乃至兵戎相見。早期中世紀的西歐沒有現代意義的「國家」概念。恩格斯在闡述國家時說：「國家是整個社會的代表，是社會在一個有形所組織中的集中表現，……在中世紀是封建貴族的國家。」[1]在這個中世紀的貴族國家中，雖然國王是最大的貴族，是最高的政治首領，但是貴族享有同樣獨立的權利，這些權利是貴族在采邑制度發展的過程中逐步獲得的。中世紀西歐，依據與國王本人關係的親疏給予所要依靠者各種權利，從中產生了貴族，以采邑的形式構成了個人聯合的政體。采邑不僅用誓約和義務約束了與國王有各種關係的人，這些人也因為采邑而有了管理封地的權利。就此而言，國王與貴族的關係表現的是中央與地方的行政關係，反映的是權力與權利之間的關係。因此，在王權與貴族因為權利而產生的矛盾和衝突中，產生了西歐的議會君主制。

第一節　采邑、貴族與王權

一　「原始契約」

中世紀西歐的王權源自於法蘭克人建立的王國。五世紀，日爾曼

---

[1] 恩格斯：〈社會主義從空想到科學的發展〉，《馬克斯恩格斯選集》第三卷（人民出版社，1972年），頁438。

人中的一支法蘭克人在其部族首領墨洛維希的率領下進入高盧地區，開始了最早的墨洛溫家族的統治。五世紀末期，墨洛溫家族的克洛維以亞琛和布魯塞爾為基點對外進行擴張，先後征服了阿拉曼人、巴伐利亞人、圖林根人、勃艮第人的地區，直至多瑙河東部。墨洛溫王朝實行的是國王個人的統治，國王是rex Francorum（法蘭克人的國王），而不是法蘭克統治區域內的國王（rex Franciae）[2]。進入高盧羅馬的法蘭克人依然保持了氏族公社的習慣法，公社的成員和國王一樣，在法律上都享有自由人的平等權利，這一點在經濟制度上也有明顯的表現，即每個自由人，不論社會地位的高低，政治權利的大小，都有自己的份地和宅基地。然而，由於集權制的建立和公民大會職能的消失，他們的政治權利越來越小，所剩的僅僅是在王權保護下的、沒有任何政治權利的人身自由權。德國歷史學家赫夫勒把日爾曼王國的王權稱為「扈從王權」，扈從通過誓言與國王建立了臣屬關係[3]。法蘭克王國集權統治制度的建立和鞏固，依靠的是那些與國王有家族關係的家臣和親兵，法國歷史學家岡斯霍夫將其稱為是國王的「私人士兵」，是「附屬的自由人」（ingenui in obsequio）[4]。在法蘭克人的習慣法中，「家族」（Familie）一詞的含義與今天這個詞的含義有很大的區別，家族的成員不僅是指那些有血緣和親緣關係的成員，也包括那些與之沒有任何血緣關係的家奴和家臣。這些家奴和家臣不能作為獨立的自由人參與社會的活動，不經主人的允許不能隨意地離開。他們

2　W. 韋塞勒：《法律史——從早期的形式至現代》（W. Wesel, *Geschichte des Rechts. Von den FrühformenbiszurGegenwart*,München 2001），頁278-279。

3　O. 赫夫勒：《日爾曼王國宗教儀式的特點》，載《王權》（O. HÖfler, Der Sakralcharakter des germanischen KÖnitums, in Das KÖnigtum, Vorträge und Forschungen, Konstanz 1956），頁101。

4　F. L. 岡斯霍夫：《什麼是封建主義》（F. L. Ganshof,Qu'estce que la féodalité?, Darmstadt 1977），頁2。

可以作為財產被贈送、被買賣，他們沒有決定自己行為和去向的權利，必須完全服從家族主人的支配。正因為如此，他們得到國王的信任，被委以重任，得到土地作為賞賜，同時享有管理土地和附屬土地的人們的特許權，如司法權、納稅權，甚至還有軍事權。

六世紀以後，墨洛溫家族建立的王國一再被分割，不是因為來自任何外部的因素，而是其習慣法中的繼承權使它無法保持王國的統一。根據日爾曼的習慣法，王國的王位要由諸王子共同繼承，克洛維死後法蘭克王國平分給他的四個兒子。這一習慣法導致王位經常被分割，也造成諸王為擴大勢力和爭奪領地而不斷進行征戰[5]。儘管王位的分割和統一只是在墨洛溫王室內部進行的，但由於在爭奪王室領地的爭鬥中，諸王用贈送土地的方式增強與親兵間的個人關係，以獲得軍事上的支持，從而培植了新的大土地佔有者。這些新的大土地佔有者逐漸地染指諸王的爭鬥，導致王權旁落。六世紀末、七世紀初，在法蘭克王國境內形成了以東部傳統的奧斯特拉西亞家族為首的和以盧瓦河以北新征服地區的紐斯特里亞家族為首的兩個大土地佔有者集團，他們以宮相之職掌握著王室真正的大權。

六一三年，法蘭克被三分的王位因其它兩王室無子嗣而再次統一，為了得到兩宮相的支持，國王克洛塔二世於六一四年頒佈敕令，把王室的領地交由宮相管理，進一步增強了宮相的權勢。七世紀中葉，法蘭克王位再次被分割，王室的兩個宮相乘兩國王年幼之際，完全篡奪了國王的權力，兩宮相之間也進行了激烈的爭鬥。六八七年，奧斯特拉西亞家族的赫斯塔爾‧丕平統一了宮相大權，自稱「法蘭克第一人」[6]。丕平的篡權加劇了法蘭克王國內部因王室一再被分割而

---

5 葛列格里、O. M.道爾頓著，壽紀瑜、戚國淦譯：《法蘭克人史》（商務印書館，1981年），頁106-139。

6 R. 施耐德：《法蘭克王國》（R. Schneider, *Das Frankenreich*, München 1990），頁15-16。

造成的權力爭鬥，正如馬克斯所說的：「查理掌權的時候，國王的權力已經全部崩潰了，但是還遠未因此而被宮相的權力所代替。在墨洛溫王朝時，由於犧牲王室而創造出來的豪紳顯貴階級千方百計地促進了王權的毀滅，但絕不是為了屈從於宮相，屈從於和他們同一地位的人。」[7]八世紀初期，為了增強王室的權力，墨洛溫王朝的宮相查理‧馬特用采邑分封取代了土地無條件地贈送，用封地所產生的義務建立了封主與封臣之間的采邑關係，這是中世紀西歐王權的基點。

八世紀法蘭克人不斷地向外擴張以及連年不休的內戰，動搖了以氏族血緣關係維繫的王權的基礎，更增強了封主與封臣之間的個人關係。德國歷史學家施萊辛格認為，中世紀早期這種通過戰爭獲得領地的方式越強烈，依附關係也就越牢固，作為士兵的封臣也就越多[8]。英國學者梅因用羅馬法中的契約概念闡述了法蘭克時期的封地，他認為是這種封地的契約關係取代了日爾曼人的血緣關係。在君主（lord）身上具有氏族首領的多種性質，而他的特權（prerogative）也受到已有的習慣法的限制，這些都可以表述為是賜封采邑而建立的社會關係[9]。以封地為基礎建立起來的封主與封臣之間的這種「原始契約」關係，可以說是西歐王權和貴族生長的起點，這是西歐中世紀政治制度的主要依據之一。

---

7 《馬克斯恩格斯全集》第十九卷（人民出版社，1972年），頁543。

8 W.施萊辛：《論日爾曼的軍事王權》，載《王權》（W. Schlesinger, *übergermanisches Heerk Önigtum, in Das KÖnigtum, Vorträge und Forschungen*, Konstanz 1956），頁105。

9 H. S. 梅因：《古代法與早期社會歷史的聯繫以及與現代思想的關係》（H. S. Maine, *Ancient Law. Its Connection with the Early History of Society, and Its Relation to Modern Ideas*, Cambridge University Press, 1901），頁353。

二　有限王權

西歐中古時期的王權與貴族是在采邑關係建立和鞏固的過程中確立和發展起來的。

從十六世紀早期起，法國的人文主義學者開始對采邑關係進行系統的研究，那個時期的學者主要是依據十三世紀倫巴底的一個法律方面的論文集《封地文書》（LibriFeudorum）從法律的角度分析采邑。采邑，又被翻譯為封地（fief），源於拉丁語 feodum，其詞義近似於英語的 tenure（保有期），德語的 Leihen（出借）。獲得采邑的人成為封臣，保有對采邑的權利；不僅如此，這個保有權利還影響到封臣個人的狀況，使他成為一個與這個保有地的地位相等的人。正是這個權利決定了他的社會、經濟和行政管轄的地位和關係。授封者是他的領主，決定並且支配他的權利，同時也決定了他的義務。獲得采邑的人作為封臣與封主有相互的權利和義務[10]。十九世紀末期，以朗克為代表的德國實證主義學派從制度史的角度研究采邑制度，朗克的學生崴茨在其《德國制度史》中強調，日爾曼人古老的法律和古老的自由在西歐漫長的制度史中始終沒有丟失，它的基本特性總是隨著新的力量一再地被突出[11]。二十世紀初期，法國年鑒學派的歷史學家布洛赫從社會史的角度闡述西歐王權，他把西歐王權的起源追溯到九世紀末。他指出：「在封建世界特有的領主權的擴張過程中，正如基佐所指出的那樣，諸王構成一種獨一無二的權威類型——不僅理論上高於其它

10　查理斯・H. 麥基文：《西方政治思想的演變：從希臘到中世紀末期》（Charles Howard McIlwain, *The Growth of Political Thought in the West: From the Greeks to the End of the Middle Ages*, New York 1932），頁181。

11　A. 斯普蘭德：《中世紀憲政和社會史》（A. Sprandel, *Verfassung und Gesellschaftim Mittelalter*, Patborn 1975），頁11-12。

所有權威,也是一種真正不同的制度類型。」[12]

　　進入高盧地區的法蘭克人承襲了羅馬帝國的行省制,但對行省進行管理的是伯爵、公爵以及教會的主教和修道院的院長。為了對其進行控制,墨洛溫的國王們把采邑與行政管理結合在一起,他們是國王的封臣[13]。布赫餒在分析墨洛溫王國的政體時認為,墨洛溫王國的國家制度是與當時的經濟關係相一致的,它繼承了羅馬的農業經濟,也在有意識地傲仿羅馬的官吏制度,墨洛溫王朝的官吏制度一半是日爾曼人的,一半是羅馬人的[14]。斯普蘭德也認為,法蘭克人建立的社會制度,從一開始就有兩個明顯的傾向,一是莊園化,把羅馬帝國的官吏制度轉變為采邑關係;二是領地化,使羅馬帝國的行政區領地化。六一四年,墨洛溫的國王在他頒佈的法令中明確地規定:「不允許任何一個法官從一個省調任到另一個省,如果他有了過失,必須用他自己的私有家產為他造成的後果進行補償。」[15]從這個法令中可以看出,法蘭克人的官吏制和領地制是緊密相關的,並由此產生了新的國家行政管理體制。米泰司在《采邑權和國家權力》一書中對法蘭克國家的莊園化作了詳細的研究,他用史料證明,是采邑和采邑權為法蘭克國家的管理提供了新的形式,公國和侯國取代了行政區域,公爵、伯爵以及其它的授封者取代了國家的官吏,履行著采邑權所給予個人的義務,由此保證其能夠行使社會的公共權利。所以,「從一開始,授予職務就是授予許可權,授予行使公共職能的許可權,授予獲取國家收入資源的許可權」。他認為,和采邑一起授予給受封者的權利,

---

12 馬克・布洛赫:《封建社會》下卷,頁614-615。

13 F. L. 岡斯霍夫:《什麼是封建主義》,頁24。

14 R. 布赫餒:《墨洛溫王權》,載《王權》(R. Buchner, Das *merowengische KÖnigtum, in Das KÖnigtum, Vorträge und Forschungen*, Konstanz 1956),頁147。

15 A. 斯普蘭德:《中世紀憲政和社會史》,頁89、90。

具有統治形式的公共特點的象徵[16]。

　　采邑制是一種社會制度，岡斯霍夫總結了這種社會制度的特點：
非常顯著的各人之間的依附關係；一個特殊的軍人階層；所有權最大
限度地被肢解；從這個被肢解中產生的土地所有權的等級制度，而這
個土地所有權是與個人依附關係的等級制度相適應的；最後是被分裂
的社會權力[17]。這種與土地權密切相關的個人之間的依附關係，必然
會使權力因為土地關係的轉移而發生變化。身為宮相的矮子丕平，正
是通過采邑篡奪了王位，並且借助基督教教會實施的加冕禮儀式使之
「合法化」。加冕儀式把封主和封臣原本是純個人的統治關係，變成
了是上帝制定的、基督教化了的統治關係，把這種個人關係闡述為一
種政體形式。德國歷史學家邁爾認為，墨洛溫王朝仍然具有原始軍事
王國的特點，國家是地道的個人聯合體，這個聯合體沒有任何附加的
條件。加洛林家族篡奪王位奠定了新的國家的基礎，國王個人的隨從
轉變為王國的臣僕，在這個時期的誓約也清楚地反映了這一轉變，它
不僅說明國家臣屬關係的確立，也說明了采邑制度的確立。但無論是
臣屬關係還是采邑制，都是以奧古斯丁的基督教國家學說為理論基礎
的[18]。因此，布赫餒強調中世紀西歐的王權是基督教的、羅馬的和日
爾曼人的觀念的融合體[19]。

　　八百年聖誕之際查理大帝在羅馬舉行的加冕儀式，成為自九世紀
以后德意志皇帝以及各國國王登基時的固定儀式，並且有了文字規定，

---

16 H. 米泰司：《采邑制和國家政權》（H. Mitteis, *Lehnrecht und Staatsgewalt*, KÖln
　　1974），頁198-199、203。

17 F. L. 岡斯霍夫：《什麼是封建主義》，頁13。

18 Th. 邁爾：〈加洛林時期的國家概念〉，載《王權》（Th. Mayer, *Staatsauffassung in der
　　Karolingerzeit, in Das KÖnigtum, Vorträge und Forschungen*, Konstanz 1956），頁181-
　　182。

19 R. 布赫餒：《墨洛溫王權》，頁143。

中世紀西歐的采邑制度

國王把節杖封授給主教，把代表封邑的旗幟封授給世俗諸侯（小圖一）；在一年零一天之內國王必須把代表封邑的旗幟交給帝國的諸侯（小圖二）；帝國諸侯可以供給封臣采邑（小圖三）；封臣通常是貴族出身（小圖四：農民、商人和婦女都得不到采邑）；只有在特殊的情況下非貴族才能得到采邑（小圖五），但他們不能繼續分封。

——引自《中世紀》（Das Mittelalter），多特蒙德，一九八八年。

制定了一整套在舉行加冕禮時的固定條例。這套儀式被後來的德意志帝國傳承下來。九三六年，德意志的國王奧托一世，在民眾的歡呼聲中走上聖壇，從主教的手中接過象徵王權的權杖和王冠，由美茵茨和科隆的大主教共同為他舉行了塗油禮[20]。九六二年，奧托一世在羅馬接受了由教皇舉行的皇帝加冕禮。在這裏我們不妨援引在美茵茨大主教區保存著的九六〇年以前皇帝加冕禮的條例：「羅馬法令在這裏賜福於接受皇冠的皇帝。1. 皇帝的諾言：我，皇帝，在上帝和使徒保羅的面前，以基督之名許諾和發誓，只要上帝支持我，在必要的時候，我是神聖羅馬教會的保護者和捍衛者，並將盡心盡力。……8. 教皇站在聖壇之前，把皇冠戴在皇帝的頭上，同時說：9. 以聖父、聖子和聖靈之名接受這個榮譽，你將避免所有舊敵的攻擊，避免所有罪行，你願意熱愛正義，願意仁慈地生活，你就會在永恆王國的聖地中從我們的主耶穌基督手中得到皇冠……」[21]「君權神授」的思想在這其中昭然若揭，王權的合法性不容置疑。

然而不應該忽視的是，在采邑制基礎上建立的王權是有限的，采邑制所附帶的各種權利限制了王權對地方的實際統治。采邑制自身所具有的分裂因素是西歐王權集權的最大障礙，但這個障礙也並非是不可克服的，因為受封者獲得采邑權的先決條件是承認國王的合法性。換句話說，是采邑的受封者對國王合法性的承認給予了王權的權威，使國王能通過特許權給予封地中的某個社會群體一定的保護，或者是給予他們免除某項關稅或賦稅的特許權，或者免受領主司法權的制裁的特許權，等等。王權的合法性使國王能夠憑藉著特許權的統治權威和法律權威對地方行使統治權力，保證個人聯合政體體制的正常運

---

20 A・斯普蘭德：《中世紀憲政和社會史》，第83頁。
21 《日爾曼史料集成》「加洛林帝國的制度」（MGH Fontes Iuris Germanici Antiqui IX, Ordines Coronationis Imperialis, München），頁2-3。

行。國王的合法性使其享有了給予特許權的權利。德國歷史學家科恩於一九一四年首次提出了特許權（privilegim）的概念。他認為，在西歐中古社會的自然法和現行法之間還存在著特許權，它與習俗，與現行的習慣法和實際的關係是相一致的，特許權是一種習以為常的權利，它不會導致引起任何感到不公正的情緒[22]。特許權雖然沒有也不可能廢除領主們享有的采邑權，卻能通過給予領地內其它社會階層特許權，扶持施行統治的政治勢力，以此增強對領地的政治影響。也正是特許權培植了中世紀西歐社會中的貴族階層。

三 貴族權利

「貴族」的社會結構是隨著西歐中世紀各個歷史階段的發展而不斷發生著變化。墨洛溫王朝時期，「配得上貴族這一稱號的等級顯然必須具備兩個特點：第一，必須擁有自己的法律地位，這一地位能夠肯定其所要求的優越性，並使這一優越性實際有效。第二，這一地位必須是世襲的」[23]。這種地位的優越性在撒利克法典中明顯地反映出來，無論是在賠償金還是在其它方面，貴族與其它等級都有很大的差異，他們都掌有地方的管理權和司法權[24]。隨著墨洛溫王朝在高盧地區站住了腳，先後征服了日爾曼其它部族，尤其是在諸王相互爭奪勢力的鬥爭中，貴族的結構發生了變化，為國王服役的人逐步參與了王國的統治，尤其是宮相一職。宮相原本是王室內負責管理奴僕的人，

---

22 F. 科恩：《中世紀早期的君權神授與反抗權：關於君主制度發展的歷史》（F. Kern, *Gottesgenadentum und Widerstandsrecht Imfrühen Mittelalter. Zur Entwicklungsgeschichte der Monarchie*, Leipzig 1914），頁262-264。

23 馬克・布洛赫：《封建社會》下卷，頁471。

24 P. J. 吉瑞編：《中世紀史讀物》（P. J. Geary (edited), *Readings in Medieval History*, Peterborough: Broadview Press, 1995），頁151、153。

並逐漸開始參與管理王國的事務[25]。六世紀中葉，宮相成為墨洛溫王朝中最有勢力的人，在諸王的權勢鬥爭中形成了奧斯特拉西亞和紐斯特里亞兩大宮相家族。六一四年克洛塔國王頒佈敕令，允許在其家族所在地的氏族貴族中選出王室的官員，其中包括管理地方的伯爵和主教[26]。因此，墨洛溫王朝時期的貴族家族都與王室有著親疏程度不同的親屬關係或者其它的密切聯繫。此外，從克洛維執政時期起，主教和修道院院長就成為墨洛溫王室的重要官員，而這些主教和修道院院長都出生於高盧羅馬元老貴族家族，七世紀之前的法蘭克教會中尚未有法蘭克血統的教士和修道士[27]。可以說從這個時期起，西歐社會中就有了世俗和教會兩種類型的貴族階層。

　　加洛林王朝用采邑建立的個人聯合的政體剝奪了氏族貴族的權勢和財產，獲得的封地以及為國王服役使封臣成為新的貴族階層，尤其是在查理大帝時期。查理大帝在位四十六年，進行了五十五場戰爭，在連年的征服中推行采邑制。七七四年，查理大帝應教皇之請征服了倫巴底王國，戴上了倫巴底國王的王冠，在倫巴底王國境內設立了伯爵管轄區，將其作為采邑分封給了跟隨其征戰的法蘭克親兵和臣服於他的倫巴底的貴族。七八七年，查理鎮壓了巴伐利亞公爵的反叛，迫使其以采邑的形式保留了公爵領地，同時設立了大主教區以加強對公爵領地的控制。七八八年，為了阻擋阿拉伯人向西歐大陸進一步的擴張，查理大帝在比利牛斯山和埃布羅河之間的區域內建立了邊疆瑪律克伯爵領地，同時還劃定了主教區，任命了主教。在與法蘭克東北部

25　《中世紀百科全書》（Verlag J. B. Metzler, *Lexikon des Mittelalters*, Stuttgart. Weimar 1999）第四卷，頁1974。

26　R. 施耐德：《法蘭克王國》（R. Schneider, *Das Frankenreich*, München 1990），頁16、18-19。

27　H. 富爾曼：《法蘭克王國時期的教皇和教會生活》（H. Fuhrmann, *Das Papsttum und das kirchliche Lebenim Frankenreich*, Spoleto 1981），頁421、422。

薩克森人進行的長達三十三年的戰爭中，不僅法蘭克國王的親兵獲得
了那裏的采邑，而且薩克森人內部也發生了分化，形成了新的氏族貴
族家族。他們抵擋不住法蘭克人的攻擊，對查理大帝俯首稱臣，以封
臣的身份被任命為薩克森的伯爵[28]。岡斯霍夫認為：「從查理大帝執政
時起，封臣制極大地擴展，這是各種因素的結果。首先，每個國王和
每個皇帝為了鞏固自己的統治都在竭力地增加他們封臣的人數。出於
同樣的目的，伯爵、瑪律克伯爵以及公爵都有義務，作為國家權力的
代理人成為國王的封臣。加洛林的國王們認為，只有使他們成為封
臣，受到雙重誓約義務——封臣和伯爵、瑪律克伯爵以及公爵的約
束，才能牢牢地控制統治。」[29]可以說，正是這種采邑和行政管理的
結合構成了國王的封臣，產生了參與王權統治的貴族家族集團。

　　加洛林時期開始實行的采邑制培植了西歐中世紀的貴族階層，日
爾曼人的習慣法則使得封地「基本上成為世代相傳之物」[30]。八七七
年，為了獲得貴族的支持，查理二世國王在奎爾日頒佈敕令，承認采
邑完全世襲。湯普遜認為九世紀開始的這種分裂導致貴族家族的利益
地方化了[31]。隨著封地的世襲化，大小貴族在自己的領地範圍內代表
或佔有、奪取或行使應該是國王行使的權利[32]。十世紀初期，加洛林
的國庫領地幾乎被分封殆盡[33]，這些封地的世襲化使國王喪失了對封
地的用益權，土地的用益權以實物地租和徭役地租的形式掌握在獲得

28　王亞平：《權力之爭——中世紀西歐的君權與教權》（東方出版社，1995年），頁85-
　　89。
29　F.L. 岡斯霍夫：《什麼是封建主義》，頁22。
30　馬克·布洛赫著，余中先等譯：《法國農村史》（商務印書館，1991年）頁86。
31　J.W. 湯普遜著，耿淡如譯：《中世紀經濟社會史》上冊（商務印書館，1984年），頁
　　315。
32　F.L. 岡斯霍夫：《什麼是封建主義》，頁58-64。
33　J.W. 湯普遜著，耿淡如譯：《中世紀經濟社會史》上冊（商務印書館，1984年），頁
　　313。

封地的伯爵或其它貴族的手中，此外，貴族還掌握了領地內的最高審判權[34]，控制了對教會職務的授予權[35]。有理由說，國王與貴族之間的采邑關係，只是貴族向國王索取各種權利的一個工具，正如德國的歷史學家特倫巴赫所說的：「從加洛林時期一直到中世紀晚期，體現了國家集合體和統一趨向的王權只是一個具有各種不同用途的工具。」[36]

加洛林王朝之後的西歐國王只不過是貴族階層中的一個成員，德國的歷史學家把這種體制稱之為「貴族體制的王國政體」[37]。在這個政體中，貴族具有與國王相等的權利，這些權利是貴族在采邑制度發展的過程中逐步獲得的。

法蘭克帝國解體之後，西法蘭克的貴族們在抗擊諾曼人的過程中逐步獲得了防禦權，把自己的封地封閉起來，像國王一樣徵收所有的賦稅，攤派各種徭役，修建城堡。「建造城堡的權利是一項主權，也是王室的特權，現在這項權利被封建主篡奪了。」[38]在十世紀末的西法蘭克地區，王室的領地因為被分封繼而被世襲而逐漸縮小，王室實際僅擁有從貢比涅到阿題日涅這一狹小的地區[39]，王國的大部分領地落入了伯爵或者其它地方貴族的掌控之中，法蘭克國王的權力由此隨

---

34 馬克・布洛赫著，余中先等譯：《法國農村史》（商務印書館，1991年）頁93。

35 王亞平：《權力之爭》，頁102-103。

36 G.特倫巴赫：〈從加洛林的王國貴族到德意志的帝國諸侯〉，載Th.邁爾《中世紀德意志國家的貴族與農民》（G. Tellenbach, *Vom karolingischen Reichsadelzumdeutschen Reichsfürstenstand*, in Theodr Mayer (Hg.), *Adel und Bauern in deutschen Staat des Mittelalters*, Leipzig 1943），頁27。

37 H. 希爾施：《中世紀德意志的最高司法審判權》（H. Hirsch, *Die hohe Gerichtsbarkeit im deutschen Mittelalter*, Prag 1922），頁234。

38 J. W. 湯普遜：《中世紀經濟社會史》上冊，頁319。

39 T. 席德爾：《歐洲歷史手冊》（T. Schieder, *Handbuch der europäschen Geschichte*, Stuttgart 1976）第一卷，頁778-779。

著王室領地的被分封、被世襲而被分割。[40]而在東法蘭克地區，雖然確立了國王的權威，但是大貴族擔任了王室宮廷中的重要職務，並且一而再，再而三地發生了爭奪王位鬥爭[41]。為此，德意志國王一方面加強了對教會的控制，力圖以教會的權勢制衡貴族的勢力；另一方面給予教會徵收各種稅收、開辦市場以及鑄幣等各種經濟特權，甚至城市的主權也都轉移到了教會的手中，增強了教會的權勢，並因此而引發了主教授職權之爭[42]。

第二節　議會君主制分析

一　從封地制向領土制的過渡

政教之爭的核心是關於神職授予權的問題，而引發爭奪授職權的原因則與經濟的發展有著密切的關係。如果說政教之爭增強了各國王權的權力意識，那麼西歐農業經濟和城市經濟的發展，則更需要有著實際集權的王權。或者換句話來說，十一、十二世紀西歐各國相繼加強王權的集權並不是歷史的偶然，農業經濟的發展以及貿易的活躍都為確立統一的王權創造了有利的條件。在采邑制基礎上建立的個人聯合的政治關係，構成了中世紀西歐的國家體制，這個體制隨著采邑制的發展，尤其是隨著中世紀社會和社會經濟的發展不斷地發生著變化，即：從以個人關係（personal relation）為基礎的封地制（fiefs）

---

40 S.雷諾茨：《封地和封臣》（S. Reynolds, *Fiefs and Vassals, Oxford University* Press, 1994），頁124。

41 G. 特倫巴赫：《9、10世紀從法蘭克和德意志王國的發展中產生的德意志帝國》（G. Tellenbach, *Die Entstehung des deutschen Reiches von der Entwicklung des fränkischen und deutschen Staatesim 9. und 10. Jahrhundert*, München 1943），頁142。

42 王亞平：《權力之爭》，頁131-132。

向以地域關係（territorial relation）為基礎的領土制（territory）的過渡，為現代國家的形成奠定了基礎[43]。在這個過渡的進程中，王權的中央集權與貴族的權利發生了激烈的衝突，並最終發展成為以王權為主體的主權制（sovereignty）。

　　十一世紀，西歐社會的經濟結構在逐步地發生著變化。從八世紀起，西歐社會展開了一系列的拓荒墾殖運動，擴大了耕地面積，改進了農業生產技術，改良了生產工具，更重要的是改變經營土地的方式，經營土地的租賃形式逐步的取代了實物地租和徭役地租[44]。實物地租和徭役地租一般都用於單純的消費上，德意志皇帝在各地設立的行宮，不僅是為了管理王室的領地，更重要的是為了不定期地居住在各地的行宮，以便就地享用和消費實物地租和徭役地租。地租形式的變化引發的是一系列經營結構的變化，貨幣地租使農產品不再僅僅是單純的消費產品，也成為商品的一部分進入了市場。貨幣地租逐漸地克服了封地製造成的分裂割據的現象，這就有可能使得王權重又掌握了已經喪失的各種稅收和關稅，這些稅收和關稅是建立領土國家的經濟基礎[45]。貨幣地租的實行不再僅僅用於單純的消費，而且也反過來

---

43 最早提出這個觀點的是德國學者 Th. 邁爾：〈中世紀中期形成的現代德意志國家的基礎〉，載《歷史雜誌》（Th. Mayer, *Die Ausbildung der Grundlagen des modernendeutschen Staatsimhohen Mittelalter, in Hisorische Zeitschrift*, vol.159, 1938-1939），頁457-487。二十世紀九〇年代美國學者雷諾茨結合德、法學者的研究成果對封地制進行了新的研究，參見雷諾茨：《封土與封臣》，頁25-28。

44 W. 貝爾格斯：《沒有首都的王國》，載《歷史中的首都問題》（W. Berges, *Das Reich ohne Hauptstadt, in Das Hauptstadtproblem in der Geschichte*, Tübingen 1952），頁1-29。

45 德國歷史學家A.施溫尼克在研究神聖羅馬帝國的領土主權問題時強調稅收的政治作用，明確地提出了「沒有稅收就沒有國家」的觀點，他把研究的時段限定在一五〇〇至一八〇〇年。筆者認為，稅收對領土制形成所產生的影響還要早，在貨幣地租取代實物地租和徭役地租占主導地位時，這種現象已經出現，特別是為十字軍東征徵收的十字軍稅尤為明顯。參見A.施溫尼克：《「沒有賦稅就沒有國家」：神聖羅馬帝國領土國家中賦稅權的發展和政治作用》（A. Schwennicke, "ohne SteuerkeinStaat":

促進了市集的擴大和貿易的發展。控制和掌握集市和貿易成為增強經濟實力的一個十分重要的手段。米蘭大主教授職權之爭是點燃德意志皇帝與羅馬教皇戰火的導火索，而經濟因素是導致授職權爭鬥的重要原因之一。

米蘭是中世紀西歐跨越阿爾卑斯山進入羅馬的必經之地，也是與東方進行貿易的重要中間站，米蘭掌握著整個北歐商業的命脈，以此為中心形成了一個很大的商業網絡。十世紀中葉，隨著德意志與意大利貿易往來的擴大，米蘭的地理位置更加突出。可以這樣說，誰掌握了對米蘭的控制權，誰就掌握了開啟北歐貿易市場大門的鑰匙。從奧托一世起，德意志的歷屆皇帝都繼續實施「奧托特恩權」，主教和大主教不僅有與世俗諸侯相差無幾的各種權利，而且還享有開辦集市和市場、徵收關稅的經濟特權。長久以來，米蘭市的政治及經濟特權都掌握在以大主教為首的教士集團手中，亨利七世力圖掌握對米蘭大主教的控制權不僅出於政治的需要，這是西歐眾多歷史學家們一再重申的，而且也是出於經濟的需要，通過控制遠端貿易增強王權的經濟實力，並以此獲得城市市民的支持，從而削弱諸侯的勢力[46]。

貿易活動和集市衝破了封地制經濟活動造成的隔絕，形成了以集市為中心的地區性經濟，貿易在地區性經濟結構中的比重越來越大，尤其是與東方的遠端貿易。因此，十字軍東征成為西歐各王權集權不可或缺的契機，就不難解釋了。可以這樣說，出於宗教原因發生的十字軍東征，其產生的經濟結果遠遠地超越了宗教的影響。而這種經濟結果促進了封地制向地域性的領土制的過渡。各國君王都曾親征東

Zur Entwicklung und politischen Funktion des Steuerrechts in den Territorien des Heiligen Römischen Reichs 1500-1800, Frankfurt 1996）。

46 有關方面的詳細闡述參見王亞平：《權力之爭》，頁176-192。

方，把這個具有宗教性質的軍事行為作為加強和鞏固王權的一項重要
舉措。參加東征的各國君王從一開始就懷有各自不同的目的：法王路
易七世企圖通過東征盤踞地中海，進一步擴大與東方的貿易往來，增
強王權的經濟基礎；德皇康拉德三世想在東征中消除西西里諾曼王國
在意大利的擴張勢力；西西里的諾曼國王羅傑二世則更明確地是在利
用十字軍東征把進攻的矛頭直接對準拜占庭帝國，實現控制地中海的
計劃；而在西歐較晚崛起的英國國王也在利用十字軍東征，強佔了位
於西西里的墨西拿的港口，並且企圖在西西里建立自己的統治[47]。

　　毋庸置疑，各國君王參與十字軍東征的行為與王權意識的增強有
著密切的聯繫。十字軍稅不是為了純消費而徵收的賦稅，而是用於有
了領土意識的王國的共同利益。因此，各國因東征而徵收的十字軍稅
衝破了領地制為徵稅權制定的界限，各國國王都以「聖戰」的名義在
全王國內徵稅，無論是「我的封臣」，還是「我的封臣的封臣」，無論
是自由農民還是城市市民，各個社會階層都要交納為「聖戰」而徵收
的賦稅[48]。徵稅範圍的擴大使得各國多元化的社會等級進一步被強調。

二　法律認定的社會等級

　　中世紀的西歐社會始終存在著等級，而且這種等級制度是由法律
明確規定的。在以文字方式流傳下來的中世紀最早的撒利克法典中，
以給予被傷害人的賠償金的形式把當時社會中的人明確地分為了不同
的等級：即自由的法蘭克人、自由的羅馬人、半自由人（leet）、奴

---

47 有關方面的詳細闡述參見王亞平：《權力之爭》第六章「教俗封建君主與十字軍東
　　征」，頁227-261。
48 H. E. 邁爾：《十字軍東征史》（H. E. Mayer, *Geschichte der Kreuzzüge*, Stuttgart 1989），
　　頁125-127。

隸[49]。日爾曼人的這種等級觀念與基督教教義對社會等級的詮釋一拍即合。

　　早在日爾曼人武裝遷徙致使羅馬帝國在瞬間坍塌之際，教皇格里高利一世為面對社會巨大的變化茫然不知所措的人們指出了應變的方式，即服從和恭順。上帝為每個人確定了適合於他的等級，每個人都要有適合自己地位的恭順：奴隸不應該忘記他是他主人的奴僕；主人不應該忽視，他們是上帝的奴僕。教皇也是「為上帝服務的奴僕」（servusservorus Dei），格里高利一世不否認所有人的本質都是相同的，但是在社會中，他們屬於不同的等級，是由上帝確定的等級。人的等級是因為他們所犯的不同程度的罪惡確定的。每個人都有自己的生活軌跡，一個人有權利統治另一個人，這是上帝為他們安排的；即使統治者是惡人，人們也應該服從他，受惡人的統治是由於他們的罪過而應得的懲罰，這是以上帝的名義給予的懲罰。服從等級制，就是服從上帝，因為等級制是上帝的意志[50]。

　　中世紀的西歐社會在羅馬因素和日爾曼因素的基礎上確立了采邑制，采邑制既是一種政體形式，也是一種經濟制度，同時又是一種法律體系。從法律的角度看，這個社會中的人被分為自由人和非自由人，然而人的法律身份與社會的等級地位和政治權利並不一致。那些具有自由身份的農民和晚些時候的城市市民並不享有政治上的權利，處於社會的下層；而那些沒有人身自由的封臣則因為獲得的封地而掌有一定的地方統治權，又因享有的封地及其附帶的各種權利在政治上具有相當的影響力，甚至能夠參與對王國的統治，形成了社會的中上層。在這種政治和經濟的體制中，教會神學家把社會分為三個等級，

49 P. J. 吉瑞：《中世紀史讀物》，頁147-155。

50 H. 齊爾曼：《中世紀的教皇》（H. Zimmermann, *Das Papsttumim Mittelalter*, Stuttgart 1981），頁39。

即：祈禱的人（oratores）、從事戰爭的人（bellatores）和從事勞動的
人（laboratores），並對此進行了詳細的詮釋[51]。正如德國學者格茨所
指出的：「西歐中世紀既不承認那種按宗教劃分的等級，也不承認受
經濟條件制約的階級。貴族的意識並不是要貪婪地佔有生產資料，而
直到很晚的時期，農民的意識還只是依據農民的勞動價值來確定。它
只承認法律認定的等級（教士—俗人；自由人—非自由人；騎士—農
民），這些等級是逐漸形成的，或者說是逐漸地劃分開的。」[52]

　　十七世紀，法國學者路易瑟在他的研究中進一步歸納中世紀社會
三個等級的理論，即：專事祈禱的教會等級；專事戰爭的騎士等級
（貴族）；專事生產的農民、手工業者和商人的勞動等級（第三等
級）。二十世紀以後，法國年鑑學派的歷史學家們繼承和發展了這個
觀點，著名的歷史學家杜比在其《封建制度構想的三個等級》一書
中，從三個等級的角度論述了法國中古制度的社會基礎[53]。勒高夫也
認為，中世紀的社會是由修道士、騎士和農民這三個最基本的群體組
成的[54]。法國學者的觀點也被德國歷史學家們所接受，科倫本茨也有
這樣的論述，「這三個等級的每一個等級都從事自己的專門的事務，
而賦予它所應從事的事務也對其它兩個等級有益。教會等級關係整個
基督教人民的靈魂；騎士用他們的武器防衛來自外界的威脅，以及保
證內部的秩序和公義；農民和城市的市民用他們的活動來滿足其它兩

51　《中世紀大百科全書》（Lexikon des Mittelalter, Stuttgart 1999）第八卷，頁46。

52　漢斯・維爾納・格茨著，王亞平譯：《歐洲中世紀生活》（東方出版社，2002年），
　　頁5。

53　G. 杜比：《封建制度構想的三個等級》（G. Duby, *Les trois orders ou l'imaginaire du
　　féodalisme*, Paris 1978）。

54　J. 勒高夫：《中世紀的人》（J. Le Goff [hrsg], *Der Mensch des Mittelalters*, Frankfurt
　　1989），頁17-18。

個更高等級在物資上的需求」[55]。

這種等級制度構成了中世紀社會的基礎,「每個等級都把這個制度看作是上帝為了維護其秩序而制定的」[56],每個等級都有自己的權利。社會等級的權利一方面來自於采邑制度,采邑制賦予封臣和封主各自享有自己的權利,同時也負有對對方應該履行的義務。在以服從為紐帶的依附關係中,遵守受封時的效忠誓言是每個受封者的義務,而受封者在履行義務的同時也享有了在領受的封領地內行使權力的權利。在這個法律體制中,甚至自由農民乃至農奴都有自己的權利以及與權利相對應的義務。早在日爾曼人的《薩利克法典》中就這樣明確地規定[57],如果在伯爵的領地裏發生了償還債務的糾紛,伯爵在接到起訴時沒有行使自己的權利解決糾紛,且又不能說明理由則要交納罰金[58]。

八世紀末、九世紀初,查理大帝在頒佈的一系列的敕令中給予伯爵和主教在自己的領地裏行使司法審判權、稅收權等各種權利。另一方面,社會等級的權利來自於特許權,特許權是王權在各自為政的領地內行使其權力的一個重要工具。特許權的主要內容是保護,保護受封者已享有實施統治權力的權利不受他人的侵犯,保護不享有政治權利的等級免受地方領主濫用自己的權力,肆無忌憚地對他們進行蠶食

---

55 H. 科倫本茨:《歐洲經濟社會史手冊》。(H. Kellenbenz, *Handbuch der Europaeischen Wirtschafts-und Sozialgeschichte*, Stuttgart 1980)第一卷,頁140。

56 里夏德・范迪爾門著,王亞平譯:《歐洲近代生活──村莊與城市》(東方出版社,2004年),頁199。

57 撒利克法典雖然成文於五世紀左右,但今天現存的都是八、九世紀的稿本,這是采邑制已經確立的時期,這些稿本都經過法蘭克國王敕令的補充,因此筆者以此為例。參見G. 科布勒:《歐洲法律史百科全書》(Gerhard KÖlbler, *Lexikon der europäischen Rechtsgeschichte*, München 1997),頁340。

58 P. J. 吉瑞:《中世紀史讀物》,頁153。

和剝削。中世紀西歐的城市是在特許權的保護下復興，並以此為基礎形成了新的社會階層——市民。這個新的社會階層在君權與教權爭奪基督教世界最高統治權鬥爭的夾縫中獲得了生存和發展的特許權。一〇三五年、一〇四二年米蘭的商人和手工業者曾兩次以武力反對大主教對該城的統治，這是中世紀城市爭取自治的最早的鬥爭，這個鬥爭因為德意志皇帝和羅馬教皇的干預和介入而成為持續半個世紀之久的政教之爭的導火索。一〇七三年，德意志沃爾姆斯的市民驅逐了在政教之爭中反對德皇的大主教，為處於劣勢的德意志皇帝打開了城市大門，並因此獲得了德意志皇帝給予城市自治的特許權。十一、十二世紀的城市自治運動與政教之爭緊密地聯繫在一起，大多數的城市自治運動是在支持王權的過程中獲得了王權給予的特許權。王權把給予城市的特許權作為削弱教權的一個重要措施。正是這些權利培植了一個新的政治力量，成為王權與貴族的鬥爭中的一個重要的籌碼，才會產生等級議會的政體體制。

三　等級議會的產生

中世紀西歐城市自治運動的一個重要內容是獲得自由，自由是中世紀社會中一項重要的權利，享有自由的權利是中世紀城市市民的一個重要屬性。有了自由，商人和手工業者才能依據各自的行業結成自己的社團，才能相互締結契約，「只有能夠自由地支配自身、行動和財產的，並且彼此處於平等地位的人們才能締結契約」[59]。在這些社會團體中，個人的利益受到保護，因此「個人……開始成為法律科學

---

59 P. J. 吉瑞：《中世紀史讀物》，頁312-337。恩格斯：〈家庭、私有制和國家的起源〉，《馬克斯恩格斯選集》第四卷（人民出版社，1973年），頁76。

的中心，自此之後，法律開始著力描述人的法律特徵，人的行為能力及個人權利的範圍」[60]。獲得自治權利的城市行使著管理城市的權力，給予市民不同於農村居民的法律地位，每個市民無論社會地位和政治地位的高低都是自由人，都有參與城市事務的權利，以必須履行義務的誓約的形式結成了一個社會的共同體，由此「形成了權利義務的重要基礎」[61]。

城市自治運動產生的一個重要結果是城市法的誕生。伯爾曼總結城市法是由契約、參與和階級三個方面構成。他認為，「在某種意義上，特許狀是一種社會契約；實際上，它是近代政府契約理論產生的主要歷史淵源。」這是因為，「特許狀是一種進入某種身份的協議，即進入一種其條件由法律規定並且不能由任何一方意志所更改的關係之中的協議」[62]。伯爾曼還強調了城市法的憲政特徵，它使城市的政治權力屬於全體市民，即免除了市民的許多傳統的徭役和賦稅，也限制了王權的濫用，同時還排斥了教會法對世俗事務的干預，因為城市是一個世俗的社團，一個世俗的政體[63]。正是城市這個有著獨立法律體系的社團，為了維護自己已經享有的權利，要求參與決定國家事務的權利，或者更具體地說是要求參與制定賦稅政策的權利，由此產生了議會制度。

施溫尼克在論述賦稅的權利基礎時為賦稅下了這樣的定義，他認為自古以來西歐就存在著「正常」（ordentlich）和「非常」（außerordentlich）兩種類型的賦稅[64]。所謂「正常的」賦稅是每年定

---

60 J. M. 凱利著，王笑紅譯：《西方法律思想簡史》（法律出版社，2002年），頁137。

61 哈樂德・J. 伯爾曼：《法律與革命》，頁477。

62 哈樂德・J. 伯爾曼著，賀衛方等譯：《法律與革命》，頁476。

63 哈樂德・J. 伯爾曼：《法律與革命》，頁475-480。

64 A. 施溫尼克：《「沒有賦稅就沒有國家」：神聖羅馬帝國領土國家中賦稅權的發展和政治作用》，頁44-45。

伊莉莎白王朝時期的議會
——引自劉新義：《伊莉莎白王朝》，山東畫報出版社．中國建
築工業出版社，二○○一年。

期定額徵收的，是統治者籌措其財政的一個收入來源，是以法律或者
習慣法為依據的，是必須交納的；而所謂「非常的」賦稅則是各個等
級因為具體情況而被強制支付的貨幣，因此各個等級都有權利抵制這
種類型的賦稅。十二世紀末期，英國國王獅心理查為進行十字軍東征
所徵收的十字軍稅、此後為其向德意志皇帝支付的巨大的贖金而在全
國範圍內徵收的賦稅，無疑都屬於後者。十三世紀初期，英國因為領

土問題與法國進行的連年不斷的戰爭增加了這種「非常」的賦稅[65]，最終引起了各個等級對自己權利的關注，貴族與市民聯合起來抑制王權無節制地強迫其交納「非常」賦稅，從而才有了《大憲章》的簽訂。隨著十三世紀領土制國家的逐步形成，用於統一和鞏固領土制國家的這種非正常稅的比例也在不斷地增大，因納稅問題而激化的社會矛盾也越來越突出，各個等級不僅關注納稅的義務和權利，而且還關注賦稅的支出和使用。十三世紀末期英國的教會和大工商業者聯合起來共同反抗英王為收復位於大陸的加斯科尼徵收的賦稅，就明確地表明瞭納稅者的意願，他們認為愛德華一世國王對弗蘭德的戰爭與英國的國家利益無關，或者說與他們自身的利益無關，因而拒絕納稅。十三世紀以後，英法兩國因為領土而斷斷續續地持續了一百年的戰爭，無疑是非常稅增加的一個重要原因，各個等級對非常稅徵收和使用的關注自然也就成為英國議會制形成的一個重要因素。

議會制在十三、十四世紀的西歐是一個普遍的現象。議會制的首要條件是王權的相對集權，王權的強化是領地制向領土制轉型的必然結果，引起這個轉型的是社會經濟的發展以及社會結構的變化。不斷擴大的貿易刺激了西歐城市的發展，城市逐漸成為一個地區的經濟中心，同時也日益成為王室財政收入的新的來源。王權一方面給予城市自治的特許權，制定了保護城市商業和手工業的政策，例如一一九七年英國王室頒佈的《布匹法令》，一二七七年法國王室頒佈了羊毛出口的禁令，等等；另一方面，城市要為這些特許權和保護政策繳納固定數額的稅金[66]。更重要的是，王權通過所制定的城市政策「把分散

---

65 因篇幅所限，有關英法兩國在這一時期稅收的具體情況請參見 M. M. 波斯坦等主編，王春法主譯：《劍橋歐洲經濟史》第三卷「中世紀的經濟組織和經濟政策」（經濟科學出版社，2002年），頁256-259、270-271。

66 M. M. 波斯坦：《劍橋歐洲經濟史》第三卷，頁261。

的領地連接成一個統一的貿易區」，正是這些連成片的「貿易區」為
領土制的形成掃除了障礙，而王權也因為控制了各種新稅種的徵收許
可權有了集權的經濟基礎[67]。王權的集權，以及為擴大貿易區而進行的
戰爭不斷地增加了王室的財政支出，王室財政的收入和支出激化了王
權與各個等級之間的矛盾，這個矛盾只能通過等級議會制才能得到緩
解。等級議會在解決這些矛盾的過程中成立了行政管理的職能部門，
行政機構的設立是西歐朝著現代國家的政體模式轉型邁出的一大步。

第三節　西歐各國的不同記錄

一　英國：《大憲章》

　　貴族是中世紀西歐社會中一個變數最大的社會群體[68]，在英國也
不例外。從六世紀末至九世紀後半葉，英國一直處於七國鼎立的時
代，各國為爭奪在英倫三島的強權相互征戰，直至丹麥人的入侵，才
在抗擊丹麥人的戰爭中逐漸形成了較為統一的王國。在「七國時代」
的混戰中，盎格魯—撒克遜的親兵演變為軍事貴族；在英國抗擊丹麥
人的鬥爭、形成統一王國的過程中，有了按地域劃分的以郡、百戶和
鎮為單位的地方行政機構，產生了參與地方行政管理的地方貴族[69]。
地方行政統治機構是盎格魯—撒克遜地方貴族產生的基點。統一王國

67　M. M. 波斯坦：《劍橋歐洲經濟史》第三卷，頁262。

68　馬克·布洛赫在《封建社會》一書中對西歐中世紀「貴族」的定義進行了較為詳盡
　　的解釋，他認為從血緣的角度看沒有貴族的等級（下卷頁475），在不同的歷史階段
　　「貴族」有不同的含義，歷史學家們通常所指的「貴族」是作為領主的等級（下卷
　　頁479-480）本文中所闡述的貴族是後者。

69　D. J. V. 斐舍：《盎格魯－撒克遜時代：400-1042年》（D. J. V. Fisher, *The Anglo-Saxon
　　Age. C. 400-1042*, Langsman 1973），頁236-262。

形成之前，盎格魯─撒克遜各部落王國的統治政權還沒有建立較完備的行政機構，國王的家族成員和親兵在地方代表國王行使著各種權利，這些地方官吏都是家族式的、世襲的，他們的權利範圍也不十分明確。王國統一後，與國王有親屬關係的官員成為國家的重臣，他們因服務於王國而得到賞賜，即書田（book-land）。書田是依據公民法（folk-law）由國王和賢人會議賜予的民田（folk-land）以外的土地[70]。十世紀以前，書田大多數是贈給教會和修道院的，而這時則贈給了世俗官吏和領主（thegns），在與丹麥人的戰爭中，領主的軍事職能密切了他們和國王之間以傚忠和賞賜為基礎的個人關係。雖然獲得書田的領主必須要履行服兵役、修城堡以及架橋梁這三項基本義務，但他們同時也獲得了書田所附帶的經濟的和司法的特權，其經濟地位和政治地位因之而提高。

書田加速了土地的集中，莊園（manor）越來越多地被國王和大貴族控制。在卡紐特王朝時期，與國王有著姻親關係的戈德溫家族的莊園幾乎分佈在全國每一個郡，戈德溫家族通過這些莊園而產生出來的權利控制著諾森伯里亞、東盎格里亞、赫里福德、肯特和埃塞克斯五個大郡[71]。為了鞏固在各地的政治勢力，這些大貴族把在各郡的莊園分給了自己的家臣（geneat），家臣與土地給予者之間的根本利益關係決定了他們必須服從大貴族，他們之間的關係已經是由土地衍生出來的依附關係了。這種依附關係增強了地方大貴族的獨立性，他們有經濟實力，有政治特權，有實際的領地範圍，從而形成了以他們為核

---

70 H.R. 洛伊恩：〈盎格魯撒克遜晚期的國王和社會結構〉，載《歷史》（H. R. Loyn, *The King and the Structure of Society in Late Anglo Saxon*, in History, 42. 1957），頁89。

71 A. 威廉姆斯：〈11世紀的土地和權力：赫洛德・戈德溫的財產〉，《盎格魯─諾曼研究》（A. Williams, *Land and Power in the Eleventh-Century: the Estates of Harold Godwineson, in Anglo-Norman Studies* 3. 1980），頁71-73。

心的地方統治集團[72]，並且在賢人會議中的政治影響不斷增強。

如上文所述，宗教事務是盎格魯—撒克遜王國政治事務的一個重要部分，賢人會議中佔據多個席位的主教和修道院的院長是國王所依靠的重要力量，因此他們獲得了與世俗貴族相同的各種權利；同時，國王也加強了對教會和修道院的控制，為此引入了當時在西歐各地已經普遍開展的修道院的改革。在艾特爾雷德國王頒佈的三十五條法令中有二十五條是關於教士和修士的，嚴格規定他們必須遵守教令教規。卡紐特國王的法令中也一再重申這一點[73]。控制教會和修道院最關鍵的是，國王牢牢地掌握著對主教和修道院院長的任命權，國王可以隨時撤換不符合王室利益的主教，因此在英國時常出現教區主教空缺的現象，空缺主教教區的稅收權和司法權則歸王權所有[74]。

十一世紀初，隨著大地產的發展，地方大貴族與王權爭奪社會公共權力的鬥爭越演越烈，有勢力的大貴族開始染指對主教和修道院院長的任命權，寄希望通過由他們任命的主教在賢人會議中獲得席位，從而增強在賢人會議中的政治地位。國王懺悔者愛德華則針鋒相對，以在修道院進行改革為由，於一〇四四至一〇四七年間任命了一批與地方貴族沒有任何親緣關係的外國教士，特別是諾曼的教士為英格蘭的大主教和主教，在教會中組成了很強的諾曼派勢力[75]。為抑制戈德溫家族在賢人會議中的勢力，國王虔誠者愛德華欲借助英國境外的政治勢力，特派大主教羅伯特前往諾曼第，以許諾王位繼承權為條件來

72 C. W. 赫里斯特：《盎格魯－撒克遜的軍事機構》（C. W. Hollister, *Anglo-Saxon Military Institutions*, Oxford 1962），頁12-15、91-95。

73 迪餒斯賴：《關於盎格魯－撒克遜教會的側面情況》，頁114-126。

74 F. 巴羅：《英國教會1000-1066年》，（F. Barlow, *The English Church* 1000-1066, Langsman 1962）頁43。

75 F. 巴羅：《虔誠者愛德華》（F. Barlow, *Edward the Confessor*, London 1970），頁86、104-105。

換取威廉的支持[76]。一〇六六年，諾曼公爵威廉以王位合法繼承人的身份率兵征服了英倫三島，廢黜了由賢人會議推舉的戈德溫家族的哈樂德國王，並由賢人會議選舉為英國國王，威廉以諾曼人的方式進行統治，並因此改變了英國貴族的社會結構。

登上了王位的威廉一世剝奪了英國大貴族的土地，分封給了隨他跨海作戰的諾曼貴族，他們成為英國的新貴族，但又都與諾曼第有著剪不斷的各種聯繫。征服後英國的十大貴族都是諾曼大貴族[77]，他們不僅獲得了大量的土地而且還擁有了對地方行政的統治權。不僅如此，英國的主教區和修道院也進行了改組和重建，一〇七三年在英國的十五個主教區的主教中僅有二人是英國人[78]，一些重要的修道院的院長也都是來自諾曼第的修道士[79]。征服後英國教俗貴族的社會結構決定其與西歐大陸有著割不斷的利益關係，從威廉一世起，多數英王都把在任的大部分時間和精力投入到西歐大陸的事務上，而英國境內的政務則交給由教俗大貴族擔任的攝政大臣和御前會議，這就必然增強了教俗貴族的參政意識和要求。另一方面，諾曼貴族因為受到封地的局限逐漸地英國化，對英國境外的事務失去了興趣，更何況英國境外戰爭所需的巨大經費開支都轉嫁到了他們的身上，由此激化了貴族

76 D. C. 道格拉斯：《虔誠者愛德華、諾曼公爵威廉與英國的繼承權》（D. C. Douglas, *Edward the Confessor, Duke William of Normandy, and the English Succession, in English History Review*, 68, 1953），頁535-543。

77 C. W. 赫里斯特：《盎格魯－諾曼世界的君主制、大貴族和機制》（C. W. Hollister, *Monarchy, Magnates and Institution in the Anglo-Norman World*, London 1986），頁98-99。

78 F. M. 斯滕通：《盎格魯－撒克遜時期的英國》（F. M. Stenton, *Anglo-Saxon England*, Oxford 1971），頁660。

79 F. 巴羅：《1066-1154年的英國教會》（F. Barlow, *The English Church* 1066-1154, London 1979），頁57。

與王權的矛盾。教俗貴族最終以《大憲章》的形式限制王權，維護自
身的利益，在此基礎上形成了英國的議會制度。

二　各自為政的法國貴族

中世紀的法國是在西法蘭克王國的基礎上發展起來的，早在羅馬
帝國時期這裏的新舊貴族的勢力就比較強大，在查理大帝時期，阿奎
丹、勃艮第的公爵們多次反抗皇權的統治。在法蘭克帝國因繼承權一
再地被分割而導致皇權分裂之際，大貴族的權勢更加擴大，更具獨立
性。八三七年，阿奎丹公爵拒絕法蘭克皇帝干預其領地內的所有事
務。九世紀中葉，諾曼人的入侵更增強了西法蘭克地區在政治上的分
裂割據，因為諾曼第從形成的那一刻起就是一個完全獨立的公國。不
僅如此，這個時期在西法蘭克的其它地區還相繼出現了各自為政的阿
奎丹、香檳、布列塔尼、弗蘭德、加斯科尼、圖盧茲等幾十個公國和
伯國。

九八七年，西法蘭克地區的眾貴族共同推舉法蘭西公爵休‧卡佩
為國王，開始了法蘭西的卡佩王朝時代。卡佩王朝的國王雖然是由眾
貴族推舉出來的，但王國的統一只是表面上的，各公爵和伯爵承認國
王只是因為後者能使他們所掌有的各種權利合法化，而位於南法的貴
族甚至完全否定了與王權的附庸關係。公爵和伯爵攫取了王國的領
地，將其再分封，並給予其封臣各種特權和豁免權，十、十一世紀法
蘭西各個公爵和伯爵的證書幾乎完全取代了國王的證書[80]。公爵和伯
爵在自己的領地內儼然像國王一樣徵收所有的賦稅，修建城堡。正如
布洛赫所說的：「建造城堡的權利是一項主權，也是一項王室的特

---

[80] T. 席德爾：《歐洲歷史》（T. Schieder, *Hand buch der Europäischen Geschichte*, Stuttgart
1976）第一卷，頁778-779。

權，現在這項權利被封建主篡奪了。」[81]城堡的領主以城堡為據點攫取了獨立統治的權力，法蘭西的分裂割據更為加劇，大小貴族為爭奪勢力範圍或者為保證他們的權利和財產，不斷地訴諸武力，為此而進行的私戰無休無止，形同虛設的王權、被分散的公共權利都無力解決因私戰而造成社會的不安定。

十世紀末期、十一世紀初期，西歐社會逐漸地從外族入侵的戰亂中走了出來，農業、手工業、貿易等經濟活動都程度不同地有所恢復和發展。然而，在受私戰紛擾的社會中無法安定地從事農業生產，林立的城堡和重重的關卡抑制了越來越活躍的貿易。因此，由教會發起的「上帝和平運動」，以及克呂尼修道院的改革都得到了法蘭西大貴族和國王的大力支持，並且在他們的推動下形成了波及各個階層的社會運動[82]。克呂尼修道院以強調修道院的院規，嚴格修道士的宗教紀律為改革的主要內容，提出了在大貴族和國王的庇護下獲得自由的要求。獲得了大貴族、國王和羅馬教會特許權的修道院，有了抵制分裂勢力對其進行干預的自由，修道院的自由有利於社會的集權統治，為身處動亂社會中的中小貴族和自由農民提供了一個避風的港灣，他們只需把自己的土地捐贈給修道院，隨同修道院託庇在一個較強大的權勢的保護下。改革的修道院就像磁鐵一樣，把分散的小塊的領地集中起來，置於王權或大貴族對修道院的庇護之下。因此，隨著克呂尼修道院改革的傳播，大貴族逐步地抑制了領地內的分裂勢力，實現了諸侯領地內的統一[83]。

如果說諸侯領地的統一為王國領土的統一奠定了一定基礎的話，

---

81 馬克‧布洛赫：《法國農村史》，頁93。
82 王亞平在《修道院的變遷》（東方出版社，1998年版）一書中較為詳細地論述了西歐修道院改革運動的歷史原因以及對法國、英國和德意志社會所施加的不同影響和作用。
83 王亞平：《修道院的變遷》，頁78-83。

城市自治運動則為王權的集權提供了同盟力量。十一世紀在克呂尼修道院改革運動的推動下，大量的荒地、林地和沼澤地被開墾，耕地面積擴大，農業生產技術不斷提高，復興或新建的城市成為農業和貿易的接合點。十字軍東征時期，法王在地中海地區建立了自己的勢力範圍，法國的北方以及南方沿海地區都與東方建立了直接的貿易往來。意大利、德意志、英國等各國的商人紛至沓來，形成了以城市為核心的多個集市中心[84]。大規模的商業活動加速了城市的發展，城市發展在某種程度上削弱了貴族的分裂勢力，有了與貴族相對抗的市民階層。爭取自治的城市不僅在王權那裏尋求到了特許權，而且國土的統一取消了重重的關卡，保證了商業進一步的發展。因此，市民階層堅決地與王室結成同盟，為法王擴大王室的領地、征服南法的大貴族提供了物質上的支持，大大增強了王權在政治上和經濟上的實力。十二世紀以後，法王利用英國內部的矛盾奪回了英王在法國境內的領地，此後又借助羅馬教皇的勢力征服了南法的大貴族，最終完成了法國南北的統一，實現了王權的集權。

法國王權實現集權、與大貴族鬥爭的過程中依靠的是市民階層的力量，因此提高市民階層的政治地位是鞏固王權的需要。一三○二年，法王腓力四世因徵稅問題召開了有市民階層代表參加的三級會議，法王與市民結成的同盟形成一道牢固的防線，抑制依然具有獨立性的大貴族分裂的企圖。

三　德國：選帝侯制度

法蘭克帝國解體之後的東法蘭克囊括了薩克森、巴伐利亞、阿雷

---

84 亞・德・柳勃林斯卡婭：《法國史綱》（三聯書店，1978年），頁87-88。

曼、施瓦本等查理大帝新征服的地區,以及洛林和意大利的部分地區。在這些地區日爾曼人的習慣和傳統比較久地保持下來,所在地區的氏族貴族依然享有特殊的權利和地位。這些氏族貴族,或是在查理大帝征服時期派去擔任某個職務的陪臣,或是通過與皇室結成姻親關係提高社會地位的當地的氏族貴族[85]。這些大貴族是法蘭克王權在當地施行統治的重要支柱,是國王權力的執行者,他們享有王權給予的各種特權,逐漸地發展成為各地區的氏族大公爵。九世紀下半葉,在抵禦諾曼人和匈牙利人的鬥爭中,增強了各地區氏族公爵的獨立性,形成了以五個氏族公爵家族為首的五大公國,即:巴伐利亞、薩克森、施瓦本、法蘭克尼亞和洛林[86]。十世紀初,為了抗擊匈牙利人的入侵,五大公國聯合起來推舉薩克森的公爵為國王,各大公爵分別擔任著王室宮廷中重要的職務:洛林的大公爵任財政大臣,法蘭克尼亞的大公爵任膳務大臣,施瓦本的大公爵任掌酒大臣,巴伐利亞的大公爵任內廷大臣[87]。

德意志的王權是在各大公爵共同抗擊外敵的基礎上確立的,一旦來自外部的威脅消除了,這個基礎就會動搖,就會出現各大公爵因擴大勢力而與王權相對抗的局面,即使他們與國王有著這樣或那樣的血緣關係或者姻親關係。九三七年,德意志國王奧托一世的異母兄弟糾集巴伐利亞和洛林的大公爵以及薩克森地區的貴族,力圖篡奪王位,奧托一世依靠中、小貴族予以反擊,相繼戰勝了巴伐利亞、法蘭克尼亞以及洛林的大公爵,封他的女婿為洛林的公爵,兒子為施瓦本的公

---

85 G. 特倫巴赫:《從加洛林的王國貴族到德意志的帝國諸侯》,頁24。

86 G. 特倫巴赫:《9、10世紀從法蘭克和德意志王國的發展中產生的德意志帝國》(G. Tellenbach, *Die Entstehung des deutschen Reiches von der Entwicklung des fränkischen und deutschen Staatesim 9. und 10. Jahrhundert*, München 1943),頁127-135。

87 G. 特倫巴赫:《從加洛林的王國貴族到德意志的帝國諸侯》,頁142。

爵，兄弟為巴伐利亞的公爵。然而，這些家族成員並沒有為王權的集權提供保障，九五三年，奧托的兒子和女婿因其推行的意大利政策與他兵戎相向，後因匈牙利人的再次入侵使奧托一世得到了大多數貴族的支持，致使大公爵的反叛敗北。大公爵的一再反叛，促使奧托一世承襲了查理大帝施行的教會政策，培植教會的勢力，大主教享有了大公爵所掌有的司法審判、收取關稅、開辦集市、鑄幣等所有權利，即：奧托特恩權[88]。

　　教會貴族勢力的增長並沒有均衡氏族公爵的勢力，抑制其與德意志王權之間的爭鬥，反而為德意志王權樹立了新的政敵，為世俗貴族提供了一個強有力的同盟者。十一世紀初期，亨利四世幼年登基，各大公爵借機瓜分了王室領地和各種權利。亨利四世親政後採取的第一個措施就是收回王室的領地，從而激化了王權與貴族之間的矛盾[89]。十一世紀中葉以後，德意志的皇權陷入了與羅馬教廷爭奪主教授職權的鬥爭漩渦之中，教俗大貴族利用君權與教權的衝突，結成了皇權的反對派，在羅馬教廷的支持下推舉了反對派國王，欲以其取代被教皇革除了教籍的亨利四世皇帝[90]，迫使亨利四世不得不對教俗貴族作出極大的讓步，也不得不以一個懺悔者的身份請求教皇的寬恕[91]。儘管教皇赦免了懺悔的亨利四世，使其日後有了反擊的機會，但德意志的教俗大貴族則把與教皇的合作看作是抵抗皇權最有力的武器，亨利四世對教皇的屈從，更確切地說是皇權對教俗貴族的妥協和讓步。

88　相關的詳細論述參見王亞平：《權力之爭》，頁130-132。

89　赫伯特·格隆德曼：《德意志史》第一卷（商務印書館，1999年），頁416-418、423-426。

90　在中世紀的德意志，只有被選為德意志國王才能接受教皇的加冕成為德意志的皇帝。

91　相關的詳細論述參見王亞平：《權力之爭》，頁176-192。

　　卡諾沙事件中的德皇亨利四世（前排跪者），克呂尼修道院的院
長雨果（後排持節杖者），瑪蒂爾女伯爵（後排坐者）。後兩者為亨
利四世與格裡高利七世教皇的調停人。
　　——引自托曼：《中世紀中期》（R. Toman Das hohe Mittelalter），
多特蒙德，一九八八年。

　　在與教俗貴族和羅馬教皇對峙中的亨利四世重用了王室封臣
（ministerial）[92]。王室封臣起源於法蘭克時期的陪臣制，王室封臣是
在法律上沒有人身自由的王室侍從，他們為國王管理分散在各地的王

---

92 Ministerial 一詞很難在英語中找到相對應的詞〔參見雷諾茨：《封地與封臣》（其它
　　同上）第398頁〕，王亞平在《權力之爭》一書中將其翻譯為「內閣封臣」；商務印
　　書館出版的《德意志史》中將其翻譯為「家臣」，經過對該詞的查證，王亞平認為
　　「王室封臣」，似更接近原詞義。參見《中世紀大百科全書》第六卷，頁638。

室領地和財產，獲得生存和裝備所必需的食物、馬匹、貨幣以及包括奴隸在內的其它物品，他們所獲得的這些都是由他們所管轄的王室領地或者城市以賦稅的形式提供的。可以這樣說，他們對王室的財產沒有支配權但卻享有用益權，他們的子嗣經國王批准可以繼承其父的職位。王室封臣在人身和經濟上都受到王權的制約，然而隨著王權與教俗大貴族之間矛盾的激化，他們在王國中的政治作用逐漸增強。亨利四世親政後，先後在各地的王室領地上設立了帝國特轄區（Reichsvogtei），由王室封臣擔任行政長官[93]。亨利四世之後的歷任皇帝都以設立帝國特轄區的形式限制教俗大貴族的勢力範圍，把王室封臣作為反對教俗大貴族所依靠的主要政治力量，把沒收或者收回的教俗大貴族的領地交與他們管理，越來越委以他們重任[94]。王室封臣的政治地位日益提高，權利越來越大，形成了新的貴族階層。然而，這個新的貴族階層並沒能完全遏制教俗大貴族的勢力，反而逐步地擺脫了皇權的控制而獨立，加劇了分裂割據的局面。在與羅馬教會的爭鬥中無法自拔的德意志皇權一再陷入與諸侯的王位之爭中，甚至在一一九八年出現了兩個國王並立的政治局面[95]。

　　德意志的兩個國王各自與英國和法國結成了同盟，使這場王位之爭與國際事務交織在了一起，羅馬教皇英諾森三世有了施展外交手段的機會，周旋於德、英、法三國之間，干預德意志皇位的選舉。十三世紀初期，借助教皇的幫助戴上德意志皇冠的弗里德里希二世不甘心在教皇的監護下做他的封臣，雙方再次因在意大利的利益起了爭端。

---

93 K. 博士勒：《薩利爾和斯陶芬時期的王室封臣制——德意志中世紀國家憲政因素》（K. Bosl, *Die Reichsministrialitätals Element der mittelalterlichendeutschen Staatsverfassungim Zeitalter der Salier und Staufer,* in Th. Mayer, *Adel und Bauernimdeutschen Staat des Mittelalters,* Leipzig 1943），頁83、86。

94 赫伯特‧格隆德曼：《德意志史》第一卷，上冊，頁548-549。

95 赫伯特‧格隆德曼：《德意志史》第一卷，下冊，頁5-7。

為了防止諸侯與教皇結成同盟，弗里德里希二世於一二三一年五月頒
佈了給諸侯的特許權，放棄皇帝在諸侯領地內的最高司法權和建立城
市的權力，承認諸侯在其領地內的統治權力，給予其徵稅、鑄幣和控
制市場的權利，維護諸侯對城市的各種特權，等等。一二三五年八
月，弗里德里希二世再次頒佈《帝國和平條例》，進一步限制城市的
各種自治權利，允許諸侯建立要塞，增強了諸侯的軍事實力[96]。弗里
德里希二世給予諸侯一系列的特許權，使後者完全脫離了皇權的控制
而具有了絕對的獨立性。為了維護自己的獨立性，諸侯聯合起來干預
德意志王位的選舉，出現了持續二十餘年的「大空位時期」，並最終
建立了選帝侯制度[97]。選帝侯為確保自己的利益無心維護皇權的權
威，正如恩格斯所說：「這就絕對不允許一個王朝的權力成為民族的
體現，相反地只要各諸侯開始感到某皇室的權力變得十分強大，就經
常引起王朝的交替。」[98]一三五六年，德意志通過了帝國立法，確認
選帝侯享有與皇帝相等的地位，在自己的邦國裏擁有最高統治權、最
高司法審判權。在英、法王權借助議會君主制加強王權，並以此為契
機向民族國家轉型之時，德意志的諸侯則在自己的邦國內實行議會
制，使之更為獨立，嚴重地阻礙了領土的統一，延緩了向民族國家轉
型的進程。

---

96 A. 布希曼：《皇帝和帝國》（A. Buschmann, *Kaiser und Reich*, München 1984），頁76-
79、頁82-91。

97 赫伯特・格隆德曼：《德意志史》第一卷下冊，頁64-68。

98 恩格斯：〈關於德國的札記〉，《馬克斯恩格斯全集》第十八卷（人民出版社，1972
年），頁648。

第四章
西歐王權與教權

　　君權和教權是西歐中世紀政體中兩個極為重要的政治因素，在中世紀的整個歷史進程中，君權和教權的相輔相成，又為爭奪基督教世界最高統治權相互爭鬥，這就在很大程度上決定了西歐社會政治結構的基本框架，對社會結構的構成產生了極為重要的影響。西歐中世紀幾乎每一個重大的歷史事件都會涉及君權和教權的關係，正如意大利歷史學家普洛卡奇曾經非常形象地論述君權與教權的關係：「教皇權與皇權這是兩個大背景，歐洲中世紀的歷史事件都是在這兩個背景前發生的，每個舞臺上的事件、被或多或少重要人物的行為所吸引的人都會關注這兩個大背景。」[1]中世紀西歐君權與教權的並存，以及兩者之間相互輔佐且又不可避免的爭權奪勢，有著深刻的歷史根源，是日爾曼人在行將就木的羅馬帝國的基礎上建立新的政治體制的必然結果。

第一節　王權與教權的結盟

一　「天國論」

　　羅馬人依靠強大的羅馬軍團建立了一個橫跨三大洲的羅馬大帝國，在這個多民族的大帝國中產生了基督教，三一三年君士坦丁在米

1　G. 普洛卡奇：《意大利和意大利人史》（G. Procacci, *Geschichte Italiens und der Italiener*, München 1983），頁11。

蘭頒佈的《寬容敕令》為基督教的發展鋪平了道路，在以往的研究中
學者們將其看做是羅馬帝國晚期和中世紀早期教權增長的起點[2]。二
十世紀八〇年代中期，英國歷史學家邁克爾・曼在其備受關注的《社
會權力的來源》一書中，從研究人類社會權力發展出發涉及了羅馬帝
國的權力，他把羅馬帝國定義為「領土型帝國」[3]，因為「羅馬使其
軍團的統治制度化」，構成了其權力基礎二元性的結構特點，即形式
的強制的有組織的權力和階級[4]文化的命令式的權力。邁克爾・曼把
前者解釋為是羅馬權力的主要的等級制的分配權力，後者是主要的、
橫向的、集體的形式，羅馬人所獲得的、所保持的，是這兩種權力的
結合。這是邁克爾・曼對羅馬帝國的一種新的詮釋，是對傳統史學觀
點的一次衝擊，同時也為我們闡述西歐中世紀君權與教權的關係開闢
了一個新的思維視角。羅馬帝國的覆滅最深層的原因無疑是內部矛盾
加劇以至無法克服，在以往的歸納中強調的是政治的、經濟的以及社
會的現象，例如：政治混亂、經濟蕭條、城市衰蔽、社會動亂，等
等。邁克爾・曼則獨闢蹊徑地指出，羅馬帝國內部不可克服的主要矛
盾之一是：分權與集權。制度體制上高度集中和專制的權力實際上被
分散到行省貴族手中，甚至流向了享有公民權的城市居民、商人和手
工業者的手中。[5]羅馬帝國權力的分散為基督教教會權力的增長提供
了有利的基礎條件。早在君士坦丁時期，羅馬帝國在對基督教採取寬
容和扶持政策的同時，加強了對這個社會共同體——基督教教會的控

2　王亞平在《權力之爭》（東方出版社，1995年版）中對此有較為詳細的闡述，由於
　　篇幅所限，這裏不再贅述。

3　邁克爾・曼著，劉北城等譯：《社會權力的來源》第一卷（人民出版社，2002年），
　　頁340。

4　邁克爾・曼所指的「階級」是指羅馬按照財產的多少而規定的服兵役的義務。

5　邁克爾・曼：《社會權力的來源》第一卷，頁417。

制，為其制定了各種信條，掌握了對主教的授職權，並給予主教實際的世俗權力。日爾曼人武力遷徙之際，有些地區尤其是在羅馬城，主教行使著世俗的權力，這就為教權的增長打下了較為堅實的基礎。邁克爾‧曼認為，「基督教是一種意識形態權力」。這種意識形態權力與羅馬帝國現行權力最大的不同是，「它不是通過武力來傳播的；它歷經幾百年的制度化和強化，但不是憑藉國家的權力；它很少使用經濟誘惑或者經濟制裁」[6]。這或許就是著名的基督教教父聖奧古斯丁提出的「天國論」的宗教政治理論，能被普遍接受的一個十分重要的原因。

　　奧古斯丁從神學的角度出發解釋這個用武力打造的、同樣是在武力下沉淪的羅馬帝國。他把羅馬帝國放在抽象的基督教世界的框架中，帝國之覆滅只是這個框架中的一個歷史事件，並非它的全部。基督教世界，即神的國度是永恆的，只要神的意旨能在人類中實現，神的國度就存在。[7]羅馬帝國覆滅這個事件發生的根源在於罪與惡統治著羅馬帝國，那裏充斥著墮落、腐朽、混亂。這個歷史事件是可以進行矯正的，矯正的模式是上帝之城。教會是上帝之城在塵世生活中拯救人類的機構，所以高尚的靈魂和優秀的法律都來自於教會。德國著名的法學史家科殷從法律哲學的角度歸納了奧古斯丁上帝之城中天國與塵世之間的對立與統一：「……真正的國家是上帝的國家，即上帝之城。上帝之城是真正的信徒、即上帝恩寵的選民的共同體，它作為天上諸神之城，作為天上的耶路撒冷存在於來世的光輝燦爛裏；在朝聖之時，作為上帝的領地，還處於今生。……但是，國家的法與和平是在塵世的，不是在上帝身上真正的和平、即上帝正義光芒的放射，

6　邁克爾‧曼：《社會權力的來源》第一卷，頁411。

7　R. E. 奧爾森著，吳瑞誠等譯：《基督教神學思想史》（北京大學出版社，2003年），頁292。

上帝的正義主宰著諸神之城。」[8]因此，同時存在著兩種正義、兩種法。歷史學家們則更多的是從政治史的角度強調奧古斯丁的「天國論」，上帝是歷史中主要的決定力量，塵世的一切都要服從上帝的意志。教會是上帝神聖的工具，它作為一種新的力量應該承擔其世俗國家行使的職能。這個理論的立足點在於人的「原罪」，人類的始祖亞當因違背了對上帝的誓言而犯了罪，致使人類有了罪之根。「自從亞當犯罪之後，世界被劃分為兩個城。一個城永遠與上帝一同作王，另一個城則要與撒旦一同受永劫的折磨」[9]。正是因為奧古斯丁的「天國論」把世界劃分為兩個「城」，才以此為基礎形成了西歐中世紀君權與教權並存的理論。

奧古斯丁的「天國論」在某種程度上減小了日爾曼人武裝遷徙導致羅馬帝國覆滅所造成的社會矛盾。在他描述的「天國」裏，決定人的屬性的是基督教的「原罪論」和「神恩說」，上帝賜予的神恩把基督徒組成了一個新的社會共同體。這個新的社會共同體沒有把武裝進入的日爾曼人看做是「天國」的敵人，奧古斯丁認為教會的任務就是要使新的蠻族君主皈依基督教[10]。四九六年耶誕節之際，進入高盧地區的法蘭克人，在克洛維的率領下皈依基督教，在接受基督教洗禮的同時，釋放了羅馬基督徒戰俘，以示信奉基督教的羅馬居民是法蘭克國王的臣民[11]，從而減少了征服者和被征服者之間的敵對情緒。此後，克洛維接受了羅馬皇帝阿納斯塔系烏斯的敕令，受任執政官，表明上帝把法蘭克人作為他的選民，委託給克洛維，克洛維是上帝委任

8　H. 科般著，林榮遠譯：《法哲學》（華夏出版社，2004年），頁19。

9　B. 羅素著，馬元德譯：《西方哲學史》上卷（商務印書館，1997年），頁443。

10　H. 查德維克：《古代社會的基督教》（H. Chardwik, *Kirche in der antiken Welt*, Berlin. New York 1972），頁265。

11　格里戈里：《法蘭克人史》，頁97。

的國王[12]。法蘭克王國在其建立之初就有了君權與教權的因素，兩者互為利用，相輔相成，共同增長。

二　王權與教權的結盟

法蘭克時期，西歐的君權與教權結成了最初的聯盟，政教聯盟的神學理論依據是「君權神授」，而且這也是建立西歐中世紀王權的實際需要。中世紀西歐的政權是以日爾曼人大遷徙為起點逐步建立起來的，被看作是外來入侵者的各個部族的日爾曼人在建立王國的過程中，都面臨著一個重要問題，即政權的「合法性」。這個政權只有得到社會各階層廣泛的承認，尤其是得到原羅馬帝國社會各階層的承認，才能行使其統治的權力。進入西歐的日爾曼人在基督教的「君權神授」的神學政治理論中找到了能給予其「合法性」的依據。

法蘭克人皈依基督教一方面減小了與羅馬人的摩擦，加速了兩個民族間的融合，另一方面也有助於法蘭克王權的確立。自克洛維以來，墨洛溫王室依然沿襲氏族血緣的傳統，王位的繼承人必須具有正統的血緣關係。克洛維死後，依據法蘭克的習慣法將王室的領地平均分配給其諸子，造成王權的分裂，諸王為爭奪領地相互征戰，內戰不斷，致使王權旁落。內戰中諸王依靠的是他們的親兵以及支持他們的羅馬教俗貴族；為此，諸王都把沒收反對者的土地贈給自己的支持者，從而發生了土地財產權的大轉移，並在此基礎上產生了新的大土地者貴族。這些大貴族依靠不斷增強的經濟實力染指諸王的內訌，攫奪統治權。六世紀末、七世紀初，在法蘭克形成了以東部傳統地區的奧斯特拉西亞家族，以及在盧瓦河以北新征服地區的紐斯特里亞家族

---

12 施泰因：《克洛維皈依基督教》（W. v. D. Stein, *Chlodwigs übergang zum Christentum*, Darmstadt 1963），頁15-16。

為首的兩個大土地貴族集團，他們以宮相之職掌握著墨洛溫王室的實際大權。六八七年，奧斯特拉西亞家族的赫斯塔特・丕平獨攬宮相大權，自稱是「法蘭克第一人」[13]。七五一年矮子丕平強迫墨洛溫王朝的國王希爾德希三世退位，奪取了法蘭克的王位，然而卻遭到了氏族大貴族的抵制。他們以氏族血緣王權的正統性抵制以采邑制為基礎的王權，以保證自己的利益不受侵犯。因而新的加洛林王朝的合法性是否被承認，則是其實施統治的最大障礙；為此就有了丕平向教皇諮詢國王合法性的歷史事件，「那些沒有掌握國王權力的法蘭克的國王們，是好，還是不好？」教皇的答覆是：「有權力的人為國王要好於那些沒有國王權力的人。」[14]為了證明其王權的合法性，已經依照法蘭克人的習慣法登上了王位的丕平，仍然於七五四年在國王的聖鄧尼斯修道院，由教皇斯托芬二世再次為其以及他的妻子和兩個兒子舉行了加冕禮。也就是在這個時候，丕平明令規定，無論在任何時候都不能由其它人選出國王，只能通過上帝的恩賜，即通過使徒的代理人的手確認的、實施加冕禮的國王才是合法的[15]。西歐王（皇）權加冕的儀式持續到了今天。

由教會為國王舉行的加冕禮不能簡單地把其看作一種儀式，它是中世紀西歐政治制度的根基，是對「君權神授」基督教神學政治理論具體形象的說明，是中世紀王權形象的實際展現，更重要的是通過它公開地宣佈王權的合法性。

---

13 R. 施納德：《法蘭克王國》（R. Schneider, *Das Frankenreich*, München 1990），頁15-17、19。

14 H. 哈滕豪厄：《歐洲法律史》（H. Hattenhauer, *Europäische Rechtsgeschichte*, Haidelberg 1999），頁165。

15 《德意志史料集成》，「墨洛溫王朝」（*Clausula de unctione Pippini*, MGH Scriptores rerum merovingicarum I, 1885），頁465。

　　聖彼得把主教的僧衣交給了利奧三世教皇，把旗幟交給了查理
大帝，象徵君權與教權的相輔相成。
　　——引自克拉森：《查理大帝、教皇與拜占庭》（P. Classen, Karl
der Große, das Papsttum und Byzanz），西格馬林根，一九八八年。

　　西方學者非常重視對國王加冕禮的研究，德國歷史學家赫夫勒就
曾經強調，「今天，在追溯大多數國家的王權在宗教儀式方面的起源
和宗教儀式的內容時，都要對日爾曼王國的宗教儀式的特點有所研
究」[16]。法蘭克王國之所以能夠繼承羅馬帝國晚期時就已經形成了
的、由教會為皇帝舉行的加冕禮儀式，是因為日爾曼人的王國都有證
明血緣王權合法性的宗教儀式，要取代血緣王權就必然要廢除舊的儀

---

16 O. 赫夫勒：〈日爾曼國王的儀式〉，載《王權》（O. Höfler, *Der Sakralcharakter des
　　germanischen Könitums, in Das Königtum, Vorträge und Forschungen*, Koblenz 1956），
　　頁75。

式，取而代之的無疑是與「君權神授」一脈相承的教會主持的加冕禮。德國歷史學家布赫餒在分析法蘭克墨洛溫王國的政體時認為，墨洛溫王國的國家制度是與當時的經濟關係相一致的，它繼承了羅馬的農業經濟，也有意識地傚仿了羅馬的官吏制度。因此，墨洛溫王朝的官吏制度一半是日爾曼人的，一半是羅馬人的[17]。在法蘭克政治體制中最重要的一點是，王權的統治和權威得到基督教教會的支持，一個顯著的標誌就是由主教為國王施加冕禮。邁爾把法蘭克的加洛林王朝取代墨洛溫王朝，看作是西歐國家制度的根本轉變。他認為不論是臣屬關係還是采邑制都是以奧古斯丁的「天國論」的神學政治理論為基礎建立起來的。丕平借助基督教的加冕儀式把封主和封臣原本是純個人的統治關係，演變為是上帝制定的、基督教化了的統治關係。通過這個神學政治的理論，把這種個人的關係闡述為一種政體形式[18]。布赫餒強調，相對羅馬帝國和日爾曼人的氏族王國來說，中世紀的王權是一個全新的王權的概念，是基督教的、羅馬的和日爾曼人的觀念的融合體[19]，在這個政治體制中，「君權神授」說明了王權的合法性，不僅如此，世俗君王對教會承擔的保護義務也是一個十分重要的內容，這是中世紀世俗君權和羅馬教會教權結成聯盟的又一先決條件。

政教聯盟互為需要、互為利用，在支持法蘭克王權的過程中，羅馬教會的教權也有了長足的發展。

羅馬帝國時期的基督教教會是一個由各地區的各自為政的教會構成的鬆散的聯合體，羅馬教會因地處帝國首都，且又因為長期以來宗教會議大多是在羅馬召開，由羅馬教會的主教主持，宗教會議的決議

---

17 R. 布赫餒：〈墨洛溫王朝〉，載《王權》（R. Buchner, *Das merowingische Königtum, in Das Königtum, Vorträge und Forschungen*, Koblenz 1956），頁147。

18 Th. 邁爾：〈加洛林時期的國家概念〉，載《王權》（Th. Mayer, *Staatsauffassung in der Karolingerzeit, in Das Königtum, Vorträge und Forschungen*, Koblenz 1956），頁181-182。

19 R. 布赫餒：〈墨洛溫王朝〉，頁143。

都是以法令的形式頒佈，具有相當的權威性，故而羅馬教會的權威也隨之增長。四世紀晚期教皇達馬蘇一世以宗教決議的形式宣佈，羅馬教會是聖彼得的宗座[20]，聖彼得是耶穌十二使徒之首，耶穌把自己的權力傳給了聖彼得，所以羅馬教會高於其它地區的教會，羅馬主教在普世教會中享有首席主教的權威，即聖彼得論。聖彼得論強調聖彼得的唯一繼承人是羅馬教會的主教──教皇（papa），教皇如同聖彼得一樣行使著耶穌授予的權力。五世紀初，教皇英諾森一世以羅馬皇帝的法令為藍本，對意大利、西班牙、高盧和北非的大主教和主教們頒佈了大量的教令，以此體現和代表了羅馬主教作為教皇擁有的教權[21]。

　　東西羅馬帝國分裂之後，東羅馬帝國始終沒有放棄繼續統治意大利的企圖。六世紀上半葉，拜占庭帝國的皇帝查士丁尼為加強中央集權實行改革，提出皇帝是基督的唯一代表，是上帝所願的普世的君主，不僅是世俗的君主也是教會的首領。五五四年，拜占庭在與東哥特人進行了長達十七年的戰爭後恢復了在意大利的統治，查士丁尼頒佈了《國務詔書》，恢復在意大利原有地方的行政統治，同時加強了對羅馬教會的控制。五六八年，倫巴底人侵入意大利，削弱了拜占庭在意大利的統治，加劇了各種勢力之間的鬥爭。七世紀末期，為了抵禦阿拉伯人的進攻，拜占庭希拉克略王朝實行了軍事集權制，為了擴大稅源維持龐大的軍費開支，利奧三世下令廢除一切聖像崇拜，廢除修道士及教士的免稅權，重申皇權在基督教教會中的權威。利奧三世的稅收制度在意大利引起了強烈的不滿，遭到以羅馬教會為首的教士和修道士的反對。八世紀中葉，羅馬教會拋出了被後人證明是偽造的

20　H. 查德維克：《古代社會的基督教》（H. Chardwik, *Kirche in der antiken Welt*, Berlin. New York 1972.），頁279。

21　W. 烏爾曼：《中世紀教皇簡史》（W. Ullmann, *Kurze Geschichte des Pappstums im Mittelalter*, Berlin 1972），頁12。

「君士坦丁聖賜」，以此為依據擺脫拜占庭皇帝對其的控制[22]。羅馬教會在擺脫拜占庭皇權控制的同時也失去了它的軍事保護。羅馬教會是以宗教信仰為方式、為武器獲得土地、獲得權勢，它的領地和權力都是建築在人們對上帝信仰的基礎上，正如邁克爾・曼所說的，羅馬教會行使的是意識形態的權力[23]。因此，失去軍事保護的羅馬教會勢必要在西歐尋找新的世俗君主。七五一年，佔據意大利北部的倫巴底人不斷向南推進，侵佔了羅馬教皇的領地，直接威脅到了羅馬城。逃亡中的教皇斯托芬二世為獲得法蘭克國王的軍事支持，親自為國王矮子丕平施了加冕禮，以此承認法蘭克國王的合法性，丕平則應教皇的請求，兩次出兵意大利，奪回了羅馬教會失去的領地，把從拉文那至羅馬的五個城區贈給了羅馬教皇。法蘭克國王與羅馬教皇互為需要的合作，奠定了西歐君權與教權並存的權力結構。

三　政教並立的二元政治

西歐社會的莊園化和基督教化是西歐中世紀並行發展的兩條軌道，同步向前延伸。在這一過程中，王權與教權的並存逐步形成了一種政教二元的結構。矮子丕平借助羅馬教會證明了法蘭克加洛林王朝的合法性，查理大帝則在對外擴張和對內實行統治的過程中，把基督教教會作為賴以依靠的政治力量，與法蘭克貴族集團一起成為王權的兩大支柱。

查理・馬特開始實行的采邑制培植了法蘭克的貴族集團，附帶有司法權、賦稅權、鑄幣權甚至包括防禦權在內的各種權利的領地制，

22　王亞平：《權力之爭》，第二章第三節「羅馬教皇國的建立」，頁68-84。
23　邁克爾・曼：《社會權力的來源》第一卷，頁421。

取代了羅馬帝國時期的行省制。德國歷史學家斯普蘭德認為，法蘭克
人建立的社會制度，從一開始就有兩個明顯的傾向，一是采邑化，把
羅馬帝國的官吏制度轉變為采邑關係；二是領地化，羅馬帝國的行政
區被領地化，領地化消除了羅馬帝國行政機構的職能，強化的是個人
對領地的統治權利。早在六一四年，墨洛溫的國王就已經在其頒佈的
法令中明確地規定：「不允許任何一個法官從一個省調任到另一個
省，如果他有了過失，必須用他自己的私有家產為他造成的後果進行
補償。」[24]從這個法令中可以看出，法蘭克人把官吏制和領地制緊密
地結合在一起，並由此產生了新的國家行政管理體制。加洛林王朝的
行政制度是伯爵轄區制，伯爵代表王權在地方行使行政權。米泰司在
《采邑權和國家權力》一書中對法蘭克國家的采邑化做了詳細的研
究，他用翔實的史料說明，是采邑和采邑權為法蘭克國家的管理提供
了新的形式，公國和侯國取代了行政區域，公爵、伯爵以及其它的受
封者取代了國家的官吏，履行著采邑權所給予個人的義務，並保證其
掌有和行使社會的公共權利[25]。

　　法蘭克王權的合法性基於羅馬教會通過加冕禮給予的說明，因此
基督教教會，尤其是羅馬教會的權威必須給予保證。八〇〇年，查理
大帝在羅馬接受了羅馬教皇施行的加冕禮。美國學者拉爾夫認為，查
理大帝本人從加冕禮中並沒有獲得任何新的實際權力，但這件事對後
世產生了十分重要的意義，它賦予西歐人一種同一感和目的感[26]。道
森則從憲政的角度給予查理大帝的加冕禮以歷史的評價，他認為，

---

24 R. 斯普蘭德：《中世紀的憲政與社會》（R. Sprandel, *Verfassung und Gesellschaft im Mittelalter*, Paderborn 1975），頁89-90。

25 米泰司：《采邑權和國家權力》（H. Mitteis, *Lehnrecht und Staatsgewalt*, Köln 1974），頁198-199。

26 菲力浦‧李‧拉爾夫等著，趙豐等譯：《世界文明史》上卷（商務印書館，2001年），頁526。

「在中世紀國家的發展過程中逐漸形成的加冕禮儀式中，隱藏著一種神權政治的立憲主義」。因為教會和國王同是基督教世界的成員和管理者，同樣都得到上帝授予的職權，這樣神授的王權受到了限制；所以他認為，「在現代的君主立憲政體思想與中世紀的王權傳統之間，存在著一種歷史的聯繫」[27]。毋庸置疑，羅馬教會主持的加冕禮確立了教權的權威。

早在查理・馬特開始實施采邑制的同時就積極支持盎格魯—撒克遜的修道士包尼法修斯傳教[28]，捐建了大批的修道院[29]。包尼法修斯傳教的主要內容是宣傳羅馬教會的「聖彼得論」，並且通過規範教士和修道士的宗教生活，把通過宗教職務獲得領地的教會貴族與通過戰功獲得領地的世俗貴族在形式上區分開，從而形成了教俗兩大貴族集團。包尼法修斯的傳教在法蘭克樹立了一個絕對的而且是實際的精神權威——羅馬教皇[30]。這無疑為此後教權的增長打下了最初的基礎。查理大帝繼位之後，為了圓重建羅馬大帝國之夢，窮兵黷武，在四十六年的執政生涯中進行了五十五場戰爭，通過征服戰爭在西歐廣泛推行采邑制，並且通過設立主教區和建立修道院強行實施基督教化，他

---

27 克里斯多夫・道森，長川某譯：《宗教與西方文化的興起》（四川人民出版社，1988年），頁86-87。

28 有關包尼法修斯在法蘭克的傳教參見王亞平：《權力之爭》，頁66-67。

29 德國著名的教會歷史學家 F. 普林茨在其《法蘭克王國的早期修道士》（F. Prinz, *Frühe Möchtum im Frankenreich*, Stuttgart 1988）一書中，根據修道院的編年史詳盡地闡述了歐洲中世紀著名修道院的建立。借鑒普林茨和其它西方學者的研究成果，王亞平在《修道院的變遷》一書中對西歐修道院的形成和發展進行了概述。參見該書的第一、二、三章（東方出版社，1998年）。

30 八世紀的許多史料都證明了羅馬教會在法蘭克享有的權威地位，參見 W. 阿費勒德〈關於丕平成為國王的研究〉，載《早期中世紀研究》（W. Affeld, *Untersuchungen zur Königserhebung Pippins,* in *Frhümittelalterliche Dtudien*, 1982）第十四卷，頁175-177。

的軍隊征服到哪裏，教會的勢力就擴張到哪裏。查理大帝在倫巴底、巴伐利亞、薩克森、西班牙等征服地區設立了伯爵轄區，受封的伯爵以基督教的儀式向其宣誓效忠。身為基督徒的伯爵因接受分封而享有的權利和必須履行的義務，源於上帝所選定的代表上帝的世俗君權，因為查理大帝是由教皇親自加冕的皇帝。一旦封臣因某種叛逆行為被革除教籍，就會失去因受封而享有的所有權利和擁有的全部財產。與此同時，查理大帝還在這些地區劃分了新的主教區和大主教區，建立了多個修道院，親自任命大主教、主教和修道院院長，給予他們行使與世俗伯爵相同權利的特許權。查理大帝的教會政策則扶持了教會的政治勢力[31]。

法蘭克實施的這種領地制與教區重疊的地方行政體制，建立起了政教二元的行政管理結構。與羅馬帝國時期教區按行省劃分的模式不同的是，法蘭克的伯爵領地與教區的地域範圍不相同，伯爵與主教之間沒有從屬關係，更多的是相互制衡，是王權為鞏固集權而依靠的兩股相互制約的政治力量。法蘭克帝國解體之後，東法蘭克承襲了查理大帝的教會政策。

十世紀上半葉，迫於匈牙利人入侵的威脅，東法蘭克地區的五大氏族公國聯合起來，共同推舉了新的國王以共同抵禦外族的入侵，形成了德意志王國的雛形[32]。德意志王權的確立源於抵禦外部威脅的共同利益，一旦這種威脅減弱或者消除，這個共同利益也就不存在了，王國內就會出現各大公爵擴大勢力與王權相對抗的局面。奧托一世國王繼位之初就經歷了兩次氏族公爵的反抗，他依靠教會和中小貴族鎮

---

31 王亞平曾就查理大帝的教會政策問題作過較為詳細的闡述，參見〈論查理大帝的教會政策〉，載《東北師大學報》一九九八年第二期。

32 赫伯爾·格隆德曼著，張載揚等譯：《德意志史》，第一卷第三章「德意志國家的建立和發展」（商務印書館，1999年）。

壓了大貴族的叛亂，培植教會勢力均衡世俗大公爵的勢力。為此，奧托一世完全控制了教會，壟斷了設立教區、建立修道院、任命主教和修道院院長等各種權利。與此同時，奧托還把管轄城市的權力，以及司法權、開辦市場等經濟特許權都授予了主教和大主教，即「奧托特恩權」[33]。「奧托特恩權」促進了教會權勢的增長，導致了君權與教權之間進行了長達一個半世紀之久的爭奪基督教世界最高統治權的鬥爭。

第二節　改變政治秩序的「教皇革命」

一　「教皇革命」

　　為集權的需要，王權依靠並扶持教會，這就不可避免地加速了教權的增長。建立於羅馬帝國時期的基督教教會，在法蘭克時期得到了極大的發展，歷任國王都把教會看作是自己的封臣；六世紀末期，王國內的一百二十五個主教和大主教都是國王的家臣（homo regis）[34]。從克洛維起，法蘭克的國王都給予教會大量的土地[35]，正如湯普遜所說的，在法蘭克的社會體制中，「社會階級的各種類型都是以土地佔有制為關鍵的」[36]。主教憑藉其佔有的土地參與社會的政治和經濟事務，因此控制主教的授職權就控制了教會和教會的財產，法蘭克的國王們把教會的傳教、修建教堂、設立教區以及教職的任命都看作王國的事務；教會的財產、教區都可以作為采邑進行分封，甚至沒有受過洗禮的俗人也可以通過受封或者「捐贈」買到教會的職務。基督教教

---

33 王亞平：《權力之爭》，頁129-131。

34 H. V. 舒伯特：《中世紀早期基督教教會史》（H. V. Schubert, *Geschichte der christlichen Kirchen im Frühmittelalter*, Hildesheim 1962），頁162。

35 F. 普林茨：《法蘭克王國的早期修道士》，頁31。

36 J. W. 湯普遜：《中世紀經濟社會史》上卷，頁284。

產的莊園化無疑會導致教會的世俗化，教會世俗化最重要的標誌之一是，世俗君權掌握了對教會的授職權，授職權問題體現了君權和教權關係的一個重要方面。

十世紀初，位於勃艮第的克呂尼修道院開始進行了以規範修道士生活，嚴肅修道院紀律為主要內容的改革。克呂尼修道院改革的內容是純宗教的，為了保證修道士能過真正的宗教生活而拒絕世俗對修道院任何形式的染指；然而克呂尼改革的社會影響卻是巨大的，對西歐中古社會的發展所產生的影響，無論是改革者還是支持者都始料不及。修道院與世俗社會密切的經濟關係，不可能不涉及到世俗社會。後世學者從各自不同的研究視角出發，都對克呂尼修道院改革運動極為關注：經濟史學家高度評價修道院改革對促進西歐中世紀農業經濟發展所起的排頭兵作用；政治史學家肯定了修道院改革對西歐中世紀政治格局變遷所施加的影響；社會史學家強調修道院改革對中世紀社會和社會生活打下的深刻的烙印；教會史學家更不會忽視修道院改革給中世紀基督教教會所帶來的衝擊[37]；就是法學史學家在論述西方法律傳統的問題時也沒有忽略修道院的改革，認為「克呂尼改革比任何其它單個因素的意義都大，因為它為在西方基督教世界的僧侶中形成的那種共同的政治統一體的新意識奠定了基礎」[38]。

修道院改革運動在教俗大貴族中引起了共鳴，也得到了各國王權和羅馬教會的大力支持，正如德國著名的歷史學家特倫巴赫所指出的，修道院改革並無意要改造現存的教會制度，而是要鞏固它完善它，這有利於王權的集權統治[39]。著名的社會學大師馬克斯·韋伯在

---

37 王亞平在《修道院的變遷》（東方出版社，1998年）一書中較為詳細地介紹了西歐修道院的改革運動以及西方學者對修道院改革運動的研究。
38 哈樂德·J. 伯爾曼：《法律與革命》，頁129。
39 G. 特倫巴赫：《關於克呂尼和克呂尼派的新研究》（G. Tellenbach, *Neue Forschung über Cluny und Cluniacenser*, Freiburg 1958），頁4。

他的名著《經濟與社會》中也指出：「修道士是最有條理的、在政治上最沒有危險的、最可靠的，也是最便宜的教員，政治統治者們所希望得到的支持再沒有比修道士們對被統治人民的影響更保險的了。」[40]毋庸置疑，修道院改革運動為稍後所進行的教會改革奠定了堅實的社會基礎，也為教會改革的開始提供了一個很好的契機。十一世紀中葉，羅馬教會提出了以恢復和規範教義教規為初始內容的改革綱領，指責教會世俗化的傾向，從而進一步涉及教會的財產，強調教士的獨身制，拒絕世俗對教會神職任命的染指，斥責買賣神職的社會現象，並因此引申出了完善羅馬教會組織機構的舉措，成立了樞機主教團，天主教教會有了實際的權力中心[41]。美國學者伯爾曼窮四十年的精力研究西方法律的傳統，在其名著《法律與革命》中開宗明義地把教會改革稱之為「教皇革命」，列舉了教皇革命的四個主要特徵，即總體性、迅速性、暴力性和持續性[42]。

教會改革之所以被稱之為「教皇革命」，是因為它導致西歐社會發生一系列巨大的變化，其中一個十分重要的方面是改變了君權和教權之間的關係，主要表現形式是政教之爭。

二 「雙劍」與西歐法律體系

政教之爭以世俗君主和羅馬教皇爭奪主教授職權開始，此後演變為爭奪基督教世界的最高統治權的鬥爭[43]。「教皇革命」把自法蘭克帝

---

40 M. 韋伯：《經濟與社會》（M. Weber, *Wirtschaft und Gesellschaft*, Tübingen 1921），頁788。

41 有關教會改革較為詳細的內容參見王亞平：《權力之爭》，第三章第五節「羅馬教會的改革」。

42 哈樂德・J. 伯爾曼：《法律與革命》，頁119。

43 有關主教授職權之爭的起因，參見王亞平：《權力之爭》第四章「主教授職權之爭始末」。

國解體之後，各國王權和大貴族各自為政的西歐看作是一個政治整
體，正如恩格斯所說的，羅馬天主教教會，「它把整個封建的西歐
（儘管有各種內戰）聯合為一個大的政治體系，同鬧分裂的希臘正教
和伊斯蘭教的國家相對抗」[44]。為此，羅馬教會提出了基督教世界
（christianitas）的神學政治概念：世界從一開始就是以基督為支點，
以它為首聯合在一起。基督以教會的形式創造了它的實體，教會的任
務是使世俗政權脫離自我崇拜並服從基督，因此就有了一個由超自然
的教會團體和人的社會的自然團體相組合的二元的社會體制，產生了
基督教會和世俗君主同時存在的二元的統治結構[45]。在這個二元結構
中，教會強調基督的領導作用，王權和教會兩個機構在基督的領導下
各自行使自己的職權，即基督的兩把劍[46]。十二世紀基督教的神學家
們對「雙劍論」進行了多方位的全面的詮釋[47]，其核心是強調教皇是
基督教國家的君主。被稱為那個時代「無冕教皇」的明谷修道院的院
長貝爾納，極力推行教會改革以來所提出的教權至上的思想。他指
出，教皇是基督在世上獨一無二的、唯一的代表，他掌握著兩把寶

44　恩格斯：〈社會主義從空想到科學的發展〉，載《馬克斯恩格斯選集》第三卷（人民
　　出版社，1972年），頁390。

45　F. 肯普夫：〈12、13世紀的基督教世界問題〉，載《歷史年鑒》（F. Kempf, *Das Problem
　　der Christianitas im 12. und 13. Jahrhundert,* in *Historisches Jahrbuch,* vol.9, 1952），頁
　　28。

46　「雙劍論」的根據是《新約全書》中的「路迦福音」：耶穌受難之前叮囑他的使徒
　　出外避難時要帶著錢袋和行囊，沒有劍的要賣了衣服去買劍（「路迦福音」第22
　　章）。查理大帝時期的教士對此進行了新的詮釋，他建議查理大帝要有兩把劍，一
　　把用來防禦教會內的異端，一把用來抵擋教會外部的敵人。主教授職權之爭之前，
　　教士彼得·達米阿尼在一次布道中把兩把劍比喻為王權和教權。他說，耶穌對其使
　　徒所說的劍是指教會和世俗君權這兩種權力。參見勒維松：〈中世紀的雙劍論〉，載
　　《德意志檔案》（W. Levism, *Die mittelalterliche Lehre von den beiden Schwerten,* in
　　Deutsches Archiv für Erforschung des Mittelalters, vol.9, 1952），頁28。

47　關於「雙劍論」的較為詳細的介紹，參見王亞平：《權力之爭》，頁207-213。

劍，他親自使用教會這把劍，把世俗之劍交給了執行機構——世俗君主；所以教皇作為這個普世聖城（civitas sancta）的最高君主有權支配世俗君主，領導所有的諸侯和臣民，教皇是基督在世上的大法官，是真正的統治者和大祭司的代理人[48]。

聖維克多修道院的雨果則在貝爾納的理論基礎上提出了建立教會神權國家的思想。他認為，教會是一個由俗人和教士組成的實際存在的組織，如同人是由身體和靈魂構成的一樣，基督的世界（universits Christanorum）是由世俗教徒和教會教徒組成的。世俗教徒相當於人的身體，因為他們從事的活動所生產出來的是身體存在所需要的；教會教徒相當於人的靈魂，因為他們所承擔的使命關係到人的精神。所以，是教士建立了一個世俗的政權，教會的權力是上帝給予的，世俗的權力則來自於教會。在這個基督教的國家裏，基督的代理人是教皇，他掌有世俗權和教會權這兩把寶劍，支配各個職能機構履行屬於自己的職權和義務。雨果強調，在這個由教士領導的基督教國家裏，世俗君主要依據基督教的法律實行統治。羅馬教會和它的首領是司法權（justitia）的支點，或者說是整個基督教世界法律的基礎（fundamentum legis totius Christianitatis），執行在這個基礎上產生的羅馬教會的法規就是在實踐聖保羅的思想，所以整個社會生活只能通過法律來規範[49]。

維護德意志皇權的教會神學家對此進行了堅決的反擊，拉文那的教會法學家佩特魯斯・克拉蘇斯在《為亨利國王辯》的小冊子中指

---

48 W. 烏爾曼：《中世紀教皇政體的演變》（W. Ullman, *The Growth of Papal Government in the Middle Ages*, London 1970），頁619-635。

49 F. 美爾茨巴赫：〈聖維克多修道院的雨果的帝國和權力理論〉，載《薩維尼基金會法學雜誌》法學卷（F. Merzbacher, *Recht und Gewaltenlehre bei Hugo von St. Viktor*, in *Zeitschrift der Savigny-Stiftung für Rechtsgeschichte* GA, Vol.46, 1958），頁181。

出，亨利四世的君主權力是上帝給予的，他擁有統治世界、保衛和平、安定社會的權利。他譴責格里高利七世教皇以法官自居，凌駕於上帝所選定的國王之上，這是對法律的違背，是法律所不允許的。克拉蘇斯並不否認在人類社會的王國中存在著俗人和教士這兩個階層，因此也就存在著兩種法律，教會法只約束教士的行為。教皇只從事宗教事務，對王國的統治不屬於宗教的範疇，對王國的統治只能以世俗法律——羅馬法為依據，羅馬法具有絕對的、獨特的統治效力[50]。維護德意志皇權的教會法學家們為世俗君權提供了反對教權之上的武器——羅馬法，為此在德意志皇帝的支持和保護下在博洛尼亞開始了對羅馬法的研究[51]，並在此基礎上產生了西歐中世紀最初的大學——博洛尼亞大學[52]。西歐中世紀的大學為當時的西歐各地培養了眾多的世俗的和教會的法學家、法官和律師[53]；教會法以大學為依託第一個從神學中分離出來，成為一門獨立的學科[54]。正因為如此，伯爾曼才得出了這樣的結論：「教皇革命」導致了近代西方法律體系的產生[55]。

---

50 W. 烏爾曼：《中世紀教皇政體的演變》，（其它同上）頁553-562。

51 德國法學史學家保羅‧科薩克爾把德意志皇帝支持對羅馬法的研究還歸咎於其無法擺脫的夢想恢復羅馬帝國的情結。參見保羅‧科薩克爾：《歐洲與羅馬法》（P. Koschaker, *Euripa und das Römische Recht*, München. Berlin 1966），頁38-54。

52 一一五八年，德意志皇帝腓特烈一世責令在博洛尼亞的四位對法學頗有造詣的教士從事羅馬法的研究和教學，在此基礎上逐漸聚集了學習和研究法學的學者和學生，他們按照出生地結成社團，即 uiniversita。此後博洛尼亞大學得到皇帝和羅馬教會給予的一系列特許權，使這裏成為中世紀學習和研究法學的中心。參見W. 呂格：《歐洲大學史》（W. Rüegg (hrg.), *Geschichte der Universitöt in Europa*, München 1993）第一卷「中世紀」，頁59。

53 W. 韋塞勒：《法律史》（W. Wesel, *Geschichte des Rechts*, München 2001），頁314-315。

54 P. 克拉森：《中世紀的研究和社會》（P. Classen, *Studium und Gesellschaft im Mittelalter*, Stuttgart 1983），頁27-28。

55 哈樂德‧J. 伯爾曼，賀衛方等譯：《法律與革命》，頁139。

三　西歐法律傳統

　　伯爾曼在談到「教皇革命」的特點時強調了社會總體性的變化，政治的、經濟的和意識形態的。處在社會變化中的君權與教權的關係自然也隨之發生了變化。西歐法學學科的產生一方面是政教之爭的一個產物，另一方面也是中古社會以及中古經濟體制發展的必然趨勢。

　　十一世紀，西歐中古社會的發展進入了一個新的歷史時期。紛紛擾擾的外族人的入侵以諾曼人征服了英倫三島畫上了一個休止符，西歐的政治格局基本確定。趨於平穩的西歐社會人口急速增長，雖然目前還沒有發現準確統計人口數字的可靠依據，但人口增長速度的表象是顯而易見的。意大利著名的經濟史學家奇波拉認為，至十三世紀西歐人口增長了三倍。人口增長的一個顯著表象是耕地面積的擴大，十至十三世紀，開墾土地的活動已經成為一種經常性的對荒野的征服[56]，「巨大的土地開墾工作改變了歐洲的土地」[57]。生產技術的改進和耕作方法的更新也都說明社會需求的增大。需求的增大改變了供需的方式，更多的農業剩餘產品進入了商品流通的軌道，在遠端貿易基礎上發展起來的商業活動越來越活躍，貨幣的流通量增大，逐漸具有了價值尺度和交換工具的功能[58]。人口增長的另一個顯著表象是社會的流動，主要表現在兩個方面：一是地域性的流動，即從農村向新興城市的流動，從老的居住區向新開墾的殖民區的流動，尤其是在德意志，向東部地區的殖民運動持續了二個世紀；二是在社會結構方面的

---

56 卡洛‧M. 奇波拉：《歐洲經濟史》（商務印書館，1988年），頁30、156。

57 亨利‧皮朗：《中世紀歐洲經濟社會史》（上海人民出版社，2001年），頁70。

58 亨利‧皮朗認為，從羅馬帝國覆滅以來，西歐的貿易從未中斷，貨幣流通也沒有停止，十二世紀以後有了新的進展；而且他認為，在十二世紀，實物地租並沒有消失，所以發生的不是貨幣經濟取代自然經濟，而是貨幣逐漸取得了作為價值尺度和交換工具的地位，參見亨利‧皮朗：《中世紀歐洲經濟社會史》，頁74-75。

流動，原有的農業勞動群體發生了分化，同時還形成了市民、商人、手工業者以及與社會生產沒有直接關係的知識分子等新的社會階層。

　　社會流動引起的社會變化是多方面的。首先，它促進了社會經濟結構的改變。社會流動使商品經濟在社會經濟結構中所佔的比重越來越大，商品經濟改變了對土地的經營方式，租賃制是人們從土地中獲得貨幣的最好的經營方式。貨幣改變了領主和封臣之間傳統關係的性質。其次，社會流動改變了人們進行人際交往的形式。社會流動打破了采邑制給人際交往造成的局限，擴大了的人際交往增強了人的個體性的意識[59]。農業生產技術的改進，使農業的個體生產越來越成為可能，只是像葡萄種植這一類的集約性生產模式還保存下來，在很多情況下個體的生產方式越來越取代了莊園制的集體性勞動。個體性的勞動增強了人的個體性意識，人們不再是領主的依附者，在領主的庇護下，或者由領主為其做主與外界進行人際交往，而是以個體的人參與社會。再次，社會流動改變了人在社會中的身份。這裏所指的人的社會身份主要是人的法律身份，從事個體生產活動的個人不再是以依附者的身份屬於一個莊園，一個領地，而是以一個自由人的身份加入一個社會團體。在這個社會團體中，個人的利益受到保護，因此「個人……開始成為法律科學的中心，自此之後，法律開始著力描述人的法律特徵，人的行為能力及個人權力的範圍」[60]，形成了新的法律體系。

　　社會發生的變化改變了君權和教權的關係，其中一個顯著的特點是，君權越來越不再需要借助教會增強自己的權勢，因為君權更多地被解釋為是一種在社會共同體中自上而下的管轄權。伯爾曼是從「教

---

59 王亞平在《基督教的神秘主義》（東方出版社，2002年）一書中對此作了較為詳細的闡述，參見第三章第二節「西歐封建社會中的人」。

60 J. M. 凱利：《西方法律思想簡史》（法律出版社，2002年），頁137。

皇革命」的角度詮釋君權和教權關係的這種變化,他認為是教皇革命把西歐社會劃分為相互分離的教會權威和世俗權威[61];從法學的角度看,則產生了並行的兩個法律體系——教會法和世俗法,從而限制了各自的管轄權。從這種對管轄權的限制中產生了世俗國家的觀念和現實,世俗國家也就是法律統治的國家,或者說是「法治國」,無論是教會團體還是世俗團體,都要在法律之下實行統治,因為「基本法本身是由上帝所制定的,雖然教皇和國王制定法律,但他們是作為上帝的代理人那麼做的;『所有的法律都源於上帝』而不是淵源於教皇和國王自己」[62]。大約在十三世紀中葉,英國教士布拉克頓在他的《論英格蘭的法律和習慣》中明確表示:「國王不應該受制於人民,而應受制於上帝和法律(rex non debet esse sub homine, sed sub Deo et sub lege),因為正是法律成就了國王……國王應給予法律所賦予他的,即統治權;因為法律若不是至高無上的,那麼就不會存在國王。」[63]所以,「如果教會應當具有各種不可侵犯的法律權利,那麼國家就必須把這些權利作為對它自己的最高權力的一種合法限制來接受。同樣,國家的各種權利也構成了對教會最高權力的一種合法限制。兩種權力只有通過法治(rule of law)的共同承認,承認法律高於他們兩者,才能和平共存」[64]。這就為此後西歐君權與教權的分離,以及政治體制的世俗化提供了理論依據。

對法律權威的承認平息了政教之間無休止的爭論,使其各自為政。亨廷頓在闡述現代政治化的時候,將其與西歐傳統政體進行了比較。他認為,在現代化之前的傳統政體中,法是至高無上的,所以人

---

61 哈樂德・J. 伯爾曼:《法律與革命》,頁140。

62 哈樂德・J. 伯爾曼:《法律與革命》,頁357。

63 J. M. 凱利:《西方法律思想簡史》,頁125。

64 哈樂德・J. 伯爾曼:《法律與革命》,頁356。

的權威可以是多樣化的；人要服從權威，但法的權威寓於國王、議會、習慣法以及教會法中；所以，政體改變的前提是法的觀念的轉變及法律體系的變革[65]。

中世紀西歐各國普遍存在著君權與教權之間的關係，然而，由於德意志、法國和英國都有其獨特的歷史發展軌跡，因此其君權與教權的關係也不盡相同。各具特徵的君權與教權的關係反過來又對各國從中世紀向近代社會的轉型施加了深刻的影響。

第三節　各具特徵的西歐各國

一　對抗教皇的德意志

中世紀的德意志帝國是在東法蘭克王國的基礎上發展起來的，它不僅包括今天德國的領域範圍，而且還囊括了意大利北部、法國東北部、荷蘭、比利時、盧森堡等低地地區和西斯拉夫人居住的部分地區，今天的奧地利、捷克和波蘭也都在德意志帝國的版圖之內，包括的民族和部族較多。西方史學家用德意志帝國（das deutsche Reich）區別近代社會以後的德國（Deutschland）的概念。與歷史上的許多大帝國一樣，地域如此廣闊、民族如此眾多的德意志帝國必然無法實行較強的集權統治，在德意志帝國中所實行的是多元性的統治政策，不論是公爵領地、伯爵領地，還是十一世紀開始復興的城市都有較強的自治權，帝國的統治權則極為鬆散，統治者和被統治者之間依據的是個人間的聯繫：血緣的、聯姻的、保護的、效忠的，等等。因此，

---

65 撒母耳・P. 亨廷頓著，王冠華等譯：《變化社會中的政治秩序》（三聯書店，1989年），頁92-93。

「君權神授」的理論對德意志皇權尤為重要，基督教帝國的概念強化了「世界主義」（universal），在政治統治思想中始終佔據主導地位，極為強烈地左右著德意志帝國統治者制定的內政外交政策。

東法蘭克王國是查理大帝之後征服的地區，在這裏采邑制度的發展不如西法蘭克王國那麼充分，日爾曼的傳統要強於西法蘭克王國，而且氏族公國的勢力範圍也較強。十世紀中葉，面對驍勇善戰的匈牙利人的進攻，抗擊外族入侵的共同利益驅使德意志的五大公國共同推舉了國王，聯合起來抗敵，在萊希戰役中成功地擊退了匈牙利人的進攻。德國的歷史學家特倫巴赫、施廷勒都認為，對匈牙利人的勝利奠定了德意志王國的基礎，同時也強化了德意志的皇權意識。施滕恩在《中世紀皇權思想史》一書中，從古代軍事國王的角度分析了德意志國王看重皇權思想的根源。他認為，皇權思想本身就具有很濃烈的軍事意義的色彩，不論是羅馬的皇帝還是日爾曼的國王，都是通過戰爭造就的，「勝者為王」這一自古以來就有的傳統意識，在具有較強的日爾曼因素的德意志備受重視。萊希戰役的勝利增強了德意志的國王承襲查理大帝建立的「羅馬帝國」的意識[66]。自從九六二年，奧托一世傚仿查理大帝在羅馬接受教皇加冕的皇冠後，歷代德皇都自認為是查理大帝當然的繼承者，都把這個沒有什麼實際統治意義的「羅馬皇帝」的頭銜看得比加強中央集權還重要，為了保持在羅馬舉行加冕禮的傳統禮儀，一次又一次地出兵意大利，在頻繁的征戰中耗盡了實力。

德意志的皇帝（國王）不僅把自己看作是查理大帝理所當然的繼承人，而且基本上繼承了法蘭克帝國時期的統治形式，即基督教的教會是帝國統治的一個重要機構，是德皇賴以依靠的政治勢力；大主

---

66 E. E. 施滕恩：《中世紀皇權思想史》（E. E. Stengel, *Zur Geschichte des Kaisergedangkens im Mittelalter*, Köln 1965），頁76-81。

教、主教承擔了帝國的重要的世俗行政管理職責，出任特使、擔任外交官乃至軍隊的司令官。教會從德皇那裏得到的回報是大量饋贈的土地，以及享有與世俗封臣同樣的實施統治權的權利，從而有了類似於世俗領地的大主教轄區。在皇權培植下發展起來的教會勢力活躍在帝國的政治舞臺上，形成了世俗的和教會的兩大貴族集團。十一世紀中葉，科隆的大主教安諾以及不來梅的大主教阿達博爾特甚至被委以輔佐年幼登基的亨利四世實施統治的重任；十三世紀中葉，在德意志的七大選帝侯中，大主教就佔了三個席位。教會在德意志的政治地位在很大程度上左右著德皇與教皇的關係。在歷任德皇看來，控制羅馬教會的教皇比控制諸侯更重要，為此，德皇支持羅馬教皇為了擺脫羅馬世俗貴族的控制而進行的教會改革。借助德意志皇權的政治勢力進行了改革的羅馬教會確立了自己的宗教權威地位，教權的增長不可避免地要以削弱君權為代價，尤其是在主教授職權問題上。羅馬教廷於一〇五九年頒佈的教皇選舉敕令，公開宣佈拒絕包括德意志皇權在內的任何世俗政權對教皇選舉的干預，從而使相輔相成的德意志皇權和羅馬教會陷入了針鋒相對的爭鬥中。

　　教會改革之後，羅馬教會通過派出教皇使節干預各國的內政、發動十字軍東征運動等一系列活動，在西歐確立了宗教的權威，並進一步提出了神權政治的思想，此後的歷任教皇都在努力實踐神權政治統治的思想。這必然激化與堅持君權至上的德意志皇權的衝突。從奧托一世起，「羅馬皇帝」的稱號給歷任德皇編織了一個難圓的夢，即建立一個「基督教大一統的帝國」。十三世紀中葉以後，斯托芬皇朝的弗里德里希一世、亨利六世以及弗里德里希二世皇帝都一再地強化這個皇權思想，強調由教皇為其舉行加冕禮的皇帝是上帝在世上的真實體現，皇帝享有普世的統治權，不僅有權統治德意志，而且也有權統治羅

馬[67]。為了與教權爭奪這個虛幻的基督教大一統帝國的統治權,弗里德里希二世甚至不惜向德意志諸侯妥協,於一二三一年五月頒佈了《給帝國世俗諸侯的特許權》,給予地方諸侯享有領地主權、給予其在自己的主權領地內享有最高司法審判權、給予其徵稅權、鑄幣權等各種經濟特權,以及允許其建立要塞的軍事權利,從而使享有主權的諸侯領地轉型為領地主權國家,諸侯成為獨立的邦君(Landherrschaft)[68]。在這個鬆散的大帝國境內形成了各自為政的邦國制度,極大地延緩了德意志向現代國家邁進的步伐[69]。

二 借助教權的法國

法蘭西王國是在西法蘭克王國的基礎上發展起來的,它與東法蘭克王國最大的區別是,在西法蘭克地區沒有一塊土地沒有被分封,沒有一個城堡沒有領主。層層分封的采邑構成了法蘭西的社會結構,「我的封臣的封臣不是我的封臣」,這句政治諺語是對法蘭西中世紀政治體制最形象的寫照。獲得封地的封臣們同時也獲得了對其領地的政治統治權、賦稅權、司法權和各種經濟權,更為重要的是軍事權,軍事權使封臣們能夠把自己的領地完全封閉起來。九世紀,北歐的諾

---

67 沙勒:〈腓特烈二世的皇權思想〉,載《問題與弗里德里希二世》(H. M. Schaller, *Die Kaiseride Friedrichs II, in Problem und Friedlich II, Vorträge und Forschungen*, vol.16),頁116-130。

68 格茲‧蘭德維爾:〈14世紀領地制度的恢復和鞏固〉,載《14世紀的德意志主權國家》(Götz Landwehr, *Mobilisierung und Konsolidierung der Herrschaftsordnung im 14. Jahrhundert, in Der deutsche Territorialstaat im 14. Jahrhundert II, Vorträge und Forschungen*, vol.14),頁487。

69 二十世紀八〇年代德國學者就德意志帝國從采邑制向領地主權轉型的問題進行了多視角的廣泛的研究,有關的研究成果參見漢斯‧帕策(主編):《14世紀的德意志主權國家》,頁13、14。

曼人，阿拉伯半島的阿拉伯人以及東歐的匈牙利人從不同的方向不斷地襲擊東、西法蘭克王國。西法蘭克遭受的是來自北歐的威脅，諾曼人從北海沿岸進入西法蘭克王國的領域，對其進行海盜式的劫掠。諾曼人的攻擊是小規模的，但是他們給西法蘭克帶來的不安定和動亂卻是巨大的。面對諾曼人頻繁地、多方位地、小規模地劫掠，西法蘭克不可能聚集王國內的兵力統一行動，地方貴族依靠自己的封臣保衛自己的領地和領地內的居民。以保護和義務為原則的個人聯合的政體特點，在西法蘭克表現得更為強烈、更為具體。西法蘭克的氏族公國：勃艮第、阿奎丹、布列塔尼等地區在諾曼人的進攻下更為獨立和封閉。諾曼人使西法蘭克的城市更加隔絕，整個社會都被束縛在人身的依附關係中，地方的統治權力完全掌握在擁有軍事實力的地方貴族的手裏。西法蘭克的王權由此失去了權威性，從皇帝虔誠者路德維希執政起，王位被篡奪的歷史事件就多次地發生，在路德維希之後，皇帝的稱號僅是東法蘭克王國的專利。在很長一段時期內，政治上的無序，社會的混亂，機構的不統一，王國政權的軟弱構成了西法蘭克王國的特點。直到九八七年，巴黎的伯爵和法蘭西的公爵胡格・卡佩最終結束了查理大帝的後人在西法蘭克王國的統治，確立了卡佩王朝的統治[70]。

　　卡佩王朝從確立之日起，國王的權力範圍就是極為有限的，例如阿奎丹公爵和弗蘭德伯爵領地都有相當的獨立性。在勃艮第地區，城堡的領主占堡為王；南法的伯爵和公爵甚至不承認法王的權力，我行我素。九一一年諾曼人在塞納河下游地區的沿海一帶割地獨霸一方，建立了諾曼第公國。諾曼第公爵在形式上是法王的封臣，而實際上並不為法王承擔任何義務。十世紀末，諾曼公爵與教皇建立了采邑關係

---

70 F. 布勞德：《法國的同一性》（F. Braudel, *L'identié de la France. Espace et Histoire*, Stuttgart 1990），頁69。

後更不把法王看在眼裏。一○六六年諾曼人征服了英倫三島之後，諾曼公爵以英王的身份與法王爭奪在西歐大陸上領地的爭鬥始終沒有停息。在分裂割據的法蘭西王國，「君權神授」的理論沒有像在德意志帝國那樣的政治功用。十一世紀的政教之爭時期，教皇同樣以開除法王的教籍為手段，迫使其就範，但卻沒有產生如同在德意志帝國那樣的效果。因為，那些與法王對立的獨立的公爵、伯爵和城堡的領主們，根本就沒有承認過法王的權威。法國歷史學家古涅奇說，中世紀的法國社會是「被各種秩序、各種習慣法以及各種類似的或者傾向於類似的機構打下烙印的一個統一的、聚集的社會」。因此也可以說，中世紀的法國社會是由多個類型群體組合而成的，每一類的社會群體都有類似金字塔形的等級制[71]。社會群體的多樣性是法國中古社會的特點，也是法國王權難以集權的社會原因。

在這個多樣性群體的社會裏，基督教教會起到了組織社會的重要作用，如果說「君權神授」的基督教政治思想在德意志得到充分的實踐的話，那麼在法國，基督教教會在社會中行使的公共權利的作用表現得尤為突出，西歐中世紀一些重大社會宗教運動的發源地大多都是在法國的境內也是不無原因的。

十世紀初，克呂尼修道院的改革幫助大貴族實現了領地內的統一，有助於缺少集權的王權抑制地方貴族的勢力[72]；十世紀七○年代，南法地區的主教們宣導的「上帝和平」運動，在一定程度上抑制了因分裂割據造成的社會混亂[73]；十二世紀中葉以後，法國王權在加

---

71 G. 古涅奇：《社會決定論與人文主義的自由》（G. Gurvitch, *Déterminismes sociaux et liberté humaine. Vers l'étude sociologique des cheminements de la liberté*, Paris 1955），見書中各處。

72 王亞平：《修道院的變遷》第四章「修道院改革運動」（東方出版社，1998年），頁57-77。

73 皮埃爾・米蓋爾：《法國史》（商務印書館，1985年），頁85。

強集權的過程中同樣要借助基督教教會的力量。十二世紀末、十三世紀初，法王腓力二世利用英國內部王權與貴族之間的矛盾，乘羅馬教皇與英王因坎特伯雷大主教的授職權爭執之際，贏得了羅馬教皇的支持，奪取了英王在法國的大部分封地。此後，法王坐收羅馬教廷組織十字軍征討阿爾比派之利，合併了南法大貴族的領地，最終實現了王國的統一，開始步入中央集權君主專制的時代。

三　拒絕教皇的英國

與西歐大陸隔海相望的英國雖然在政體方面的發展較為滯後[74]，但在基督教化方面與西歐大陸則是同步進行的。早在二世紀末期，在羅馬帝國的史料中就已經有了關於英國基督教的記載[75]；到了六世紀末期，受命於教皇格里高利一世的奧古斯丁跨海到英倫三島傳教，則進一步加強了英國基督教教會與羅馬教會之間的聯繫[76]；此後，英國的教士和修道士經常前往羅馬朝聖，在羅馬接受教皇的授職禮。可以說，諾曼征服之前的英國主要是通過基督教會與西歐大陸建立起了聯繫[77]。七世紀中葉，尚沒有統一王國的盎格魯—撒克遜建立了統一的教會，打破了各部落王國的界限，按照地區劃分和設立主教區，坎特伯雷的大主教是全境承認和服從的大主教[78]。英國的基督教化都是自

---

74 王亞平曾就有關英國中世紀制度的問題進行過較為詳細的闡述，參見王亞平：〈英國封建制度形成的社會歷史條件〉，載《史學集刊》二〇〇三年第三期。

75 J. R. H. 摩爾曼：《英國教會史》(J. R. H. Moorman, *A History of the Church England*, London 1953)，頁3-4。

76 R. H. 霍吉金：《盎格魯—撒克遜史》(R. H. Hodgkin, *A History of the Anglo-Saxon*, Oxford 1952)，頁202-216。

77 W. 萊維森：《八世紀的英格蘭和大陸》(W. Levison, *England and the Continent in the Eighth Century*, Oxford 1946)，頁22-33。

78 M. 迪訥斯里：《諾曼征服前的英格蘭教會》(M. Deanesly, *The Pre-Conquest Church in England*, London 1961)，頁107。

上而下進行的，沒有哪一個部落王國的基督教化不是因其國王最先皈依基督教，並且積極推行而實現的[79]。臣民的信仰完全以國王的意志為轉移，這是原始部落宗教的特徵之一，盎格魯－撒克遜的基督教會長久地保留了這一特徵。卡紐特國王在其頒佈的法律中的第一條就宣佈：「我們的所有臣民必須永遠熱愛和崇拜獨一的上帝，奉行對基督的信仰，完全忠誠國王卡紐特。」[80]

在英國，宗教事務是王國政治事務的一部分，國王和賢人會議控制和主持教會的各項事務，由國王任命教會的教職。主教，特別是坎特伯雷大主教，或是由王室家族的成員，或是由與王室家族有密切關係的家族成員擔任。主教承擔了地方行政管理和收稅的職責，並且進入了賢人會議，參與王國的政務。十世紀以後，教會的政治作用進一步突出，在賢人會議中的席位也有所增加，其中有九至十一位主教，三位修道院院長和六位以上的教士，幾乎與世俗貴族的席位相等[81]。與此同時，國王還給予教會和修道院各種世俗權利，授予教區所在地的百戶司法權和徵稅權。梅德海姆斯特德修道院重建時，國王給了它諾森安茨地區八個百戶的司法權，該修道院控制了那裏一半以上的地區[82]。國王懺悔者愛德華給了貝里聖艾德蒙茲修道院八個半百戶範圍

---

79 W. A. 錢尼：《盎格魯－撒克遜時期的英格蘭王權崇拜：盎格魯撒克遜從多神教到基督教的皈依》（W. A. Chaney, *The Cult of Kingship in Anglo-Saxon England. The Transition from Paganism to Christianity to Anglo-Saxon England*, London 1962），頁62。

80 W. A. 錢尼：《盎格魯－撒克遜時期的英格蘭王權崇拜：盎格魯撒克遜從多神教到基督教的皈依》（W. A. Chaney, *The Cult of Kingship in Anglo-Saxon England . The Transition from Paganism to Christianity to Anglo-Saxon England*, London 1962），頁77-82。

81 F. 巴羅：《英格蘭教會1000-1066年》（F. Barlow, *The English Church 1000-1066*, Langsman 1962），頁116-117。

82 M. 迪訥斯里：《諾曼征服前的英格蘭教會》，頁319-320。

的司法權，而且還免除了它的各種賦稅，並給予鑄幣權。聖阿爾班斯和巴特勒修道院不僅有大量的莊園，還有不少於二十二個百戶的司法權和徵稅權[83]。英國眾多學者認為，在英國，教會地產的莊園化先於世俗，根據是：其一，教會首先實行了大地產製；其二，教會授職權受控於國王；其三，諾曼的教士帶來了大陸管理教會財產的采邑制[84]。

征服英倫三島的諾曼人在被征服的國度推行自己的制度。

諾曼人於九世紀中葉進入西歐大陸，因幫助法蘭克王國驅逐入侵的薩克森人而在西歐有了立足之地。十世紀初，諾曼人以武力迫使西法蘭克的國王以封地的形式再三割讓土地，建立了諾曼第公國，並以此確立了與法蘭西國王的君臣關係[85]。然而，桀驁不馴的諾曼公爵對法蘭西國王並沒有多少依附性，也不對其履行任何義務，就法蘭西國王方面而言，也從未給諾曼第公國頒佈過法令，行使過君主的權力[86]。諾曼人在建立諾曼第公國時，一方面在統治集團內部繼續保存了牢固的血緣親族關係，另一方面接受了法蘭西的采邑制度，在公國的統治集團中的重要成員都是公爵的直系親屬和家族的其它成員，並由此衍生出了諾曼大貴族世家[87]。采邑制和血緣親族關係構成了諾曼第公國

83 A. 格蘭斯頓：〈盎格魯－撒克遜修道院最後一百年的傳統和延續〉，載《教會史》（A. Gransden, *Traditionalism and Continuity during the last Century of Anglo-Saxon Monasticism,* in *Journal of Ecclesiastical History,* 40, 1989），頁196-197。

84 有關這方面較為詳細的闡述，參見王亞平：〈英國封建制度形成的社會歷史條件〉，載《史學集刊》二〇〇三年第三期。

85 P. A. 布朗：《諾曼人與諾曼征服》（P. A. Brown, *The Norman and Norman Conquest, The Boydell Press,* 1985），頁15-17。

86 C. W. 霍里斯特：〈諾曼第、法國及盎格魯－諾曼王國〉，載《明鏡》（C. W. Hollister, *Normandy, France and the Anglo-Norman Regnum,* in *Speculum* 51, 1976），頁203-205。

87 D. C. 道格拉斯：〈最早的諾曼伯爵〉，載《英國歷史評論》一九四六年第六十一期（D. C. Douglas, *The Earliest Norman Counts,* in *English History Review*），頁132-139。

統治體制的特點[88]。

十世紀初，諾曼人出於建立諾曼第公國的政治需要皈依了基督教，一是可以通過在宗教上的一致與西法蘭克的國王建立封君封臣的關係，改變外來入侵者的身份；二是以此緩和與被佔領地區基督教居民間的矛盾。不僅如此，基督教教會也是公國統治政權中的一個重要機構，教會的高級教士都是大貴族家族的成員。盧昂大主教區是高盧地區十分重要的教區，它所管轄的範圍超出了公爵的領地，這個教職一直由公爵的直系親屬擔任。諾曼第其它一些重要的主教區：拜約、塞茨、埃夫勒、康坦斯等，也都是由與公爵本人有親屬關係的貴族任主教[89]。諾曼第的主教與世俗伯爵有著相同的地位和權利，他們與公爵是封君和封臣的關係，接受公爵的封地，要履行包括服兵役在內的各種義務。公爵則主持教會的一切事務：任命教職，制定教規，召開宗教會議， 甚至控制教士和教皇的關係[90]。此外，皈依基督教也是諾曼公爵實施外交政策的一張王牌，因為教會的法權在中世紀各國的政治事務和國際事務中具有相當的權威性，借助教皇的權威可以緩和與其它勢力間的矛盾和衝突[91]。一〇六六年，威廉是打著教皇授予的

---

88 C. H. 哈金斯：《諾曼人的機構》（C. H. Hakins, *Norman Institutions*, New York 1976），頁6。

89 D. C. 道格拉斯：〈諾曼征服前的諾曼主教〉，載《劍橋歷史雜誌》一九五七年第十三期（D. C. Douglas, *The Norman Episcopate before the Norman Conquest,* in *Cambridge Historical Journal* 13, 1957），頁102。

90 M. 齊布納勒：〈1066年之前諾曼第的兵役〉，載《盎格魯－撒克遜研究》一九八二年第五期（M. Chibnall, *Military Service in Normandy before* 1066, in *Anglo-Saxon Studies* 5, 1982），頁66-67。

91 諾曼第公國建立後，一直受到法蘭西安茹伯爵和其它大貴族的反對和排斥。一〇四九年，威廉二世幫助法王亨利一世反對安茹伯爵，奪取了阿朗松和多盟弗蘭特兩個城堡，更加深了與其的對立。同年，威廉二世又因與弗蘭德爾伯爵領地的繼承人瑪蒂爾達的婚姻與法王反目為仇，為了阻止會使法王失去這個重要領地的婚姻，亨利一世聯合安茹伯爵攻擊諾曼第。威廉頂住了法王的攻擊，並以奉教皇為封主、在軍

「聖彼得的旗幟」跨海征戰，從王位上趕走了由英國賢人議會選舉的戈溫德家族的哈樂德國王。教皇的支持使威廉的征服成為名正言順地繼承王位的合法行為，素有服從羅馬教會傳統的英國教會首先承認了威廉的合法繼承人的身份，並依據英國的慣例，由坎特伯雷大主教和約克的大主教共同為威廉施國王加冕禮，為其戴上了英國的王冠。

　　諾曼公爵威廉借助教皇的影響登上了英國的王位後，並沒有與教皇保持良好的關係，而是嚴格地控制了教會和修道院。成為英國國王的威廉一世把教會和修道院都視為采邑，在《末日審判書》中教會和修道院是作為一種財產來登記的[92]，其中有二十四所修道院要服騎兵役（knight-service）[93]。一〇八六年，教會佔有全國土地面積的四分之一，修道院的財產總收入是全國財產總收入的七分之一。《末日審判書》中登記的一萬九千四百名土地持有者中，神職人員有三千八百五十名[94]，他們都要為國王服兵役，交納賦稅[95]。教士和修道士只服從對其宣誓效忠的領主，甚至禁止他們與羅馬教會有直接的聯繫和接觸，未經國王的准許不得前往羅馬，即使是去接受授職禮或者是去朝聖，也不能應教皇的要求參加重大的宗教會議，這就改變了長期以來

事上給予教皇支持為條件，換取教皇承認他與瑪蒂爾達婚姻的合法性，從而消除了其它勢力與之爭奪弗蘭德爾的藉口。參見 D. C. 道格拉斯《諾曼人的成就，1050-1100年》（D. C. Douglas, *The Norman Achievement 1050-1100,* London 1969），頁131-134。

92 R. W. 芬恩：《〈末日審判書〉入門》（R. W. Finn, *An Introduction of Domesday Book,* Langsman 1963），頁196。

93 H. N. 切夫：《英國教會租佃制與騎兵役》（H. N. Chew, *The English Ecclesiastical Tenants-in-chief and Knight Service,* Oxford 1932），頁12。

94 A. 艾頓、V. 大衛斯：〈1086年英國教會的財產〉，載《教會與世俗，教會歷史研究》（A. Ayton, V. Davis, *Ecclesiastical Wealth England in 1086,* in *The Church and Wealth, Studies in Church History,* Oxford 1987），頁56。

95 E. U. 克羅斯比：《英格蘭12世紀的主教和教士》（E. U. Crosby, *Bishop and Chapter in 12th Century England,* Oxford University Press, 1994），頁67-69。

英國教會服從羅馬教會的傳統。曾經稱威廉是「羅馬教會唯一兒子」
的格里高利七世在一〇七九年給貝克修道院的院長蘭弗朗克的信中憤
怒地寫道:「沒有哪一個國王,甚至是異教的國王敢像威廉那樣厚顏
無恥地反對聖彼得的宗座,沒有人這樣不虔誠地、傲慢地阻止主教和
大主教進入聖彼得的大門。」[96]不僅如此,威廉還嚴格限制羅馬教皇
的使節踏上英倫三島,干預英國教會的事務。威廉對教會的極端控制
在英國與羅馬教會之間設置了一道大門,阻擋了羅馬教皇勢力的滲
入,使教會附屬世俗王權的程度大大地超過了西歐其它國家和地區,
而沒有形成較強大的反對勢力,極為有利於威廉建立集權統治。

十二世紀後半葉,羅馬教皇利用教會法和英國國內教俗貴族與國
王的衝突,逐步地將其勢力滲入英國,並在英法為爭奪領地的鬥爭中
逐漸擴大影響,尤其是在無地王約翰執政時期,迫使約翰向教皇稱
臣[97]。英國的教會和修道院利用這個時機,為擺脫王權的控制紛紛尋
求教皇的保護,十二世紀以後羅馬教廷收取英國修道院的保護金的數
額不斷增加,也充分說明了這一點[98]。無地王約翰在向教皇宣誓的兩
天後一次性向羅馬教廷交納了一千馬克的采邑金,此後英國每年都要
向教廷交納采邑金,教皇使節在英國的首要任務就是監督徵收采邑金
和保護金。一二一五年,英諾森三世教皇要求凡在教皇保護下的教區
和修道院每三年交納其收入的二十分之一,僅這一項就有六千馬克。
教皇洪諾留三世在任的十年間(1216年-1227年)在英國課徵各種稅

---

96 Z. N. 布魯克:《英格蘭教會與教廷——從諾曼征服到約翰的即位》(Z. N. Brooke,
   The English Church and Papacy. From the Conquest to the Reign of John, Cambridge
   University Press, 1987),頁138、141。

97 克里斯托夫・R. 切尼:《教皇英諾森三世與英格蘭》(Christopher R. Cheney, *Pope
   Innocent III and England,* Stuttgart 1976),頁282-293。

98 W. E. 倫特:《1327年以前的教廷與英格蘭的財政關係》(W. E. Lunt, *Financial
   Relations of the Papacy with England to 1327,* Cambridge 1939),頁91-123。

金達一萬馬克[99]。一二五八年，英諾森四世慫恿亨利三世進攻西西里，為此而舉債納稅。羅馬教會的課稅自然都分攤在英國各級貴族、騎士和城市市民的身上，加劇了王權與社會各等級之間的矛盾衝突，加速了英國政體朝著議會君主制的方向發展。在議會君主制形成和完善的過程中，羅馬教皇在英國逐漸失去了在宗教上的絕對權威。

---

99 W. E. 倫特：《1327年以前的教廷與英國的財政關係》，頁141-172。

第五章
基層組織：西歐鄉村共同體

第一節　西歐鄉村共同體基本概念

西歐中古社會的民眾主體是農民，所以，農民所在的鄉村共同體既是西歐社會的基層組織，又是西歐社會的基本細胞。進入中世紀後，西歐大地逐漸莊園化，公共權力分散與低迷，實際支配村民日常生活的莊園共同體的作用越發凸顯出來。如果說在莊園以外，社會秩序是渙散的、脆弱的、時有時無的，那麼在莊園內部，社會秩序則完全是嚴整的、明確的、無時不在的。今天，人們想起歐洲中世紀，腦海裏首先出現的是那一座座森嚴高聳的城堡，一隊隊鐵甲疾馳的騎士；然而，中世紀最基本的經濟、政治和文化單元卻是一座座莊園。

莊園和村莊不是一個概念，因為在地域上它們不總是吻合的，即一個莊園不一定等於一個村莊。一個村莊可能被兩個領主分割和佔有；一個莊園包括兩個或兩個以上村莊的情況也時常可見。不過，莊園畢竟與原村莊有很大關係，在許多情況下一個莊園就是一個村莊；無論如何，先前的瑪律克村落是莊園組織組合的基礎。

莊園肯定依附於某個領主，該領主可能僅擁有一個莊園，也可能擁有幾個甚至十幾個莊園。莊民是該領主的佃戶即附庸，因此對他的領主承擔一定義務，當然也享有相應的一份權利。需要特別說明的是，該佃戶只對他的領主承擔義務，而對其它領主包括他的領主的領主不負任何責任。一般而言，即使對國王也不負任何責任，因為在當時西歐的社會結構中，國王不過是全國最大的領主或最大的領主之一

而已。國王只在他的直轄領地裏享有莊園主的權力，而不能染指非其直接所屬的莊園，甚至未經允許不得進入別人的莊園。這樣的政治環境，對一個農民而言，決定了村莊共同體幾乎就是他的全部世界，這個世界涵蓋了他多方面的生活，諸如生產活動、社會交往活動、司法訴訟活動、公共政治生活以及宗教信仰等。所以，莊園—村莊共同體絕不僅僅是一個經濟單位。研究歐洲鄉村共同體的專家傑羅姆・布盧姆說，西歐中世紀村莊「作為一個共同體（corporate body），支配、管理著公共資源，指導著各項經濟活動，監督著本地居民的集體生活。……無論共同體結構框架中有何局限性，村莊共同體就其依賴當地社會環境的程度而言，它既是一個經濟共同體，也是一個財政共同體，一個協作互助的共同體，一個宗教信仰的共同體，又是在其村界範圍內維護和平與秩序的守護者，是其居民們公共的和個人的倫理道德的監督者」[1]。

納韋爾人的耕作
公牛組成的犁隊在耕田。法國羅莎—博納爾作，現藏於巴黎奧賽博物館。

---

1 傑羅姆・布盧姆：〈從15到19世紀歐洲村莊共同體的內部結構和政治制度〉，載《現代史雜誌》（Jerome Blum, *The Internal Structure and Polity of the European Village Community from the Fifteenth to the Nineteenth Century, in The Journal of Modern History*, Dec. 1971），頁541-542。

第二節　鄉村共同體的管理

一　生產活動的協調與管理

　　村莊共同體最基本的職能，表現在對農田生產活動的協調與管理上。布盧姆認為，在敞田制中，犁耕、播種、收穫穀物、收割乾草以及播種何種作物、拾取落穗的細則和放牧的時間等，都要根據村社共同體作出的決議。即使在採用其它耕作體系的村莊中，例如實行農牧交錯管理體系的地區，共同體也會明確規定，哪塊土地應該耕種，哪塊土地應該放牧。[2]共同體一般會確定每戶家庭能夠在公用草地上放牧的牲畜數量，稱為「限額定量」即 stint，它往往由慣例習俗以及農民持有地的規模所決定。例如一二二七年，英國約克郡的伊斯克瑞克村規定，每個佃農可以在莊園林地上放牧十頭牛、十隻豬和二十隻綿羊[3]。有時共同體甚至將全村的牲畜集中起來一起放牧和管理。村社指定或雇傭一個牧羊人或放牛人負責，由他決定何時牲畜們進入草場，何時將它們趕回來。在一些地方，村社特別指定某佃戶專業飼養、照管種馬，以方便其它村民牲畜的繁殖[4]。直到十八世紀，西歐

2　H. 曹普：《圈地運動對丹麥鄉村居住方式和形態的影響》（H. Thorpe, *The Influence of Inclosure on the Form and Pattern of Rural Settlement in Denmark, Transactions of the Institute of British Geographers*, No.17, 1951），頁120；R. 海：《西班牙18世紀的革命》（R. Herr, *The Eighteenth Century Revolution in Spain, Princeton*, N.J. 1958），頁103。

3　《維多利亞時期約克郡的歷史》（Victoria *History of the County of Yorkshire*, East Riding 3, 1976），頁22。

4　B. H. 斯利徹·萬·巴斯：〈荷蘭東部的莊園、馬克和村莊〉，載《史鑒》（B. H. Slicher van Bath, *Manor, Mark, and Village in the Eastern Netherlands*, in *Speculum* 21, 1946），頁127；I. 奇娃：《科西嘉的社會組織、傳統經濟和習慣法》，載J. 皮特－瑞沃斯編：《地中海的鄉下人》（I. Chiva, *Social Organization, Traditional Economy and*

某些地方,當收割乾草季節臨近時,村莊的草地每年仍要重新分配。
無論使用何種方式,都是由共同體或共同體的權威代表監管著這些規
則的實施[5]。

幾乎每個村莊都擁有公共使用的土地,無論是森林、牧場、草
地、沼澤、濕地、荒地,還是採石場和捕魚場,均由共同體持有。當
然公用地的規模各村都不相同。無論公用地規模有多大,一直都是由
共同體決定如何使用這些土地,由共同體決定誰能使用,並決定每個
村民可以使用的數量。

一些共同體還擁有或承租磨坊、烤爐、屠宰場或鐵匠鋪,以便向
他們的居民提供所需的服務。此外,共同體提供的其它經濟性服務還
有產品品質、價格和工資的監控,如檢驗麵包、麥酒(ale,一種啤
酒)的品質,調控主要商品的價格,或者確定工人和僕役的日工資標
準等[6]。一些村莊所制定的村法還界定了雇主與雇工之間的工作關
係。收穫季節村莊需要大量的勞動人手,村社共同體負責調查雇工是
否「不誠實」和「不可靠」,是否「不安分守己」,是否藐視村莊共同

Customary Law in Corsica, in J. Pitt-Rivers ed., *Mediterranean Countrymen*, Paris and La
Haye-du-Puits 1963),頁104-105;W. O. 奧托:《敞田農業管理與村莊共同體》(W.
O. Ault, *Open Field Husbandry and the Village Community, Transactions of the American
Philosophical Society*, n.s.55, pt.7, 1965),頁16-40;G. 高密:《村莊共同體》(G.
Gomme., *The Village Community*, London 1896),頁163;S. B. 韋伯:《從大革命到地
方自治性社團法案時期的英國地方政府:莊園和自治市鎮》(S. B. Webb, *English
Local Government from the Revolution to the Municipal Corporations Act: The Manor and
the Borough*, pt.I, London 1908),頁128。

5　H. 曹普:《圈地運動對丹麥鄉村居住方式和形態的影響》,頁120;R. 海:《西班牙
　　18世紀的革命》,頁103。

6　G. E. 福賽爾:《18世紀的村莊生活》(G. E. Fussell, *Village Life in the Eighteenth
　　Century*, Worcester 1951),頁19-20;B. H. 斯利徹・萬・巴斯:《荷蘭東部的莊園、
　　馬克和村莊》,頁127。

遵守的標準工作量等[7]。當然，這些規定也適用於共同體內部的雇傭關係。

當個體村民與村莊共同體存在資源爭奪、發生矛盾衝突時，村莊共同體關注的是要保護大多數人的利益，盡力阻止個別村民偏離農業生產的既定規則。村民的很多經濟行為，是受村莊共同體的制約而並非領主的管理。領主關心的是自己的利益收入，對於村莊秩序並不比村莊共同體自身更為關注，領主的「不作為」也給村莊共同體的自治與管理提供了一定的空間。

二　公共事務的協調與管理

中古西歐的村莊共同體有一定的自治功能，其中經濟協商功能是不可缺少的。村莊共同體履行著某些公益性職責，例如道路、橋樑、堤壩、水利系統和樹籬的維護與修理；防禦火災；教堂與教區神父住宅的維護與修葺。共同體自身還會舉辦許多活動，為了滿足這些活動所需的費用，共同體會對它的成員們常規性地攤派物款，建立用於集體事業的基金；還需要成員提供勞役，例如維護與整修道路、橋樑，就是以村民們輪流提供勞動的方式完成的。

公共事務的自治管理還表現在村民內部有組織的互幫互助。村民

7　馬喬里・K. 麥金托什：《自治與共同體：黑維爾英皇家莊園，1200-1500》（Marjorie K. McIntosh, *Autonomy and Community: The Royal Manor of Havering,1200-1500*, Cambridge University Press, 1986），頁250-252；〈英格蘭的地方變遷和共同體控制，1465-1500〉，載《亨廷頓圖書館季刊》（*Local Change and Community Control in England, 1465-1500*, in *Huntington Library Quarterly* 12, 1986），頁230-233；克里斯多夫・戴爾：《變動社會中的領主與農民：伍斯特主教轄區的地產，680-1540》（Christopher Dyer, *Lords and Peasants in a Changing Society: The Estates of the Bishopric of Worcester*, 680-1540, Cambridge University Press, 1980），頁359。

在長期的共同生活中形成互相救助的傳統,除了友情和鄰里關係,還有一定的契約關係。在發生歉收、火災以及其它一些不幸災難時,人們能夠及時伸出援助之手,提供緊急救助。此外,為不能勞動的老人、孤兒、殘疾者提供基本生活所需的衣食,有時還要為未成年者指定監護人。

共同體事務自治管理的成功與否,與其自身的凝聚力和團結精神有著直接關係。倘若外來權威進行干預,就會侵蝕這種村莊自治,因而共同體一般對外來權威極力排斥。例如一三九六年,奧克斯希爾村村民們相互達成協議,對於村內非法侵佔和協議糾紛等內部衝突,絕不尋求外部力量來解決。在實際生活中,村莊與外部聯繫由法庭進行控制管理[8]。既然莊園法庭是村莊行政管理機構,因此,村莊裏的事務都應在本村莊通過莊園法庭進行處理,倘若有村民尋求外來權威對本村事務進行干預,則是所有成員所不允許的。

村莊自治不僅排斥外來權威的干擾,甚至對有可能瓦解共同體團結精神和凝聚力、影響本村治安的外來者(outsiders)也進行排斥。共同體的村民們極力加大外來者在他們村莊定居的難度,避免外來者爭奪公共資源。根據法蘭克王國的《薩利克法典》(Lex Salica),只有全體居民都同意,才允許他人遷入這個村莊,並且,若遷入後的十二個月中沒有人(以一種固定的、象徵性的形式)提出反對的話,外來者才能成為真正的村民[9]。此外,村民也擔心新的定居者可能會是比較懶散的、遊手好閒的人;而且,他們是「沒有主人的人」[10],他

8　R. H. 希爾頓:《中世紀後期的英國農民》(R. H. Hilton, *The English Peasantry in the Later Middle Ages*, Oxford: Clarendon Press, 1975),頁55-56。

9　漢斯－維爾納・格茨著,王亞平譯:《歐洲中世紀生活》(東方出版社,2002年),頁145。

10　A. L. 貝爾:《沒有主人的人們:1560-1640年間英格蘭的流浪問題》(A. L. Beier, *Masterless Men, The Vagrancy Problem in England, 1560-1640*, London: Methuen, 1985)。

們中沒有人持有莊園份地或者分擔莊園農奴群體共有的義務，沒有人能和「村莊裏的人們」「同甘共苦」。因此，這些人很可能不會全心全意地承擔共同體所需的費用，不會盡心完納領主和教會有時是政府施加給他的負擔。對於外來者的排斥也是共同體的權利，一方面表明村莊共同體能採取協調一致的行動，能明確和維護共同體成員的資格和權利；另一方面，它表明對於外來者的排斥並不完全是領主的事務，許多事例表明，更多情況下是村莊共同體處理此項問題。

在村莊裏，不但可以設置障礙以阻止新來的定居者，而且還可以驅逐村民，清除那些不遵守共同體規則的成員。當一個村民與其同伴「鄰里關係」失和，而且拒絕承擔其持有地上負有的公共職責，他就會面臨法庭的傳喚並有財產被罰沒的危險，除非他同意其行為「像他鄰居們一樣」。儘管法庭監禁村民的情況極少發生，但是驅逐某一村民的事件並不罕見。每次驅逐都是由共同體全體成員一致決定的，通過陪審員表達出來，並得到法庭的批准[11]。一旦作出決定，被判決者的家門前就會被夯進一根木樁，作為村民對此人表示厭惡的象徵。於是，此人便會失去使用公共資源的權利，甚至不得使用村莊水井，而且沒有人願意同他說話，沒有人與他交往，或者以任何形式來幫助他。在這樣的排斥與壓力下，該村民別無選擇，只能離開村莊。在法國北部和佛蘭德爾地區，村民們遵循著類似的做法。被驅逐者的鄰居不再與他有任何交往，任何人都不會為他工作，他的兒子和女兒也不會從其它村民那裏找到工作，他的房屋及其附屬建築可能被放火焚燒，農具會被毀掉，牲畜會遭受傷害，他的耕地滿布雜草，有時他本

---

11 伊萊恩·克拉克：〈中世紀鄉村的社會福利和互助關係〉，載《大不列顛研究》（Elaine Clark, *Social Welfare and Mutual Aid in the Medieval Countryside*, in *The Journal of British Studies*, University of Chicago Press, Oct., 1994），頁398。

人會遭到身體侵害[12]。可見，對抗村莊共同體面臨著多麼嚴厲的懲罰！

我們從共同體自治的內容可以看出，在中世紀晚期鄉村社會生活中，幾乎任何方面都在村民自治範圍內，而且為了確保這種自治，村莊共同體還擁有懲罰性質的法律手段，包括對共同體以外成員的排斥和對違法者的驅逐。很明顯，村莊共同體不僅自治範圍廣泛，而且有能力確保這種自治的實效。

三 村民的法律生活

中古晚期西歐村莊共同體的法律自治，首先表現在村民通過村法來規範管理村莊事務的權利。

中古時代的西歐農民很久以來就沿襲一種約定俗成的習慣或慣例進行村莊事務管理。這些慣例存在於人們的記憶中，也存在於相傳下來的口訣甚至歌謠裏。當發生解決不了的難題時，人們往往請教村中公認的「智者或長者」，由他們澄清慣例的細節。後來，人們開始將這些慣例記錄下來，這就是所謂的村法（by-laws）。與其說村法是制定出來的，不如說是記錄下傳承已久的習慣做法。正如霍曼斯所說：「中世紀晚期的幾個世紀裏，儘管許多地方仍繼續沿用著口耳相傳的傳統，但共同體開始記錄下他們管理村莊的各項法規、章程和他們承擔的職責義務以及享有的權利。這些檔案資料成為村莊行政管理的指南，也成為村民們與他們領主之間關係的記錄。」[13]村法的內容涉及村莊事務的各個方面，尤其是在鄉村生活中，經濟事務占主要位置，

---

12 H. W. 雷迪勒：《聯合抵制和勞動鬥爭》（H. W. Laidler, *Boycotts and the Labor Struggle*, New York 1914），頁28。

13 G. C. 霍曼斯：《13世紀的英格蘭村民》（G. C. Homans, *English Villagers of the Thirteenth Century*, Cambridge, Mass.1942），頁102-104。

因而村法中這方面的內容很多。例如，為了防止偷竊莊稼，村法相應地作出一系列的規定：用車輛運送莊稼必須一律在白天進行；車輛進出田地時，必須從公共道路上走，而且必須經過專門提供的公用的街門路口；莊稼不允許在田裏就被分發與交付，無論是作為勞工報酬還是作為禮物，莊稼必須首先由它們的所有者用車輛運出。通過這些村法，村民們可以確保莊稼處於莊頭、農事官、看青人（wardens of the field[14]）和村民們的嚴密監視督察之中。一四〇七年，在英國亨廷頓郡的威斯托的村法規定，某一段溝渠必須在一個月之內清理乾淨，否則處以罰款，十二便士交給領主，十二便士交給教堂。另外三項村法規定，任何有能力工作的人都不能去拾取落穗，任何人都不能在草地上放牧他的豬群，任何人都不能讓他的駒仔在田地裏隨便啃咬莊稼[15]。一四二八年，村法還規定：「所有那些靠近溪流種植菜園的人，必須在聖・馬丁節之前，將垂柳和其它籬障清除掉，否則處以六先令八便士的罰款。」[16]一四四一年，又有四項村法是對草地、禾茬和公地使用的規定，並且限定每英畝放牧的綿羊數量為四十隻。而緊接其後的村法規定：「在浸禮節和浸信會聖・約翰節之間，任何人不得在草地上放牧他的牲畜，否則，罰款十二便士給領主，十二便士給教堂。」[17]

　　這些涉及村莊生產生活各個方面的村法一般都冠以鄉村共同體的名義，都是經由村民集體同意的，並非完全出於領主的意願和利益。例如一二五〇年，諾丁漢姆郡一則法規就是以「威露（Wellow）村鎮共同體所有成員」名義並蓋上那個「共同體」的印章才頒佈的[18]。奧托

14　這裏將 wardens of the field 一詞譯成「看青人」，他們負責看護莊稼，防止莊稼被竊、被毀。

15　Beds. Hist. Record Society, xxiii, 46-47, 1303.

16　P. R. O, S. C. 2/179/59, m.7d.

17　Br. Mus. Add. Ch. 39866.

18　C. W. 福斯特編：《林肯大教堂的古代簽章》（C. W. Foster, ed., *The Registrum*

認為：「在所有這些村法中，領主所關注的問題和任何一個他的佃農所關注的問題都一樣，這也關乎耕作共同體（the farming community）的利益。毋庸置疑，他（領主）是該村莊共同體的傑出的成員（the leading member）。這些村法，並不完全是他強加給佃戶們的義務負擔，相反，它們是關係到共同利益的法規。」[19]

因此，村莊共同體擁有為領主和村民共同認可的司法功能。首先是調解的功能。中世紀晚期，由於村社仍然具有影響，村民之間的許多糾紛是由村社長者們以調解的方式處理的；村民們也通過協商來解決債務或侵權糾紛。而且，村莊共同體出於維護村莊和平安寧的目的，通常鼓勵村民們採取這種仲裁調停的方式。例如一三三六年，諾福克郡布立克林的兩個農民之間，因三鎊六先令八便士債務引發訴訟，此事是通過「雙方的朋友們進行調停」解決的。莊園法庭也歡迎村莊共同體庭外解決一部分爭端，這些事務通常是由村鎮自身推選的人員去完成。一二七〇至一三四九年間提交到豪斯索溫莊園法庭的爭端，有三分之一是在法庭外解決的[20]。

另外，村莊共同體還擁有通過莊園法庭審判來處理村民之間事務的功能，實際上大部分爭端還是在法庭上解決的，即「接受法庭全體出席人的審判」。如一三一〇年九月初，英國諾福克郡海克姆（Heacham）法庭上，各種「正直守法的人們」（其中一部分是自由

Antiquissimum of the Cathedral of Lincoln, 3 vols. Lincoln Rec., xxvii-xxix, 1931-5），頁311-313。

19 W. O. 奧托：《經一致同意制定的村莊地方法規則》（Warren O. Ault, *Village By-Laws by Common Consent, Speculum*, Vol.29, No.2, *Medieval Representation in Theory and Practice*, Apr., 1954），頁383-384。

20 茲維・瑞茲：〈中世紀後期英格蘭的家庭、土地和村莊共同體〉，載《過去與現在》（Zvi Razi, *Family, Land and the Village Community in Later Medieval England, in Past and Present*, No.93, Nov., 1981），頁13-14。

人）宣誓作證，他們認為，一個名叫約翰・哈迪的農奴「身患麻風病，由於這種疾病，他已被驅逐出村莊，被安置在村莊外面」；而另外十二個村民都是維蘭，他們申訴說約翰是「健康的」，並不是麻風病患者。莊頭要求這十二名維蘭為約翰作擔保，並持有約翰所有土地和牛群的監護權。如果約翰被證實染有麻風病，他必須在萬聖節（11月1日）前從「村莊人員名單」中除名，離開村莊，其擔保人即十二名維蘭須向領主支付四十鎊的罰金[21]。

　　村莊共同體對違反村莊規定的各種行為也都可以在莊園法庭上提出指控，如違規過度地使用公有地，在收穫季節有違規的拾穗行為，無視維護道路、溝渠、籬笆和村莊大門的義務等，莊園法庭都可以依法作出裁決。實際上，從十四世紀起，村法經常被記錄在莊園法庭的案卷上，從而成為莊園習慣法的組成部分。一三二九年，柏克郡的哈爾頓莊園法庭案卷中保留下來的一則有關收割的村法可使我們略窺一斑：

　　凡每日做工可獲得一便士並獲得飲食者不得拾穗。拾穗者還須符合年齡規定，老老實實地進行。任何人不得讓外村人或品行不端者前來拾穗。任何人不得通過別人的田地，除非不給鄰人造成任何損壞。任何人不得在日落後從田間趕車運回穀物。田間還保留禾稈的時候，在未允許大牲畜放牧前，任何人不得放牧羊群和其它家畜。任何人不得在長著穀物或穀物已成熟的田間拴馬以防造成損失。……上述規定務必施行，違反者罰款六先令八便士[22]。

　　在莊園法庭開庭時，全體成年男性都會參加。他們一般不拒絕出席，因為法庭與他們的日常生活息息相關。即使法庭事務與本人沒有

21　伊萊恩・克拉克：《中世紀鄉村的社會福利和互助關係》，頁396。
22　G. C. 霍曼斯：《13世紀的英國村民》，頁102。

拾穗者

村法規定：任何有能力工作的人都不能去拾穗；有的則規定凡每日
做工可獲得一便士並獲得飲食者不得拾穗。法國畫家米勒的作品
《拾穗者》，現藏於巴黎奧賽博物館。

直接關係，他也需要經常獲得法律信息來不斷調整自己的行為，何況
法庭常常涉及一些公共事務，這往往關係到每家每戶的切身利益，例
如有關輪作的協調、草地的分派、牧場的使用等莊園管理方面的重大
事宜，都要在法庭上討論和宣佈。莊園法庭實際上是莊園行政和司法
管理的中樞，它傳承了瑪律克村社的法律傳統，而不僅僅是領主的統
治工具。按瑪律克傳統，「全部的公共權力，在和平的日子裏，只限
於司法權力，這種權力由全部落的民眾大會即瑪律克法庭掌握」，即
所謂「除法庭干涉以外不受任何干涉的獨立性」[23]的傳統，使法庭在
莊園法律生活中具有至高無上的權威，即使在莊園化的中世紀晚期，
領主也不能取代這種權威。從古老的村社共同體法律傳統來看，莊園
法庭繼承了由村社成員集體擁有而不是由某個統治者獨斷司法事務的
權利。在法理上，任何判決都要由法庭全體出席人一致作出才具權威
性和合法性，領主或其總管無權改變審判結果。領主僅是法庭的主持

23 《馬克斯恩格斯全集》第十九卷（人民出版社，1979年），頁360。

人，他和他的代理人雖然會盡力對判決施加影響，卻不能代替全體公訴人作出判決。恩格斯指出：「就是在這種法庭裏，領主也僅僅是個提問題的人，判決者則是臣僕自己。」[24]梅特蘭說：「在莊園法庭上，農奴有著與自由人一樣的權利。在理論上，被告不是接受領主，而是接受法庭全體出席人的審判。」[25]所以，法庭的判決語充滿權威性，這往往也是村法通常使用的語言，即「這是為著公共的利益，並經全體村民同意的」[26]。

四　莊官制度

村莊共同體擁有各種集體性的共同經濟功能，這就需要一些專職的管理者來管理村子的日常事務，需要他們代表共同體與領主和政府打交道。領主之所以需要莊官，因為莊官能夠作為他們的代理人，而且他們認為與一個整個村莊公認的正式代表打交道，要比與每一戶家庭分別打交道更容易些。在許多地方，莊官是由村莊大會（village assembly）選舉產生的，在英格蘭、法國的村莊裏，他們被稱為莊頭（reeve）。

在村鎮和莊園吻合的地方，莊頭既是莊園的莊頭，又兼任本村的村首（village headman）。莊頭一般都是土生土長的本鄉人，而且必須是農奴身份。在中世紀法學家看來，凡曾作過莊頭的人無疑是農奴身份。雖然出任莊頭帶有服役的性質，但較小的維蘭或茅舍農等還無資

24　恩格斯：〈瑪律克〉，載《馬克斯恩格斯全集》第十九卷（人民出版社，1979年），頁360-361。

25　F. 波洛克和F. W. 梅特蘭：《愛德華統治時期之前的英國法律史》（F. Pollock & F. W. Maitland, *The History of English Law before the time Edward*, vol.1, London 1921），頁593。

26　R. H. 希爾頓：《中世紀晚期的英國農民》，頁54。

格出任。莊頭沒有年薪，一般都是從公共土地中專門撥出一定量的土
地作為補償的職田，同時減免一定的稅收和勞役，以鼓勵農奴出任管
事。因而，莊頭的生活水準高於一般佃戶。十四世紀末，一個英國鄉
村的莊頭因故出逃，他留下的財產可作某些提示。他不僅耕地面積大
於一般佃戶，其田地畝產量也相當高，比領主自營地高出近一倍[27]，
由此可見莊頭的一般經濟狀況。莊頭的主要工作是管理領主自營地的
生產和經營，事無鉅細，頗為繁雜。莊頭是監工，每天都要分派和監
督佃戶勞動，定期向莊園僕役分發食物。莊頭還是莊園與外部世界的
交易人。他要從外面買進自營地生產所需物品，並將自營地所產糧
食、牲畜和羊毛在當地市場以最好的價錢出售；他還是莊園的會計，
制定莊園帳簿，收取租稅，接受檢查；此外，他還負責接待巡行的領
主和大總管、總管等莊官。

　　我們注意到，西歐各地鄉村的情況並不完全相同。有的地方莊官
制度完全取代了原來的村社體制，有的是莊官與村社管理人員混在一
起，有的仍是村社管理人員占主導地位。無論何種情況，莊官的大部
分職責是相同的，而且在較大程度上都有村民推舉產生的成分，只是
稱呼不同而已。此外，莊官雖屬莊園體制，但莊園是建立在村莊社區
基礎之上的，因此，莊官制度沿襲了村社共同體的管理體系，在一定
程度上繼承了村社的民主自治傳統。

---

27 瓦立克郡伍斯特主教的哈姆普頓・勞瑞莊園的莊頭叫沃特。一三七七年他從莊園出
　逃，大概是因為欠領主債務過重，高達二十英鎊。沃特有一塊全份地三十畝，另外
　還額外多占一塊土地，所以他的播種面積比較大，共有三十六英畝。其中十六英畝
　播種冬季作物（8英畝大麥、8英畝裸麥），二十英畝播春季作物（7英畝豆類、12英
　畝青草、1英畝燕麥）。作為一個管事，他只交很少的租金。從其它方面看，他也屬
　於日子過得較好的一類農民。這可以用他耕地上的產量來說明，他耕地上的畝產量
　比領主自營地上畝產量高出將近一倍，見R. H. 希爾頓：《中世紀晚期的英國農民》，
　頁42。

除莊頭外，村莊裏還有一些陪審員等參與法庭判決，並提供建
議，協助莊頭。在一些地方，莊頭甚至要服從村莊行政委員會。有
時，在沒有莊頭的情況下，村莊行政委員會扮演著首席行政管理者的
角色。村莊行政委員會可以以村民大會的名義行使職能，在日常事務
中發揮其權威，而這些原本是屬於村民大會的權能範圍。村莊行政委
員會和法庭分割了村民大會的職能，村民大會無需頻繁召開，村民之
間的爭端問題也不會被拖延[28]。

除了莊頭或村首、陪審員等，村莊共同體還有其它管理人員或雇
員。他們的數量和他們的職責根據村莊規模也依村民及領主的需求而
定。他們由村民大會、村首或村莊行政委員會選任，或者由領主及其
代理人指定。他們是這樣一些人員，如牧羊人、看青人、巡夜者、村
莊水塘看護員、差役、產婆和稅收員等，以及其它更多按工作性質命
名的人員。這些村莊管理人員中的一部分人由村莊公共財政資金支付
報酬，另一部分人則從他們服務的對象那裏收取費用，如水塘看護員
或產婆等。在更多的情況下，他們的報酬是以免除一定的義務或者允
許享有某些特權的方式支取。有時他們會像莊頭那樣得到一塊額外的
土地，或得到一間房屋[29]。

這些村莊公共事務管理人員，尤其像莊頭或村首之類的主要莊
官，其職責範圍十分廣泛。首先，作為領主莊園的管家，負責管理自
營地上的實物和金錢收入，翔實記錄各項細節。他要記錄下產出多少

---

28 J. D. 威克：〈共同體形態的村鎮〉，載《英國歷史評論》（J. D. Wake, *Communitas villae, in English Historical Review*, 1922），頁407；S. B. 韋伯：《從大革命到地方自治性社團法案時期的英國地方政府：莊園和自治市鎮》，頁132-134；E・德・拉維利：《原始所有權》（E. de Laveleye, *Primitive Property, English* trans, London 1878），頁94-95；B. H. 斯利徹・萬・巴斯：〈荷蘭東部的莊園、馬克和村莊〉，載《史鑒》頁127。

29 傑羅姆・布盧姆：《從15到19世紀歐洲村莊共同體的內部結構和政治制度》，頁562。

小麥、黑麥、大麥、豌豆和燕麥，播種了多少，使用或出售了多少。做帳目的目的就是為了檢驗莊頭的效率和忠誠。如果產量少得可憐，那麼他要承擔責任，要對本應產出的糧食作出賠償。他掌管的帳目還包括所有家畜，大到駕車的馬、小到餵養的鴿子，它們的繁殖、購買、死亡、疾病、屠宰或出售等情況均須記錄在冊。領主不僅要求莊官管理地產、徵收租金和各種勞役，還要他們就村民的違法行為向莊園法庭提出指控，以便維護領主利益，規範莊園秩序，並利用司法審判權獲取罰金。莊頭還要向全體村民傳達領主的命令，確保他們遵照執行，並向領主回覆執行情況。他最基本的職責是督促和保證佃戶履行對領主的義務，他本人常直接向村民徵收各種應納現金和實物。其次，在百戶區和郡的地方事務中，這些莊官還要承擔陪審員的職責，偵訊案情，確保十戶長出席法庭等。有時，他還須為政府徵收捐稅，維修道路橋樑，徵募新兵，並關注公眾健康。

除了上述那些職責，還需要莊官承擔村莊共同體的許多內部工作，儘管所有工作未必是由他們本人去做。這些職責包括村莊公共種牛的監護，維護村莊柵門和排灌溝渠、水壩，維護領主的羊圈、豬圈及籬笆，搬運石材以加固設施，領主自營地的犁耕和播種。他們還負責保護莊稼，防止被牲畜、烏鴉和其它野生動物糟蹋，還負責清除狐狸、鼴鼠等[30]。這些領主的和集體性的責任多反映在當地的村法當中，這些村法顯示出莊官們有責任管理領主的和與村民利益相關的事務。「莊官並不僅是忙於維護領主的利益和增加他的個人收益，他們同時關注保持良好的社會秩序，偷竊或溝渠的阻塞對村民的影響要遠大於對領主的影響。」[31]

---

30 瓊・R. 肯特：《英國村莊治安官，1580-1642》（Joan R. Kent, *The English Village Constables 1580-1642*, Oxford University Press, 1986），頁51。

31 克里斯托夫・戴爾：《英國中世紀村莊共同體及其衰落》，頁410。

　　布盧姆也看到了這些莊官並不完全代表領主的利益。他認為，莊頭在村民與領主之間往往處於兩難境地，有時幾乎是完全無法應付。作為夾在中間左右為難的人，莊官並不是值得人們羨慕的職位。十四世紀中後期，隨著莊園組織每況愈下，莊頭在人們心目中的地位下降，莊官制度走入困境。

　　與此同時，十四世紀的英國鄉村社會出現了「頭面人物」，他們被稱為佛蘭克林（Franklin），是村莊中的富裕農民。他們正在成為農村新的統治者，在村莊公共事務中發揮著越來越顯著的領袖作用，逐漸代替領主和他的管家對鄉村的統治作用。這些頭面人物通常擔任十戶長和陪審員，最遲到十五世紀中期，他們實際上幾乎完全控制了鄉村事務。希爾頓明確指出：「實際上代表農村共同體的都是農村的頭面人物；他們是富裕農民的傑出人物，沒有他們的合作，領主就難以進行管理。……我們讀過許多描寫莊園總管、莊頭等執事人員的著作，但事實上農村共同體的管理權不在這些領主的代表們手中。莊園的或領主的法庭由富裕農民控制，他們解釋慣例，解決爭端，制定公共法則，頒佈細則……」[32]他們的權威只有在極罕見的情況下才受到抵制，而那樣的抵制被視為對整個村莊的冒犯，所以在實際生活中，人們幾乎沒有發現對這種控制的反抗。在中世紀晚期的村莊生活中，這些頭面人物和村莊共同體在村莊公共事務中是強有力的，特別是當頭面人物代表村莊共同體利益執行公務時，其權威性極少受到懷疑和冒犯。包括這些頭面人物在內的村莊共同體利益受到威脅時，村民也能自覺地以這些頭面人物為核心，團結一致進行抵抗。

---

32 R. H. 希爾頓：〈封建主義的危機〉，載《過去與現在》（R. H. Hilton, *A Crisis of Feudalism, in Past and Present*, August 1978）。

第三節　鄉村共同體與統治者的關係

一　王權與鄉村共同體

　　中古西歐王權與鄉村共同體的關係是西歐政治制度的一個重要基礎層面，也是中古西歐中央與地方關係的一個縮影。無論是按傳統標準還是按現代標準衡量，中古西歐各國的王權都是弱小的，不能對鄉村共同體直接控制與管理。布魯諾和施萊興格的研究都認為，中世紀的國家「統治」是領主代為實施的，領主對其依附農民實施的是國家的權力，國王在一般情況下反而不能干預這些權力。領主處在王權與鄉村農民之間，對於農民來說，領主就是秩序，就是強權，就是政府[33]。以加洛林帝國解體前後為界，中古西歐各國王權與鄉村關係的發展開始了一個或快或慢的演進過程，雖然在細節上有所差異，並且不同程度上出現了有利於公共權力集中的條件，然而都沒有改變鄉村自治的傳統。

　　中世紀早期，西歐國家的王權統治較為弱小，包括查理曼在內的國王所直接管理的地域都是非常有限的。據說，愛爾蘭國王的統治區域只有約方圓五十公里，所以他可以走訪每一個村落，一般說來，鄉村的實際控制權掌握在各地的貴族領主或其它代理人手中，國王不過是一個較大的領主而已。七九二至七九三年查理大帝的《村莊管理條例》是針對他的王室地產頒佈的，查理曼的王室地產橫跨了若干轄區，包括許多村莊。每一轄區隸屬一個法官，其職責是以國王的名義負責收成、登記賦稅、徭役、收入、支出和結餘。查理曼要求他們每年要視察各處領地三四次，可實際的監管工作都掌握在管家和村長手

---

33 漢斯－維爾納・格茨著，王亞平譯：《歐洲中世紀生活》，頁129。

中[34]。值得注意的是，從英國考古發掘的七至八世紀初的大量地方錢幣來看，都沒有國王的名字[35]。這也從一個側面說明了王權對非王室地產的鄉村經濟影響的局限性。

九世紀加洛林帝國崩潰之後的西歐，逐漸進入了一個典型的莊園制時代。這種制度一般是與公共權力的深刻危機及其無秩序地分散到地方領主手中相聯繫的[36]。在九至十一世紀普遍的無政府與不安全狀態中，國王只能靠自己的領地過活，王權所代表的國家公共權威被「碎化」，國王的權力不僅受到超國家的教會的制約，還要受制於貴族集團的利益。鄉村農戶對地方領主的依附大大加深了。西方學者大都認為，這一時期地方權力的興起，是社會對周圍不安全的一種反應[37]。大約從十一世紀起，西歐社會經濟持續增長，王權所代表的國家權力也開始增長，不斷加強的西歐王權開始與鄉村民眾發生更為直接的聯繫。但這種變化非常緩慢，在法、英、德等國表現得也不平衡。

法國加佩王朝時期，即十至十三世紀，是法國王權發展的關鍵時期，從衰落走向復興。加佩王朝早期，國王對國家的控制軟弱，其直接控制的領地只有今天巴黎周圍的一片地區，與當時的大公國相比，弱不堪言，甚至連王室自己的教士也不看重王室給予他們的特權。國王只能像其封臣一樣在自己的領地內行使權力，政令不出數百里。王權的削弱使得十一世紀的法國地方堡主力量興起。堡主即地方領主，他們既負責地方安全，又向農民征派捐稅雜役。一時間，人們只知有領主而不知有國王。但從菲力浦二世（1180-1223年在位）時起，王權屢弱的局面得到了根本性的改變。他把君主權樹立為一種有效的王

---

34 漢斯－維爾納·格茨著，王亞平譯：《歐洲中世紀生活》，頁127-128。

35 邁克爾·曼著，劉北成、李少軍譯：《社會權力的來源》第一卷（上海人民出版社，2002年），頁535。

36 德尼茲·加亞爾等著，蔡鴻濱等譯：《歐洲史》（海南出版社，2000年），頁211。

37 德尼茲·加亞爾等著，蔡鴻濱等譯：《歐洲史》（海南出版社，2000年），頁212。

權，使王室領地擴大到原來的三倍[38]。在較高的管理層中設立了真正的薪俸官員──鎮守即管家，將其權力基礎建立在相對有限的人群的直接控制上[39]。一二八五年即位的腓力四世作了進一步的改進，他認為國王就是享有君主權的國王，地方領主權必須服從全國性王權。他通過立法加強對地方的控制，如一三〇五年制定的巴黎麵包師行會法令和度量衡法，都對包括廣大鄉村在內的整個王國領地產生了廣泛影響[40]。

在中世紀的德國，王權先盛後衰，以致國家幾百年動盪不安，分崩離析。在加洛林帝國解體後的很長一段時間內，王權恪守加洛林模式，呈現出較為強大的發展勢頭。國王奧托一世（936-973年在位）將教會作為王權在地方政治事務的代理人，他完全壟斷了設立教區、建立修道院、任命主教和修道院院長等各種教會權利，成功控制了國內的各個主教區。在教會的支持下，他遏制了地方公爵的離心傾向，獲得了「神聖羅馬帝國皇帝」的稱號。至十一世紀中葉，由於多次羅馬遠征和主教授職權之爭，使德國王權也像法國一樣不斷碎化，皇帝不得不把其土地連同皇家的官職、特權、司法權作為采邑加以封授，天長日久，這些采邑幾經轉手，也就喪失了它們起先與特定的地方或人們的任何聯繫[41]。因此，對於中古德國的鄉村民眾而言，王權只是一個沒有稅收，沒有薪俸官員，沒有常備軍的「遊動政府」，人們在生活上和道義上都對它感到陌生[42]。

---

38 佩里‧安德森著，郭方、劉健譯：《從古代到封建主義的過渡》（上海人民出版社，2002年），頁162。

39 馬克‧布洛赫：《封建社會》下卷，頁677。

40 J. W. 湯普遜著，徐家玲等譯：《中世紀晚期歐洲經濟社會史》（商務印書館，1996年），頁31-44。

41 埃里希‧卡勒爾著，黃正柏等譯：《德意志人》（商務印書館，1999年），頁81。

42 馬克‧布洛赫：《封建社會》下卷，頁680。

與其它國家相比，英國王權的增長不僅發生得較早，而且也更充分。邁克爾·曼認為：「到一一五〇年，英國可能是歐洲中央集權程度最高的國家。」[43]因此，王權與鄉村的聯繫也就更直接更普遍。威廉征服前的英國已基本形成比較有效力的行政管理系統，盎格魯──撒克遜王權擁有從中央到地方的公共權威，地方行政單位為郡，郡由郡守執行國王政令，郡下轄百戶區，百戶區下面即為村，村是最基層的行政單位。由于丹麥人的入侵，英格蘭的國王不時要向村民徵收一種防衛稅或「丹麥金」[44]。布洛赫認為，即使在王權走向衰落時，仍能徵收這種普通稅，這在當時的歐洲國家中是絕無僅有的[45]。一〇六六年諾曼征服揭開了英國王權發展史的新篇章。威廉征服後推行了有利於加強王權的舉措。他不僅使王室擁有的地產和收入超過任何封臣[46]，而且對各級封臣都有一定的支配權。所以在中世紀，只有英國王權能夠對全國鄉村共同體的財產狀況進行清查。一〇八五至一〇八六年，威廉派官員對全境幾乎每一個城市、村莊的各級封臣及自由人的土地財產和收入數額進行了詳細的核對和查證，其調查結果被編撰成冊，是為《末日審判書》。十二世紀，英王亨利二世啟動了創建普通法的車輪，通過陪審團的引入和王室巡迴審判制的建立，使英國王室法庭在廣大鄉村贏得了普遍的法律權威，確立了王權在全國各地的司法管轄權。隨著王權對鄉村影響的加深，在一二五八至一二五九年間，「英格蘭共同體」（the community of England）或「王國共同體」（the

43 邁克爾·曼：《社會權力的來源》第一卷，頁532。

44 佩里·安德森著，郭方、劉健譯：《從古代到封建主義的過渡》，頁163。

45 馬克·布洛赫：《封建社會》下卷，頁685。

46 當時國王直接佔有全國土地的七分之一，全英格蘭的土地年收入為七點三萬英鎊，其中王室占百分之十七，而收入最多的總封臣一年不過二千五百英鎊，一半以上的總封臣年收入不足一百英鎊。可見英格蘭王權擁有強大的物質基礎。

community of realm）的觀念逐漸滲透到村莊，深入民心。[47]到一四五
〇年之前，陪審團已經遍佈鄉村。在鄉村社會裏，幾乎沒有什麼地方
事務不在陪審團管理範圍之內。通過陪審團，王權可以對農村進行財
產評估和徵稅，維修道路，清理溝渠，取得無繼承人的財產，宣佈罪
行，甚至徵收救濟金[48]。

　　雖然王室不斷加強對鄉村的管理，但是國王靠自己領地收入生活
的原則未變，國王在非王室領地上的實際支配權仍然受到很大限制。
顯然，西歐各國王權都沒有大一統的權力，鄉村自治的體制與精神仍
然存在。一四六七年，愛德華四世對議會說：「朕憑自己的領地生
活，除了一些重大的和緊急的事件，絕不向臣民徵斂。」[49]

二　法律對領主的制約

　　法律對領主的制約，集中表現在莊園的習慣法和莊園法庭上。中
世紀西歐的習慣法以及依據習慣法運作的莊園法庭保留了相當一部分
古代瑪律克傳統中的精華部分，因此，莊園法庭的作用具有二重性。
一方面應當看到，莊園法庭首先是維護領主對佃戶統治和盤剝的工
具。莊園法庭對農奴擁有的行政和司法權力是以領主—佃戶份地土地
所有權為基礎的，勢必帶有超經濟強制和奴役性。領主本人對莊園法

---

47 D. A. 卡彭特：〈1258-1267年英國農民政治研究〉，載《過去與現在》（D. A. Carpenter,
　　English Peasants in Politics 1258-1267, in *Past and Present*, No.136, Aug., 1992），頁26。

48 R. B. 戈欣：〈農民的政治？15世紀英國的鄉村共同體與王權〉，載《美國歷史評論》
　　（R. B. Goheen, *Peasant politics? Village Community and the Crown in Fifteenth-Century
　　England*, in *The American Historical Review*, vol.96, No.I Feb., 1991）。

49 瓊・瑟斯克、艾蒂斯和 H. 威瑟姆：《英格蘭與威爾士農業史》第四卷（Joan Thirsk
　　and Edith H. Whetham, *The Agrarian History of England and Wales*, Vol.4, Cambridge
　　1967），頁256。

庭的控制力是不容忽視的，尤其在莊園制興盛、人身依附關係嚴酷之時更是如此。當訴訟涉及領主利益時，領主及其代理人總是施展各種手段對法庭及陪審團施加壓力，甚至不惜使用行賄、恐嚇等手段，迫使法庭作出有利於他的判決。翻開莊園法庭案卷，相當一批是涉及違反全村利益、不遵守公共規則的案例，亦不乏農民之間關於土地、借貸和婚姻問題的爭訟。但相當多的案件還是為了維持和保護領主利益而對佃戶特別是農奴佃戶進行的種種處罰，例如，農奴在勞役中怠工，不完成勞役或沒有按規定向領主繳納各項實物和貨幣，侵犯領主之草地、牧場、池塘，偷盜領主牲畜、莊稼以及攻擊管家等。此外，領主還通過莊園法庭謀求生財之道。按照當時通行的慣例，懲罰各種違法行為的基本手段是罰以現金，而這種罰金全歸主持莊園法庭的領主所得，所以中世紀西歐有句諺語叫做「司法獲大利」。下面就是這類例證：「從整個小俄格布恩鎮所收取的未給領主洗滌羊群的罰金共六先令八便士」；「下列女人被玷污，因此須交納行為失檢罰金（在諾福克）」；「華爾特‧赫爾勒交納十三先令四便士，許可他終身居住在莊園外……」[50]

　　另一方面，我們也不能無視農民利用莊園法庭保護自己權益的事實。正如湯普遜所說：「關於習慣法保護農奴的效果，我們容易作出過低的估計。」[51]實際上，由於瑪律克民主傳統的影響以及佃戶團結一致的鬥爭，中世紀莊園法庭也有對領主的政治特權和經濟剝削進行限制的一面，尤其在司法活動中表現出的「除法庭干涉以外不受任何干涉的獨立性」使農民即使在農奴制最嚴酷的時期也或多或少地保持一些個人權利——這或許是農奴竟能有財產獨立發展的最隱蔽的秘密之一。

---

50 J. 克拉潘：《簡明不列顛經濟史》（上海譯文出版社，1980年），頁139。

51 J. W. 湯普遜著，耿淡如譯：《中世紀經濟社會史》下冊，頁388。

　　法庭承認並保證領主及其代理人——各級莊官對農奴的統治，同時又不允許莊官不經過法庭直接治罪於某個農奴。例如，一二八七年，某莊頭將一個維蘭帶到莊園法庭，指控他裝病拒服勞役，在家偷幹私活。該農奴不承認，對此陪審團進行調查，爾後以證據表明：莊頭的告發與事實相左，他這樣做完全出於宿怨。結果莊官反因誣告罪被處以罰款。按莊園習慣法規定，佃戶如生重病，可以免服或緩服勞役。當時，許多莊園都有農奴可以因病不服勞役的慣例，但病假天數都有一定限制，所限天數也不一樣：拉姆西地區的莊園規定，一年可以請三周病假，連續或不連續都可以，不過秋季裏請假最多不得超過十五天。奇賈斯特大主教的諸莊園則規定，一年中的病假少者二周，多者也不得過一個月。與此相關，還作出了許多病假標準的規定，如請假者要病到臥床不起或病得不能離開家門才可準假的說法。這類標準頗為籠統，帶有很大的主觀意向，可畢竟很少憑莊園領主的獨斷，出現爭議一般都要經法庭判定。在拉姆西諸莊園法庭案卷裏，就可以發現關於病假標準的各種協定以及有關訴訟[52]。

　　關於佃戶的勞役量以及由此產生的爭議，是莊園法庭受理案件中最主要內容之一。佃戶們的勞役量是受習慣法確認的，習慣法須經法庭實施，所以佃戶地租額和其它義務量的任何變動或爭執，都要在法庭上作出最後認定，因此領主隨意增加佃農負擔的企圖往往難以得逞。例如，早在九〇五年，歐洲大陸的聖安布洛茲寺院的農奴曾向大主教申訴，住持迫使他們從事新的超強勞動。大主教在查明後，判決住持不得徵收超出習俗與傳統範圍之外的租稅和勞役。[53]一三〇〇年，英國愛爾頓莊園的法庭案卷載有十九個茅舍農涉訟的記錄。他們

---

52 亨利・斯坦利・貝內特著，龍秀清、孫立田、越文君譯：《英國莊園生活》（上海人民出版社，2005年），頁92、93、148。

53 J. W. 湯普遜：《中世紀經濟社會史》下冊，頁388。

被指控沒有給領主的馬車裝草，但這些茅舍農爭辯說：自己沒有裝草
的義務，除非他們出於自願，主動這樣做。為此，法庭查閱了有關佃
戶勞役的慣例，然後確認：這些茅舍農有義務在田地裏或領主庭院中
將牧草垛起，但沒有義務將牧草裝上馬車[54]。此例再次說明，農奴的
勞役量是固定的，並被記錄在莊園有關的文獻中，成為習慣法的重要
組成部分。一旦超過慣例，哪怕超過的頗為有限，農奴完全有權利依
據莊園文獻或慣例予以抵制，而這種抵制有可能在法庭上獲得成功。
又例如，一三一五年，根據佃戶們的起訴，英國凱克哈姆莊園法庭經
調查取消了佃戶用馬車為領主運糞肥的義務[55]。這些以法律為手段的
成功的抵制，對確定佃戶與領主的政治關係至為重要；對於佃戶避免
遭受過度侵奪從而有益於自身財富的積纍，其意義也非同凡響。有能
力抵制有限的侵奪，才有可能最終抵制無限的盤剝！

　　不知是出於司法上的慎重，還是由於法庭軟弱或農奴的抵制等原
因，許多莊園法庭時常給被告留下可能導致案情緩解的空隙。按照慣
例，被告在出庭之前，允許有一段合法的拖延時間，即他可以在法庭
發出三次傳訊後而不到庭；然後，在法庭對他實行扣押後他還有三次
請求保釋的機會；最後，還有三次他可以請假不出席法庭。這樣，一
個案件可能會拖上好幾年。有一個叫佈雷德維特的農奴，持有二二點
五英畝土地，一三九四至一四〇二年，他幾乎年年都因違反各種慣例
而受到指控。例如一三九四年，領主指控他未經許可佔用二英畝耕
地，而且不交地租。於是，法庭責令他在下次開庭時出示關於土地的
法庭文卷副本，以核實他的持有地畝數。但十八個月過去了，他一直
沒出示，法庭再次敦促他下次出示，但下一個秋季開庭期他仍未出

---

54 G. C. 霍曼斯：《13世紀的英國村民》，頁104。

55 轉引自侯建新：《現代化第一基石》（天津社會科學院出版社，1991年），頁100。

示。一四○○年，他因在領主的草地上放牧牛羊、毆打總管並掠奪其財物、偷獵等違法行為屢次被起訴。對此，佈雷德維特只承認一部分，其餘的指控由於他找到了五個證人以示其無辜，因而根據慣例被撤銷。最後法庭一次性作了清算，責令他交三先令四便士的實物作為賠償而了結此案[56]。這大概如恩格斯說過的那樣，原來在日爾曼人那裏，「任何過失，甚至殺人也可以用罰金來贖罪」[57]。在莊園法庭裏，似乎很少有刑訊逼供、屈打成招和以肉體處罰作為懲戒手段的情況。不過法庭罰金名目繁多，動輒得咎，對農民無疑也是一個沉重的負擔。

儘管在中世紀莊園體制下，莊民從法理上沒有權利反對領主的統治，不能在外部法庭上起訴他們的領主，但是在實際生活中並非如此。如果它是一個自由農，可以向王室巡迴法庭提出控訴，在村莊外部法庭上和領主對簿公堂，尋求法庭的保護。例如，按照一二六○年十一月威斯敏斯特巡迴法庭記載，牛津郡班普頓（Bampton）的村民對他們的領主提起控訴，指控領主用扣押他們財產的方式強迫他們履行勞役，「那些他們不應該而且也不想做的勞役，以及施加在他們身上的塔利稅是如此沉重，以致他們都沒有能力保住租佃權」。而領主羅傑・德・奧里的回答很簡單：他的人是維蘭，而不是索克曼，因此只要他高興，他就能征塔利稅。村民們來到法官面前，坦言他們是維蘭。於是很不幸，他們的控訴失敗了[58]。但是，我們可以看出，巡迴法庭能夠接受莊園佃農對他們領主的控訴，——也就是說，佃戶同樣可以將領主告到法庭。

---

56 亨利・斯坦利・貝內特：《英國莊園生活》，頁190-191。

57 《馬克斯恩格斯全集》第十九卷（人民出版社，1963年），頁500。

58 P. R. 黑阿姆斯：《中世紀英格蘭的國王、領主和農民：12、13世紀普通法中的維蘭》（P. R. Hyams, *King, Lords and Peasants in medieval England: The Common Law of Villeinage in the Twelfth and Thirteenth Centuries*, Oxford 1980），頁124-151、138-139。

　　村民控訴領主的鬥爭並非每次都以失敗告終。一二五八年十一月和十二月，在薩裏郡的貝爾曼迪西（Bermondsey），巡迴法官聽取了村民的起訴，監禁並處罰了侵害他們的「幾個管家和其它人」[59]。一二五九年十一月，肯特郡有多達五個領主和他們的管家被投入監牢[60]。一二六一年，在牛津郡巡迴法庭上，陪審團證實理查‧赫伯特攻擊了威廉‧李‧伯德，並偷走了他房屋的門。判決結果是，理查應被監禁、受罰，並向威廉支付二先令賠償金。隨後，法庭案卷在該案例的備註中寫道：「法官赦免了罰金，因為威廉是理查的維蘭，」[61]但是法庭判決的其它處罰則不能幸免。該案例明確表明，農奴也可以在莊園外與他的領主對簿公堂。

　　總之，農奴在莊園法庭上更多時候坐在被告席上。假設用現代計量手段將莊園法庭案件作出事無鉅細的全面統計，毋庸置疑，在領主與佃戶爭訟中，前者勝訴的比例肯定占絕大多數。我們不應忘記這是中古法庭，因此對於這種數量上成敗的比例似乎無可非議。不過，值得注意的是，即使在最黑暗的農奴制時代，人們也保持著一種共識：普通農民與領主發生爭執，也應該像村民之間發生的任何爭執一樣，須到法庭上解決，而且要依據公認的慣例論是非，並由全體出席者或陪審團一致作出判決。所以，問題不在一次或幾次訴訟的簡單勝敗，而在於法庭能否為個人權利——哪怕是原始的、低度的個人權利留下自衛與發展的空間。這些原始的、低度的個人權利，是近代個人權利的生長點。正是依靠莊園法庭提供的基本的政治條件，這些原始個人權利才能得以保存和成長，佃農才有可能據理力爭，斤斤計較，進而利用法庭的和非法庭的各種手段不斷擴大這種個人自由和個人權利。

59　D. A. 卡彭特：《1258-1267英國農民政治研究》，頁26。

60　D. A. 卡彭特：《1258-1267英國農民政治研究》，頁24。

61　D. A. 卡彭特：《1258-1267英國農民政治研究》，頁23。

三　爭取佃農權利的鬥爭

　　中古西歐，村社土地（牧場、草地與樹林）和農民分散的自主地都在莊園化中殘留下來，與之相聯繫的村莊組織實際上也以某種形式保留下來，在新的莊園生活中或明或暗地發生著作用。就像恩格斯指出的那樣，由公共土地和耕地輪作制為特徵的農村公社，對中古農民階層狀況所產生的作用不可低估，它「使被壓迫階級即農民甚至在中世紀農奴制的最殘酷條件下，也能有地方性的團結即一個抵抗的手段」[62]。

　　從一般意義上講，村莊中的每一個人都屬於共同體，都應遵守共同體的法規和章程，並為完成共同體承擔的職責和義務奉獻自己的力量。也就是說，如果村莊中住有領主，他也應是共同體中的一員並履行應盡的義務。在法國，有些領主作為共同體的成員，也不得不向共同體繳納他們應擔負的那一份公共基金[63]。在實際生活中，主導鄉村日常生活的仍是村莊共同體，雖然在許多情況下，領主並不把自己當作共同體成員，但是他也必須遵守共同體的一切風俗慣例、法律和秩序。實際上，領主通常允許村民們在處理他們公共事務中擁有較大的自治權，這樣做是慣例使然，領主不得不如此；另一方面，領主在許多情況下並非完全反對，因為這樣做減少了他們的管理成本，他不得不允許共同體分享他的權威[64]。

　　有時一個領主擁有幾個甚至十幾個莊園，他要依靠莊官來管理莊園事務。莊官分為大總管、總管和莊頭，其中莊頭多是農奴出身，是莊園的最直接管理者，經常與村民打交道。村民們為取得自己選擇莊

62　《馬克斯恩格斯選集》第四卷（人民出版社，1995年），頁156-157。

63　傑羅姆・布盧姆：《15到19世紀歐洲村莊共同體的內部結構和政治制度》，頁551。

64　傑羅姆・布盧姆：《15到19世紀歐洲村莊共同體的內部結構和政治制度》，頁567。

頭的權利進行了不懈的鬥爭和努力。一二八四年，在溫徹斯特大主教地產上的斯特普羅夫莊園，佃戶們為了能夠「選舉出他們自己的莊頭和不承認未經他們選舉產生的莊頭」[65]，集體交納了六先令八便士，從而取得了選擇自己莊頭的權利。當伯頓修道院的大總管未經農奴同意，就擅自將原莊頭解職並換上一個新莊頭時，佃戶們給予了強烈的抵制，每個人都拒絕服從新莊頭的指派，一時間領主地產經營陷入癱瘓。領主將佃戶們的土地和牲畜全部抵押，以懲戒他們的冒犯行為。但佃戶們並未退卻，他們抱怨「沒有了土地，沒有了（自己的）莊頭」[66]，繼續鬥爭，直至雙方達成一個妥協方案。無論是通過贖買還是經過鬥爭，許多莊園農奴都獲得了選擇自己莊頭的權利。

然而，當莊園組織每況愈下，莊頭一職成為一種完全的勞役和負擔，人們不願意成為莊頭時，他們也同樣會採取集體行動，力圖通過各種手段逃避此項義務。一二八〇年，普勒斯頓莊園裏的大總管西蒙企圖強迫希爾布蘭德就任莊頭。希爾布蘭德不願承擔，為了讓大總管認識到這一點，他糾集了五十多名同伴，包圍了大總管的住宅，焚燒房屋，殺死獵鷹，虐待馬匹，並以刀斧相威脅，直至西蒙發誓以後不再做違背他們心願的事，並對他們此次的反抗不予追究為止[67]。有時農民也會以貨幣贖買的手段達到免除全體佃戶承擔莊頭義務的目的，如一二二二年，布林沃海德的佃戶們為此交付領主二十先令。同年，在英格德普，二十名全份地農奴湊足六先令八便士，「以使他們不再被選為莊頭」[68]。

對於中世紀的農奴而言，更重要的是從奴役性義務中解脫出來，

---

65 亨利·斯坦利·貝內特：《英國莊園生活》，頁145。
66 亨利·斯坦利·貝內特：《英國莊園生活》，頁170。
67 亨利·斯坦利·貝內特：《英國莊園生活》，頁145。
68 亨利·斯坦利·貝內特：《英國莊園生活》，頁146。

獲得人身自由。因此，農奴對自由的爭取可能是最為長久最為激烈也是最重要的權利鬥爭。在中古多元權力的社會結構之下，農奴具有一定的獲取自由身份的空間，他既可以用貨幣贖買自由，也可以採取逃亡的方式。中古西歐農民用貨幣贖買個人自由權利之舉數不勝數。他們在與領主的長期較量中認識到貨幣是一件對付領主的有力武器，即所謂「巨大的政治平衡器」。凡是貨幣關係確立的地方，中古的人身依附關係便被排擠和取代，所以恩格斯說：「騎士的城堡在被新式火炮轟開以前很久，就已以被貨幣破壞了。」[69]

農奴爭取自由權利首先表現在反抗塔利稅的鬥爭上。十二世紀以後，領主徵收人頭稅即塔利稅的特權受到限制，在徵收頻率上被固定為一年徵收一次，大多在天使長節，徵收數量也逐漸確定。許多莊園習慣法開始規定：「塔利稅額應是固定的，不增長，也不下降。」[70]有的地方採取一次性贖買的方式，即一次繳納一筆款項，從此免除這一項經常性的負擔。一二九九年，英國丹斯特波修道院的農奴們宣稱：「他們寧願下地獄，也不願受塔利稅的折磨」，經過多年的鬥爭，他們終於用六十英鎊鉅款贖買此稅，從此免除了塔利稅之害[71]。一次性鉅款贖買似乎還是少數；在大多數情況下，他們要求把這筆固定的塔利稅金疊加在每年貨幣地租的後面，儘管這種做法在總支出上沒有多少不同，但農奴看到可恨的塔利稅已淹沒在每年固定的租金中，他就能更輕鬆地喘口氣，因為又有一項農奴身份的標記從他身上消失。

婚姻捐也是農奴身份的重要標誌。一三二七至一三四九年間，英國艾塞斯郡的兩個莊園裏有五十一個農奴結婚登記在案，絕大部分都繳納了婚姻捐，其中七個因為沒有繳納而受到處罰。在一三五〇至一

---

69 《馬克斯恩格斯全集》第二十一卷（人民出版社，1965年），頁450。
70 亨利・斯坦利・貝內特：《英國莊園生活》，頁118。
71 亨利・斯坦利・貝內特：《英國莊園生活》，頁117。

三八九年間，計有四十六件以上的農奴婚姻，但是其中有二十件沒有交納婚姻捐[72]，也就是說接近一半的婚姻沒有經過領主，也沒有繳納婚姻捐。此外，有些地方的農奴則買下結婚權，在交付一筆現金後，他們與領主簽據一張婚姻捐豁免狀，表明「無論他們願意在哪裏結婚」或者「他們在什麼時候結婚」，領主都不得干涉[73]。這樣，婚姻自由權逐漸地被西歐農奴們爭取到了。

逃亡是農奴擺脫莊園人身依附關係的另一個重要鬥爭手段。按照中古西歐法律，只要逃亡農奴在城市居住一年零一天，就成了該地的自由民。翻看當時莊園法庭案卷，充滿著關於農奴逃亡的記載。起初對於逃亡者，法庭的處罰是嚴厲的，也不能說毫無效果；但是當逃亡的隊伍越來越龐大，而且逃亡者在外的生路越來越廣闊時，不論法庭制裁還是領主的恫嚇，似乎都難以奏效。況且，莊園習慣法在這方面也不是完全有利於領主。按照慣例，農奴逃亡後，領主在四天內可以在任何地方抓捕他；一旦四天過去了，領主的權力開始受到限制，對於逃亡者，他只有在本領地才有權實行逮捕。也就是說，一個農奴離開本莊園後，只要走出幾里地甚至跨過一條公路，躲在附近城鎮或村落，幾天後便可獲得初步自由。由於受習慣法和王室法庭令狀的雙重制約，領主對逃亡農奴的追捕和制裁往往力不從心，通常還會引起身份問題爭議，最後不得不尋求王室法庭的裁決。況且逃亡農奴極少束手被擒，甘心就範，他們總是利用每一個法律空隙和機會重新確認自己的身份。因此，農奴在法庭上努力證明自己的自由身份，成為爭取自由鬥爭的一個十分重要的方面。例如，一二八〇年，英國諾森伯蘭的領主要證明某逃亡者是他的農奴，找來被告的一個姐姐和二個遠房

---

72 L. R. 鮑斯：《人口與資源》（L. R. Poos, Population and Resource），頁170-178，轉引自 L. R. 鮑斯：《黑死病後的鄉村社會：艾塞克斯，1350-1525》，頁245。
73 亨利·斯坦利·貝內特：《英國莊園生活》，頁214-216。

親屬作證。但按照當時法律規定,「領主需找出二個以上的證人,他們必須是逃亡農奴的男性親屬,而且必須承認自己的維蘭身份。假如做不到以上兩點,法庭就要判處該農奴永遠獲得自由,領主將因自己的錯誤行為而受到罰款」[74]。其中的邏輯是:被告的親屬是農奴,被告也是農奴;證人不僅要被告親屬擔當,而且還須男性親屬擔當;因為當時普遍認為,女性性格軟弱,經不起嚴峻場合的考驗。這個逃亡的被告,於是首先就婦女不具備在這類訴訟中作證的資格予以反駁。所以法庭的最後判決是:原告把不合格的證人帶到法庭是錯誤的,並推論他一定是找不到令人滿意的男性證人,故宣佈逃亡者是自由人[75]。逃亡者越來越多,領主的追捕也越來越無效,在此情況下,領主們逐漸意識到,與其徒勞地強行阻止,不如索性同意其離去並保留一個領主特權的外觀,也許更為明智些。於是,越來越多的莊園主開始向願意離開莊園的農奴徵收一筆費用,被稱為遷徙稅(Chevage)[76]。這無異於正式宣告:英國農民有權利到他喜歡去的任何地方謀生;領主再不能強制離開莊園的農民回來。也就是說,農民遷徙自由和居住自由在事實上被承認了。在中古晚期的法國,路易國王於一三一五年七月三日頒佈了解放農奴的著名敕令。在敕令中,國王要求其地方官員「應在屬於我們和我們的繼承者的整個王國境內使這種處於奴隸地位的人恢復自由」,「因為,按照自然的法則,每個人必然是生而自由的」[77]。於是,「舊莊園的主人被迫給予農奴與自由民同樣的權利,以使在他原來的土地上保持足夠的勞動力,因此,一定程度的自由開始

---

74 亨利・斯坦利・貝內特:《英國莊園生活》,頁284-285。
75 亨利・斯坦利・貝內特:《英國莊園生活》,頁285。
76 一般說來,這種稅額極小,一年幾便士或耶誕節送來一對老母雞。
77 基佐著,沅芷等譯:《法國文明史》第三卷(商務印書館,1997年),頁170。

滲透進農民的世界，儘管這種自由是有分寸的和形式上的」[78]。大體說來，到十四世紀末，西歐舊的莊園制在農民不斷高漲的權利鬥爭浪潮中變成了一個有名無實的空殼，西歐農民在一個相當大的範圍內贏得了對自己勞動的自由支配權，這是一項具有劃時代意義的權利。

總之，通過諸如貨幣贖買、逃亡和法庭辯論在內的各種形式的鬥爭，中古西歐農民不僅保留和發揚了一部分瑪律克傳統，還不斷贏得新的權利，從而使習慣法得到良性調整，為他們在物質生產領域和精神文化領域的發展創造著不斷優化的社會環境。

首先，按照中古法理，農奴沒有個人財產，因此也就無所謂死前作遺囑的必要和權利。隨著農奴擁有並遺傳個人財產的既成事實越來越普遍，人們產生了這樣一種認識：「除非猝然死亡，否則不作遺囑是件丟臉的事。」[79]此外，教會教導人們，一個人最後的時刻最為重要，勸告人們要「作出好的結局」，這對農奴個人遺囑權的成立無疑起到推波助瀾的作用。從十三世紀開始，在教會的鼓勵下，農奴為取得遺囑權進行了不懈的鬥爭。世俗領主清楚地看到，這實際上是從法律上迫使領主放棄對農奴遺產的任何權利，因而一再向王室法庭起訴，指責該行為「違反常規」。然而，王室對「常規」的理解卻沒那麼刻板，而是明智地估計了扭轉此事的困難程度，故而順水推舟地搪塞道：「國王欣賞已經實行的法律和常規。」[80]結果，到十四世紀，大部分農奴都先後獲得了遺囑權，從而使法律實際上承認農奴的個人財產所有權。

其次，農奴最初也沒有上學和做牧師的權利，他們就以貨幣為手

---

78 菲力普‧沃爾夫：《歐洲復甦》(Phillppe Wolff, *The Awakening of Europe*, Penguin Books, 1985)，頁201。

79 亨利‧斯坦利‧貝內特：《英國莊園生活》，頁221。

80 亨利‧斯坦利‧貝內特：《英國莊園生活》，頁223。

段，不斷使其子女擠入學校或教堂，從而在實踐中使得那項戒律變得殘破不堪。當時的貴族文人沃爾特・梅普痛苦地抱怨說，農奴們正在使其「卑鄙和下賤的子孫受到教育，而我們卻無力阻止」[81]。儘管領主們曾聯合發起向查理二世（1377-1399年在位）的請願，反對農奴子女進入學校或擔任聖職，但國會在一四〇六年還是頒佈了那項保證所有人都有權受教育的著名法案：「每個男人和女人，無論地位與境況，……均有權送子女到他們喜歡去的任何學校就讀。」[82]儘管教士來源於莊園貴族階層，而這主要就教士的基本部分而言；但有大量證據表明，十三和十四世紀的教士常常也由農民階級來補充[83]。十四世紀的作家曾有描述乞丐的後代升至主教階層的作品。丹唐也指出，到中世紀晚期，表明這種情況的事例更為常見，維蘭的兒子被授予聖職如同其子女去外莊園謀生或出嫁一樣，無須得到慣例或領主的認可[84]。這樣，不少農奴的後代步入高級聖職。如著名的坎特伯雷大主教一職，幾次由他們出任；大主教溫切爾西出身卑賤；雷諾茲是麵包師的兒子；奇切利原是個農奴羊倌。

誠然，對中古農民來說，莫過於個人自由勞動的權利更重要。生產者自由支配自己勞動力的權利，被當代經濟史學家肯定為西歐農民的第一個「所有」。無疑，只有擺脫農奴制的人身束縛，農民才能釋放出更旺盛的生產積極性、主動性和創造性，從而使勞動生產率和儲蓄率得到更大幅度的增長。發軔於十二世紀由農奴地位走向自由勞動的解放運動，使西歐鄉村共同體社會逐漸形成了個人權利發展的環境，為西歐向資本主義商品經濟的轉型提供了重要基礎。從一般意義

---

81 亨利・斯坦利・貝內特：《英國莊園生活》，頁258。
82 亨利・斯坦利・貝內特：《英國莊園生活》，頁259。
83 F. 波洛克和 F. W. 梅特蘭：《英國法律史》第一卷，頁113。
84 W. 丹唐：《15世紀的英格蘭》，頁113。

上講，資本主義就是市場經濟加契約性政治制度，而無論市場經濟還是近代政治構架，都離不開個人權利發展[85]。

---

85 侯建新：〈原始個人權利與西歐封建政治制度〉，載《河南大學學報》（社會科學版），二〇〇二年第三期，頁7。

第六章
基層組織：西歐自治城市

第一節　西歐工商業城市的興起

一　城市興起的社會經濟背景

中古城市的出現，是中古時代西歐與中國相比較最突出的特徵之一。

西歐中世紀城市的興起，本身就是一個極具特性的歷史事件。與中國中古城市具有發展的承繼性和連續性不同，西歐中古城市是在日爾曼人進入，西羅馬帝國崩潰，原有城市幾乎全被夷為平地，城市發展經歷了五六百年的斷裂期這樣一種特殊歷史條件下重新出現的。

中古西歐城市有一個極為顯著的特徵，那就是它們最初都是作為工商業中心出現的，或者說，都是工商業者的聚居地，而不像中國城市那樣最初多是政治中心。它們的出現，是工商業發展到一定階段的必然產物，是各個大小地區社會經濟發展的自然結果。因此，討論城市的興起，必須與工商業的發展相聯繫，二者不可割裂開來。

一般認為，公元十一世紀前後，隨著領主附庸關係的最後確立，西歐莊園制、農奴制的最後形成，西歐社會生產力無論是農業還是手工業，都有了顯著的進步。隨著生產力的提高，一方面農產品有了剩餘，可以養活專門的手工業者；另一方面，手工業技術日趨複雜，農民們無法繼續兼營，需要專門的手工業者從事。這樣，專業手工業者的出現既成為必要，也成為可能。手工業者需要和農村居民交換產

品，商品交換便因此發展起來，並促使作為交換中介的商人出現。工商業者聚居在交通便利、生產便利或交換便利的地方，這些地方經過一段時間的發展，便成長為城市。

不過，用生產力漸進的、緩慢的發展，去解釋城市在一兩個世紀裏迅速興起的現象，多少有點勉強。中古城市之所以廣泛出現，其中必有更深刻的經濟社會原因。可以說，城市是中世紀發展時期西歐社會基本矛盾運動的產物。這一基本矛盾，就是西歐不斷增長著的人口的物質生活需要與其生產力水準相對落後不能滿足這種需要的矛盾。解決這一矛盾，除了從深度和廣度不斷發展農業生產力外，還必須依靠發展工商業，利用外部的物質要素來補充內部的需求缺口。發展工商業的結果，促進了城市的產生。

相對同時代的中國而言，公元五至十五世紀的西歐生產力發展水準是比較低下的。作為農本經濟社會中的第一生產部門，中古的西歐農業受自然條件的不利影響較大。從氣候上說，西歐北部偏冷而南部地中海氣候夏季高溫卻又乾旱。雨熱不同期，是整個西歐氣候的典型特點，不利於需要高溫高濕的高產作物如水稻的生長。而西歐南北普遍種植的四種主要穀物，即小麥、大麥、黑麥和燕麥，產量一般都很低。即使是在生產力有所謂明顯進步的十一世紀前後，產量在一般年成時播種量與收穫量之比約為一比四到一比六[1]，歉收年成常常只有一比二甚至更低，而這種欠佳年成通常要占三分之一以上。

在公元九世紀以後的莊園制時代，農奴家庭經濟和莊園領地經濟

1　C. M. 奇波拉：《1000-1800年工業革命以前的歐洲社會和經濟》（C. M. Cipolla, *Before the Industrial Revolution, European Society and Economy 1000-1800*, New York, 1976），頁119-120；G. 杜比等：《法國農業史》（G. Duby etc., *Historie de al France rurale*, vol.1, Paris, 1975），頁362。雖然關於中古西歐農業生產率有種種估計，但其生產技術水準低下、糧食單位面積產量較低，是一個學界都接受的史實。

是西歐最基本的經濟單位。由於份地面積不能增加，農奴家庭在原有土地上的生產難以維持不斷增長著的人口的基本生活，於是便分離出剩餘的勞動力。而在領主莊園裏，由農奴兼營的莊園手工業顯然也不能滿足領主對高檔手工業品和奢侈品的需求，這就為工商業的專門化發展提供了市場需求；同時領主莊園可以輸出多餘農產品，又能為專門手工業者生存提供最基本的生活品保障。因此，由那些多餘的農村勞動力轉而去專門從事工商業便成為可能。「商業和工業最初從沒有土地的人們中間獲得發展。」[2]這些從事工商業的人們聚居在一起，中世紀城市尤其是中小城鎮便因此廣泛地興起。

　　由於農業生產的總體水準低下，也由於各地自然條件和生產類型的差異，西歐各個大小不一的地區都難以依靠自己的生產完全滿足自身的需要。在各地區之間需要進行交換，西歐與外部世界也需要交換，於是便有承擔交換功能的區際性、國際性商業城市出現，便有生產特色產品以便同外界交換、面向外部市場以至國際市場的手工業城市出現。中古西歐大中工商業城市走的多是這樣一條成長道路。

二　城市興起的歷史過程

　　中古西歐城市的興起，早在公元九世紀就開始了，十一世紀時是大規模地、普遍地開始，十二、十三世紀達到了高潮。

　　最早的中古城市於公元九世紀出現在地中海沿岸，這是與地中海國際貿易的恢復相聯繫的。隨著地中海貿易範圍的逐步擴大和向內陸深入，越來越多的城市在十至十一世紀裏湧現。這些國際貿易城市有

2　亨利・皮朗著，樂文譯：《中世紀歐洲經濟社會史》（上海人民出版社，1987年），頁41。

意大利的阿馬爾菲、威尼斯、比薩、熱那亞以及倫巴底平原諸城市；有西班牙的巴賽隆納、塞維利亞、科爾多瓦和格拉納達等；還有法國的港口城市馬賽等。雖然有的城市在羅馬時代就已存在，但沉寂了幾個世紀後才在這時恢復了生機。

十至十一世紀的西北歐洲，也有一些羅馬時期的城市復興，如法國北部的圖爾、盧昂、蘭斯和阿拉斯。同時又有一批新城市誕生，如佛蘭德爾地區的杜埃、伊普雷、裏爾、布魯日和根特，布拉邦特地區的布魯塞爾和列日等。

十世紀末以後，中歐特別是德國的城市開始發展，科隆、雷根斯堡、斯特拉斯堡、沃姆斯、美因茲等，都是在這個時候出現的。十二至十三世紀裏，中歐城市有較大的發展。如在威斯特伐利亞地區，一一八〇年前只有六個城市，一一八〇年至一二四〇年間出現了三十六個，一二四〇年至一二九〇年間興起了三十九個，一二九〇年至一三五〇年發展了五十七個，至此共達一百三十八個[3]。

英國在中世紀早期也有一些城市，但城市的普遍發展則是在一〇六六年諾曼征服之後。至十三世紀時，英格蘭十三萬平方公里土地上大小城鎮已有五百餘個，接近飽和狀態。到中古盛期即十三、十四世紀之交時，西歐的城市城鎮總數大約達到了一萬個[4]，平均約每五百平方公里就分佈一個，或者說每隔二十多公里就能看到一個城鎮。

但這些城市、城鎮規模都很小。以人口標準衡量，超過五萬人的城市僅十個左右，包括威尼斯、熱那亞、佛羅倫斯、米蘭、巴黎、根特、布魯日等。二萬至五萬人口的城市也不到二十個，如意大利的羅馬、那不勒斯，西班牙的巴賽隆納、瓦倫西亞，德國的科隆、盧卑

3　N. J. G. 龐茲：《中古歐洲經濟史》（N. J. G. Pounds, *An Economic History of Medieval Europe*, Langman, 1994），第六章。

4　薩瑪律金：《中世紀西歐歷史地理》（莫斯科，1976年俄文版），頁95。

克、紐倫堡，英國的倫敦等。一萬至二萬人口的城市，整個歐洲大約八十個。一萬人以下的中小城鎮，則遍佈西歐各地。

　　雖然中古城市在初期還有許多農業社會的特徵，有的甚至還有相當比例的以農業為主業的居民，但它們作為工商業中心的本質特徵是無可置疑的。任何被稱為城市的地方，至少有一個商品交易市場。誠如馬克斯・韋伯所說：「只有居住在當地的居民在經濟上日常生活需要的基本部分，能在當地的市場上得到滿足，即基本部分由當地的居民和周圍附近的居民為了在市場上銷售而生產或者獲得的產品來加以滿足，我們才想說是經濟意義上的『城市』。任何在這裏所說的意義上的城市都是一個市場的地方，也就是說，有一個地方市場作為定居點的經濟中心，在這個市場上，由於現存的經濟生產的專門化，非城市居民對手工行業的產品或者對商品或者對二者的需要，也在這個市場上得到滿足，而且城市居民本身也在這個市場上相互換出和換入他們的專門產品和他們經濟的消費需求。」[5]

三　城市的歷史作用和地位

　　中古城市興起後，對西歐社會發展起了極為重要的歷史作用，有著東方城市包括中國中古城市無可比擬的歷史地位。這種作用和地位大致可概括為下述幾點。

　　其一，西歐中古城市孕育了新的經濟關係，這就是資本主義生產關係的萌芽。無論是馬克思所指出過的地中海沿岸城市，還是西北歐佛蘭德爾的毛紡業城市，甚至是處在較為落後狀態的英國城市，都已在十四和十五世紀的手工業中出現了資本主義生產方式。至於這些萌

5　馬克斯・韋伯：《經濟與社會》下卷（商務印書館，1997年），頁568-569。

芽能否在城市裏順利成長，則要依各國具體的歷史條件而定。但資本主義關係最先誕生於城市，卻是一個不爭的歷史事實。而且，城市為新興生產關係的成長準備了一定的資本條件。

其二，中古城市培育了一支新生的社會力量，這就是由城市工商業者逐漸集結而成的市民階級。他們作為享有自由權利的經濟活動者，逐漸演變成能在社會政治體系中發出一定聲音的第三等級，最後成長為能與傳統勢力抗衡並最終推翻它的強大政治力量。市民階級——資產階級的發展和壯大雖然有一個漫長的過程，但這個過程始終是與城市相聯繫的，或者說，城市是早期資產階級成長的搖籃。

其三，中古城市市民政治的發展，促進了新的社會觀念和政治法律精神的形成。中古社會是一個絕對化的兩極社會，領主和農奴、貴族和平民的界限如同鴻溝，不可逾越。而城市共同體成員在法理上的平等地位，市民政治運作過程中的民主程序，共同遵守法規章程的契約意識，不但衝擊了中古社會的政治和社會法統，也是近代資產階級民主政治以及政體形式的制度源流。

其四，中古城市和城市工商業的發展，培育了全新的文化精神和價值觀念。城市是現代大學教育的發源地，因為經濟的發展需要工商業者努力提高自身素質。城市是文藝復興運動的策源地和主要發生地，因為工商業活動加深了對人的能力和人的價值的認識，也加深了對世俗生活和今生幸福的理解。而城市市民在工商業活動中的理性價值意識，不斷追求利潤和財富的觀念，更成為近代資本主義精神的源頭和精髓。

其五，中古城市工商業經濟作為一種異類因素，對西歐傳統的農本經濟結構起著腐蝕和瓦解作用。這種作用形成過兩次高潮。第一次高潮是十二至十四世紀裏，在城市工商業經濟基礎上形成的商品貨幣關係向農村滲透，引起了農村經濟關係的深刻變革，表現為勞役地租

折算為貨幣地租，農奴用金錢贖取人身自由，從而導致農奴制和莊園制在十四、十五世紀相繼崩潰，農村人身依附關係鬆弛，商品經濟在農村發展。第二次高潮是十五、十六世紀裏城市資本和城市勞動力等生產要素向農村的轉移，這種轉移促使資本主義普遍發展，促使鄉村工業廣泛興起，加速了鄉村的商品經濟化及資本主義化進程。不過，引發這種轉移的原因，轉移所產生的結果和影響，則因時因地而異[6]。

　　城市之所以能起這樣一些作用，關鍵又在於它們在中古西歐社會政治體系中有一種特定地位。有學者稱，從政治上看，中世紀城市是西歐中古制度「體制外的異己力量」和「體制外的權力中心」[7]。我們雖然不一定接受這種觀點，因為它有把城市與社會整體割裂開來的傾向，不恰當地把城市當作西歐主流社會的外在力量。但城市從中古農本經濟的補充物和附屬物，逐漸演變為它的對立物和侵蝕物[8]，無疑是和城市在社會政治體系中的地位緊密相連的。這就是，雖然要同統治者各個階層發生這樣那樣的關係，但城市已變成了一種以前從未有過的政治權力和權利主體，能夠在極大的程度上支配自己，支配自身成員的種種活動。這種城市權利之所以獲得，主要在於城市取得了自治權力。

第二節　城市的自治和自由

一　城市爭取自治的運動

　　公元十世紀以來興起的西歐中古城市，無論其是古羅馬城市的復

6　劉景華：《西歐中世紀城市新論》（湖南人民出版社，2000年），頁82-121。

7　厲以寧：《資本主義的起源》（商務印書館，2004年），頁38、43。

8　吳於廑：〈世界歷史上的農本與重商〉，載《歷史研究》一九八四年第一期。

興，還是新近湧現出來的，它們從概念上說都有著特定的含義，與古典時代的城市比，與同時代的中國城市比，有著極其不同的新質或特質。一般地說，除了那些以城市為中心組成的城邦外，古代城市大多只就地理空間意義而言，指的是眾多人口的聚居地。城市居民包括各色人等：有官員，也有土地所有者；有工商業者，也有農民。但他們之間沒有共同利益，也不可能發出共同的聲音，城市也不以一個整體或單位與外界交往。古代的羅馬城市，中古時代的中國城市，就是這種情形。中古西歐城市則不一樣，它不但是一個地理概念，更是一個社會概念，它是一種社會共同體，城市市民有著共同的利益，它要以一個聲音來同外界交往。這種外界，有本國的領主、國王、教會、農村、其它城市，也有國際勢力。其中，與領主的交往最為重要，也最為複雜。

與中國古代城市多是由統治者「建立」的不一樣，中古西歐城市是「興起」的，是一種「自發」社會運動的產物。工商業者自動聚居於一地，是一種「自下而上」的過程。當然也有某些例外，不少領主出於財政歲入的考慮，主動在自己的領地上建立城市，並賦予一些優惠條件，以招徠和吸引工商業者。如德國眾多的主教城市就是這樣。不論哪一個城市，無論它是處在交通要道、河津海港，還是位於僻遠之地、邊境要塞，抑或圍繞著軍事堡壘、行政中心、教堂寺院，它總是坐落在大小教俗領主的領地範圍之內。城市一經產生，勢必要和領主發生關係。

在城市興起的早期，這種關係表現為統治與被統治、管理和被管理的關係。一般來說，一個城市只有一個領主，也有城市領有權多元化的情況，由幾個層次的領主共同管轄。領主有國王，有大小貴族，還有主教、大主教。他們大多住在鄉村的城堡裏，通過自己的代理人對城市進行統治和管理，同時也經常直接干涉城市裏的工商業活動。

這種統治，特別是經濟上無止境的任意榨取，嚴重阻礙了工商業的進一步發展，不利於城市的繁榮。

因此，城市從誕生之日起，就展開了對領主的鬥爭，其目的就是爭取自治權。必須強調的是，城市工商業者並非天生就是自由鬥士，更非中古制度的天然反對者。為了經濟利益，甚至還有商人冒充農奴，以便享受給予農奴的某種經濟權利[9]。他們最初的動機只是一種求生存的需要，只是想從領主那裏要來人身自由的權利，要來自由經營工商業的權利。他們從莊園來到城市，為的是自己能有新的生活，而不是重入另一個領主的枷鎖。而當他們的個人要求彙聚在一起時，就變成了一種集體指向，取得整個城市的自治權力就會成為市民們的共同目標，因為城市的自治與市民個人自由是並行不悖的。

中古城市爭取自治權的鬥爭有多種多樣的方式，也受到多種多樣的因素制約，當然也就會有多種多樣的結果。

城市自治運動發端於意大利北部。這裏的城市發展得比較早，經濟實力比較雄厚，而這裏的領主勢力又呈現複雜多元的態勢，因而政治統治相對薄弱，所以城市很快就取得了勝利，獲得了自治權。早在一○五七年，倫巴底最大的城市米蘭就開始利用教皇和德意志皇帝衝突的有利時機掀起了鬥爭。一○六八年，在盧卡出現了城市法庭；一○八○年，該城出現了執政官。而且，意大利的中小領主和騎士很早就捲入到商品貨幣關係之中，也有工商業方面的利益，其中不少人演變成了城市的居民和市民，因此他們往往支持甚至參與城市擺脫大領主的鬥爭。由於城市的強大力量，有的領主尚未等正面衝突發生，就讓這些城市獲取自治權。這些城市自治後，還越過城市疆界，控制越來越寬的城郊地區和農村地區，發展成為獨立的城市國家。威尼斯、

9　亨利‧皮雷納著，陳國樑譯：《中世紀的城市》（商務印書館，1985年），頁105。

熱那亞、佛羅倫斯、米蘭等城市就是這樣。

而那些二等的城市，雖沒有意大利城市那麼強大，但也有相當雄厚的經濟實力，它們中有不少採取溫和的方式，用金錢一次性贖買了城市的自治權。這類城市多是一些比較富裕的商業貿易城市，如法國的地中海港口城市馬賽。

更多的城市是在與領主的激烈鬥爭甚至武裝衝突中取得自治權的。法國北部這類城市比較多。十一世紀末至十二世紀初，法國東北通過武裝鬥爭獲得自治權的城市有四十多個，如亞眠、雷姆斯、康佈雷等，起誓結盟、發動起義是他們的主要方式。在德國，一○七三年從沃爾姆掀起的反對主教領主的鬥爭，迅速蔓延到所有的教會城市，迫使幾乎所有的主教都逃離了駐所。雖然這場鬥爭時間較長，直到十五世紀才告結束，但結果是使大多數萊茵河城市都獲得了自治。

當然也有一些城市在與領主的較量中沒有取得成功。結果，有的是雙方達成了妥協，如佛蘭德爾一些城市，領主一方面從市民中指派市政官員，另一方面又派出代理人實施監督。有的則一直受到領主的直接統治或其代理人的管理，如法國國王就拒絕給予巴黎以自治權。他認為巴黎的市場是他建立的，工商業該由他管理，城市就是他的城市。

總之，在十一至十三世紀城市興起階段，西歐城市普遍展開了爭取自治權的鬥爭。絕大部分大中工商業城市都取得了自治權，也有少數城市沒有獲得這種權利。獲得的自治程度也因城市而異：有的僅限於行政管理、治安和財政方面；有的具有法律地位；有的則是完全獨立的。取得了自治權的城市一般都由領主或國王頒發了自由許可證，或稱特許狀。而在那些由於各種因素最終沒有取得自治權的城市，領主的統治也會變得更有彈性。只要他想繼續將城市當作奶牛、用它的財富來供養自己，只要他還想依靠城市來壯大自己的勢力，他就不會

對城市竭澤而漁。極盡努力搜刮城市的領主確實存在，但結局一般只有兩種，要麼是城市忍無可忍，最終推翻領主統治；要麼就是城市衰落下去。

二　城市的自由權利

不管自治權取得與否，也不論這種自治權在程度上有多大的不同和差異，所有的中古西歐城市在自由上都有一些基本相似點。

其一，城市工商業者在法律上一般都成了自由人（freeman），「城市的空氣使人自由」（德國俗語）。那些從莊園份地上逃出來的農奴，只要在城市裏住滿了一年零一天，就獲得了自由，成為自由人。這種自由，當然也包括了在城市裏經營工商業的自由。因此，新興的城市對農奴特別具有吸引力，故而馬克思說，中古城市是由逃亡農奴建立起來的。只不過這些逃亡農奴中，大多是從份地上離析出來的農奴子弟。雖然「這些人在以土地為唯一生存基礎的社會裏，可以說是生活在社會的邊緣」[10]，但正因為不佔有份地，才能更順利地擺脫對莊園領主的人身依附，才有比較大的活動自由。初期城市市民的籍貫多在一天能夠來回的附近鄉下，按說離城如此之近，領主極易將「逃亡」的農奴抓回，但對這些不依靠份地為生的農奴次子、幼子們，領主也就無可奈何了。

其二，城市的土地一般都成了自由地產。領主一般都把城市土地以或租或賣的形式轉給了城市市民，市民也就免去了許多與土地相聯繫的傳統義務，從而可以自由處理自己的財產，特別是地產和房產。市民們擁有的這種自由租賃權，在整個西歐都很普遍。它與莊園租地

---

10 亨利・皮朗：《中世紀歐洲經濟社會史》，頁41。

不一樣，不但課租較低，也不連帶有人身依附關係，而且還可以由承租者自由地轉讓，甚至不需通過地產主人的同意。在有的城市，自由進一步發展的結果，地產變成了市民個人絕對財產。如佛蘭德爾地區，根特在十一世紀下半葉停止徵收地租，阿拉斯由城市買斷了土地所有權，圖爾奈的佃戶拒絕繳租。而德國萊茵河城市多特蒙德和杜伊斯堡，莊園主乾脆放棄了徵收地租[11]。

其三，城市作為整體向領主繳納一筆固定的稅款，稱之為包稅。如在十二世紀英國亨利二世時期，林肯等城市就取得了直接為國王代管徵收賦稅的特權，儘管這時英國城市還不享有歐洲大陸城市公社那樣的自治權。隨著十三世紀自治城市贏得了真正的自治，這種做法也逐漸增多[12]。雖然這種特權有一定的時效性，要保留它必須在到期時重新申請，領主也會要求重新確定稅額，但在這種包稅特權生效期間，領主對城市的許多隨意性特權也就免除或取消了，他對城市財政上的干預無疑也減少了。

總之，中古西歐城市一旦形成，它就是自由的。這種自由，從個人方面講，包括了市民的人身自由，經營工商業的自由，房地產權的自由等；從城市作為整體方面說，城市有處理本城市經濟社會法律事務的自由，包括司法自由、行政自由以及對外關係上一定程度的自由，城市甚至還可自己配備治安人員，組織軍隊。不僅那些取得了自治權的城市是這樣，就是那些沒有獲得自治權的城市，領主一般也不干涉城市的內部事務；領主對這類城市的統治權主要表現為他對城市

---

11 M. M. 波斯坦等編：《劍橋歐洲經濟史》第三卷，〈中世紀的經濟組織和政策〉（M. M. Postan, E. E. Rich and Edward Miller edited, *The Cambridge Economic History of Europe,* vol. iii: *Economic Organization and Policies in the Middle Ages*, Cambridge 1971），頁19。

12 M. M. 波斯坦編：《劍橋歐洲經濟史》第三卷（經濟科學出版社，2002年），頁24-25。

這個整體有一定程度的控制權，領主派駐城市的代表大多只是象徵而已。這種控制沒有能深入到領主與城市每個市民的關係，不能對城市內部的社會生活施加實質性的影響。所以，我們討論中古西歐城市時，用「自由城市」這一概念代替「自治城市」可能更具概括性。

城市自由的實質就是指城市脫離了某種依附地位，有自由行動和自主管理的權利。這種自由度不單單指城市對領主的獨立程度，也不僅僅指市民個人從業和活動的自由程度，而且還指城市作為一種社會共同體有集體行動的自由。不論自治與否，所有的中古城市都是一種社會共同體，或稱公社。在城市共同體裏，內部結構是典型的公社制度，有市政議會、城市法庭等管理機構，有市長、大法官等選舉產生的管理人員。城市共同體又是一種地緣共同體，共同體成員即市民多係移民構成，一般無血緣關係可言，即使有也退居為次要地位。把他們結合在一起的紐帶是一紙契約或是由領主賜予的特許狀，或是由大家共同遵守的城市章程。市民們共同享有在本城內經營工商業的權利，並且得到城市的保護，甚至擁有一定的壟斷權。

從某種意義上講，中古城市作為一種共同體，構成了西歐社會政治體系中的一種基層單位。但這種基層組織是代表本城市及市民利益的，而不是上級政治權力如國王、諸侯或主教的代表，因此基本是對下負責而不對上負責。有的城市本身就是高度獨立的政治主體，其上沒有任何能夠駕馭它們的政治權力，如意大利那些極度發達的城市國家，德意志那些不服主教管轄的城市。

這種共同體制度的存在與當時西歐社會歷史大環境是一致的。當時西歐農村普遍流行莊園制，而莊園本身就是一種地域共同體，是由過去日爾曼人農村公社演變而來的農奴公社。公社成員的身份變了，即由自由農民演變成了不自由的農奴，但公社的組織卻留下來了，如莊園法庭；莊園的某些古老制度也傳下來了，如公用地制度，敞地制

度等。一般地說,領主是莊園共同體的中心,通過莊園法庭實現對農奴的人身統治,通過勞役和實物地租實現對農奴的經濟剝削。領主和農奴之間沒有血緣關係,農奴相互之間也不一定有血緣關係,他們是通過政治關係紐帶即領主的統治而結合在一起。在實際生活中,莊園政治關係往往有兩種類型:一是由領主直接轄屬和管理的;另一種由於莊園的分散,或領有權的多元化,領主並未實現直接統治,於是莊園共同體便演變成為村落共同體。這種村落共同體除了無權分配土地(這是領主的權力範圍)外,還殘留了農村公社的許多特點,是一種自治性較強的實體。有村民大會決定村內各種大事,也有人人都出席的莊園法庭處理各種糾紛和法律事務,還制定了若干規章供村民共同遵守。這種村落共同體往往還成為莊民們反抗領主所依託的強有力組織。城市共同體與村落共同體是如此的相似,以至於在十九世紀關於城市起源問題的論爭中,有一種「瑪律克公社說」,認為城市公社制度就是日爾曼農村公社制度在城市的翻版[13]。

三 城市的市政管理

城市的自治其實有兩層含義:一是「自」,即獨立性,城市擺脫領主的統治就是在不同程度上取得獨立性;二是「治」,即對城市事務的管理,主要通過各種制度讓市民們共同遵守,通過各種機構來實施管理行為。城市在爭取自治的同時,也創造了越來越多、越來越完善的市政機構和管理制度。不論城市最後是否取得自治權,也不論其自治權有多大,中古西歐城市在管理機構和管理制度上大致相似,雖然這些機構和制度的名稱、形式會因城市而異。

---

13 孫秉瑩:《歐洲近代史學史》(湖南人民出版社,1985年),頁339。

城市主要的市政機構大致包括四個部分。

（1）市長（mayor）。城市的最高負責人，每年都要推選，一年一任，當然也有一些原因致使任期或長或短了少許。這一傳統為各地所長期遵守。如從一四八〇至一六六〇年的一百八十一年裏，英國倫敦共有一百七十二任市長[14]；一六〇〇至一六九九年的一百年中，英國東部城市諾里奇共有一百零四任市長[15]。北部約克城從一三九九至一五〇九年的一百一十一年裏，共有八十五任市長。市長的職責是作為行政長官處理城市日常事務，他還有協助其工作的一套行政機構。在沒有取得自治權的城市裏，市長往往是領主的代表，由領主指定。

威尼斯總督府
——選自中國經濟網http://www.ce.cn/

14 P. 拉姆塞：《都鐸經濟問題》（P. Ramsay, *Tudor Economic Problems*, London, 1963），頁110。

15 P. 科菲爾德：〈諾里奇：17世紀晚期的一個地方都會〉，載 P. 克拉克和 P. 斯萊克主編：《1500至1700年英格蘭城市的危機和秩序：城市史論集》（P. Corfield, *A Provincial Capital in the Late Seventeenth Century: the Case of Norwich*, in P. Clark and P. Slack edited, *Crisis and Orders in England Towns 1500-1700, Essays in Urban History*, London 1972），頁278。

在那些高度獨立的意大利城市國家裏，市長常常被稱為執政官，這是古代羅馬政治制度留下的痕跡。威尼斯的最高行政長官還叫「總督」。雖然這裏的總督是終身制，初期甚至還由拜占庭帝國任命，但十一世紀以後便改變為從本城豪門顯貴中選舉產生，並且任職時鬚發表「總督誓詞」，其權力的行使受到種種嚴格的限制和約束。城市實際上控制在元老院手中，以至於直到十五世紀後期，米蘭人還譏笑威尼斯的「總督只是貴族的傀儡」[16]。

（2）大總管（chamberlain）。協助市長，掌管財政，通常是由市民選舉產生。按說他應屬於市長領導下的市政管理機構，但由於是選舉產生，因此可視為一個有較強獨立性的市政官員，可以單獨列出。不過關於其活動的材料較為少見。

（3）市政會（city council）。城市最高權力機關，一般有兩到三個層次。核心層：其成員習稱長老，多由前市長、前大總管、前大法官等組成，均為城市貴族階層。外層：由工商各界代表組成。以英國約克城為例，其市政會有三個層次。核心層為十二人，稱長老，終身制，由市長指派。中間層有二十四人，由前大法官組成。這兩個層次加上市政現職官員組成市政會，經常不定期地開會，商討管理與統治城市之法。最外層則達四十八人，來自工商各界，其作用十分有限，大多只是認可既成決議而已[17]。

在意大利城市國家中，以威尼斯的市政會權力最為強大。威尼斯的市政會有兩個層次，核心層為「元老院」，人數最多時超過二百二十人。其成員一半由大議會選舉，一半由上屆元老院推薦，並經大議

---

16 D. S. 錢伯斯：《威尼斯的帝國時代》（D. S. Chambers, *The Imperial Ages of Venice, 1380-1580*, Sames and Harderson Publisher Ltd, 1970），頁87。

17 蘇珊－雷諾爾茲：《英國中世紀城市史導論》（Susan-Reynolds, *An Introduction to the History of the English Medieval Towns*, Oxford, 1977），頁60。

會認可。十四世紀，在元老院裏又成立了一個十人委員會。這個委員會很快演變為職權大得可以干預一切事務的常設機構。元老院之外，威尼斯還有一個大議會，人數眾多，這是最高立法機關和監督機關，只有城市貴族才有資格當選為大議會議員。大議會可以選舉元老院成員，十人委員會及元老院的決議也須有大議會的支持才能生效。

（4）城市法庭（city court）。由大法官掌管，處理城內各種法律事務以及各種糾紛。從時間上看，城市法庭的起源可能還要早於其它市政機構，即司法自治要早於行政自治。至遲在十一世紀之前，由於商業活動的需要，產生了萌芽中的商法，而既有的領主法庭官員又不懂商業慣例，於是一些商人便被挑來充當仲裁者。在英國，這種法庭有個很生動的名稱，叫做「灰腳法庭」，意思是出席法庭的商人腳上還沾滿旅途的灰塵。這種法庭很快就被認可，甚至由領主主動設立。十二世紀早期，佛蘭德爾伯爵便在自己轄下的伊普雷等城市設立了由市民組成的法庭，規定只有這種法庭才有資格對市民進行裁判。隨後，幾乎所有國家都這樣做了[18]。不過，大部分城市法庭的審判權主要只在民事方面，涉及刑事的案子則多上交領主法庭、國王法庭審理，除了那些已擺脫領主控制的主權城市國家。

因此不論城市的主人是誰，城市對城市事務的管理都是「自主」的，並主要是依靠市政機構來實施管理行為。這種管理不是隨意性很強的「人治」，而是依據城市共同體自我約定的章程，或領主賜予城市的各種「特許狀」。從某種意義上說，這些檔相當於各個城市的「憲法」、「市民法」。

城市市政機構的許可權和責任，表現在行政和司法職能、經濟調控職能、社會管理職能、對外交往職能等各個方面。

---

18 亨利・皮朗：《中世紀歐洲經濟社會史》，頁47-48。

行政和司法職能。處理城內一切日常行政事務，如稅費和罰金的徵收、財政支出、市政設施、市政管理、公共財產的支配和使用，移民的進入和市民的動遷，各種民事糾紛和經濟糾紛；懲罰和打擊各種犯罪，維持社會治安，處理城內的騷亂和治安事件；協調城內各組織間的關係等等。城市特別防止外來人員對本城及其居民的侵犯。如十二世紀後期伊普雷所獲得的特許狀專文規定：「凡居住伊普雷郊區外的人，除商人或其它有商務路過該城的人外，一律不准配劍；如果他進城意欲留住，必須將劍寄放城市或郊區以外，如有違抗不遵，除沒收其劍外還要課以罰款六十蘇。」[19]

經濟管理職能。主要體現為對城內工商業活動的調節和控制，如協調工商各行業在結構上的平衡和地域上的分佈，市場地的建設和市場的規範與管理，錢幣的採用，度量衡制的規定，產品品質的檢測，生產和工作時間的限定，等等。為保護本城和本城市民利益，城市經常實行壟斷和排外政策。如阻止外來商人進城，或者只允許他們在城裏作短暫居留，或在限定地點居留。例如十二世紀倫敦、布里斯托爾都有外國商人只能在特定區居留四十天的規定[20]。

社會管理職能。主要體現為由市政當局組織和管理城內的各種社會活動。中古西歐城市大多有社會中心的功能，不但市民參加城內的社會活動，而且還能吸引周圍村鎮居民甚至外埠人員。這些活動包括各種慶典，各種紀念日、節日狂歡，極具特色的城市神秘劇或奇跡劇演出，街頭遊行、集會等。市政當局還從事管理或規範一些社會性事業或公益事業，如學校、教堂、濟貧所、慈善院、養老院、孤兒院等。

市政機構的對外交往職能主要指代表城市而進行的對外活動，處

---

19 C. M. 奇波拉主編，徐璿譯：《歐洲經濟史》第一卷（中世紀時期）（商務印書館，1988年），頁62。

20 C. M. 奇波拉：《歐洲經濟史》第一卷，頁64。

理城市與領主、國王、教會、其它城市、周圍鄉村等外部力量的各種
關係。在城市市民的同意下，行使對外宣戰、媾和、結盟、簽約等重
大權力，也執行某些事務性方面的對外交往職能。總之，代表城市的
身份和形象而對外發出聲音。

概括地說，中古西歐每個城市都有一套完整的、小而全的政府組
織，無所不管，而且獨立性極強，除本市市民意志外，一般不受外來
力量干涉。因此完全可以說，中古城市是西歐社會政治體系中一個個
獨立的政治單元。

四 城市同盟

作為獨立的政治單位或政治主體，中古城市有很大的自主權。然
而它們並不能擺脫來自外部政治權力如領主、國王、教會甚至外來入
侵者的逼壓，在這些外部政治權力面前總是處於弱勢，命運多舛。那
些發展迅速、經濟和政治勢力十分強大的城市，如威尼斯、熱那亞
等，不會畏懼外部政治勢力，並能夠獨自抵擋來自外界的騷擾。而大
多數勢單力薄的城市，從保護自己、求得生存的角度出發，不得不對
外尋找盟友。它們的外部盟友可能有多種類型，包括國王、諸侯和教
會在內，都因各種因素的作用而可能成為城市短暫的或長期的盟友，
但城市間的結盟是最為常見的。在城市興起的早期，這種以政治為目
的城市結盟尤其普遍。

而從城市求發展的角度看，城市結盟更是一種必要。在經濟活動
中，雖然各個城市各有自己固定的市場區域或經濟「領地」，但相互
間也並非孤立隔絕而老死不相往來。工商業經濟的市場本質，使它們
必須具備開放性，必須與外部發生經濟關係。為了維護原有的共同市
場，開拓和共用新的市場，有共同利益的城市便傾向於結成同盟，以

共同對付其它的競爭者。當然參加結盟的城市動機可能不一，有的是發起者，有的是被迫的，有的是隨大流。為了經濟利益，城市同盟還可能與其它城市或城市同盟形成對抗，甚至發生衝突。這種主要出於經濟考慮，又以增強政治勢力為手段的城市同盟，在城市的興盛階段比較盛行。

城市能與其它城市結盟，這一行為本身就意味著城市對自主權的擁有。

早期以反對國王或領主為目的的城市結盟，以米蘭為首的倫巴底城市同盟反抗德意志皇帝腓特烈二世的進攻和鎮壓最有代表性。十二世紀裏，為了掠奪意大利的財富，並鎮壓意大利人的反抗，紅鬍子腓特烈先後六次侵入意大利，後面五次都是沖著鎮壓倫巴底城市同盟的反抗而來的。雖然米蘭等城市曾被這個暴君夷為平地，但不屈不撓的倫巴底城市同盟在米蘭的領導下，於一一七四年與腓特烈展開了林雅諾大戰，結果德軍大敗，腓特烈本人也受傷投降，倫巴底城市捍衛了自己的獨立和自由。

在爭奪市場和貿易控制權方面，早期意大利城市也有借同盟之力打擊對手的情況。如在地中海貿易的爭奪中，熱那亞就在十一世紀一度和比薩聯盟，擊敗了阿拉伯人。只不過在取得勝利後，熱那亞馬上翻臉，在十二世紀裏與比薩展開了爭奪並取得勝利，最終在西地中海建立了貿易霸權。

既出於經濟目的，亦有政治需要的城市結盟，以德國的萊茵同盟、士瓦本同盟和漢薩同盟最為典型。德國國內長期分裂，政治混亂，皇帝有名無實，無力為城市提供強大保護；諸侯邦國林立，而幾乎每個領主都有榨取城市和工商業的願望和行為，因而就有萊茵河上短短幾百公里設立了隸屬不同諸侯的六十多個收稅關卡的奇異現象。因此，城市要在這樣一個極差的政治生態環境中求得生存和發展，通

過相互結盟來形成強大的政治經濟勢力，無疑是最佳的選擇之一。

萊茵同盟最早出現，初建於一二二六年，參加者主要是德國西部萊茵河地區眾多工商業城市，美因茲、沃姆斯、科隆和法蘭克福是其中最核心的成員。十三世紀中葉，參加同盟的城市達七十多個。為了保護城市工商業發展，同盟建立了武裝衛隊，保護萊茵河上的商船及陸路上的商隊，並迫使諸侯取消了多項關稅。

士瓦本同盟是德國南部多瑙河上游地區城市結成的同盟，一三三一年成立，參加者有奧格斯堡、紐倫堡、烏爾姆等大城市。在對抗皇帝和領主的鬥爭中，萊茵同盟和士瓦本同盟曾於一三八一年合併，但最後還是在一三八八年被德國皇帝、諸侯和騎士的軍隊聯合擊敗。

漢薩同盟是以德國北部城市為中心結成的同盟。「漢薩」原意為集團、會館。德國北部城市主要從事北海、波羅的海貿易，其商人在國外各商業駐點都設立有「漢薩」。十三世紀中葉，這些城市開始建立各種聯盟，最後於八〇年代正式形成漢薩同盟。成員最多時達到二百多個，不僅包括了盧卑克、漢堡、不來梅等核心城市，也有與北海波羅的海貿易有聯繫的萊茵河、威悉河城市，甚至還有波羅的海東部的但澤、裏加、柯尼斯堡等城市。這是個實質性的政治主體，有公共的財政收支，建立了強大的海軍艦隊，擁有外交、宣戰、媾和等重大權力。最初雖然是以壟斷貿易、打擊海盜為目的，但到後來則公開與王國相對抗。十三世紀曾與挪威交戰，十四世紀後期又向丹麥宣戰，迫使丹麥國王簽訂和約，成為歐洲北部一支舉足輕重的國際政治力量。漢薩同盟的鼎盛時期維持了一個多世紀，十五世紀以後開始衰落，十六世紀裏又曾一度迴光返照。

如同威尼斯、熱那亞將單個主權城市的政治經濟勢力發展到頂點一樣，漢薩同盟則將城市同盟的勢力和影響發展到了中古狀態下所能達到的最高點！

第三節　城市的社會結構和政治關係

一　城市的社會分層

中古城市雖然是共同體，市民雖然有共同的利益，城市雖然對外能以一個整體發出聲音，但其內部並非鐵板一塊。換言之，城市內部也有極為複雜的社會結構和政治關係。

中古城市內的居民有多種成分，大致可分為市民和非市民兩大類。所謂非市民，主要指那些住在城市裏的其它人員，包括國王、諸侯、領主、騎士、主教和教堂神父等，以及他們的家人、僕役。這些人不屬於城市共同體，但他們既然住在城內，勢必要對城市社會、政治和經濟生活產生一些影響，我們不能對此完全忽略不計。在那些較大的城市或作為政治中心的城市裏，非市民人員的比例相當大，其對城市生活的控制力和影響力也相對較大，例如倫敦[21]。

城市共同體的成員都是市民。除了極個別的例外，早期城市裏的所有市民都是工商業者，大致包括三類。其一是從事手工業品製造的人員；其二是從事服務業的人員；其三是從事批發和零售商業的人員。在經濟功能不同的城市，這三類人員的比重也會各有不同。一般來說，城市市民大多按行業而劃地塊居住，因此幾乎所有城市都有手工業區和商業區之分，與之相聯繫，也有富人區和窮人區之分。

從法律意義上說，城市所有市民的身份是平等的，所有市民所從事的工商活動也是自由的。但是，由於進入城市有時間先後的差異，

---

21 中世紀倫敦社會可分為五個階層，即官僚貴族階層、教士階層、商人和手工業者階層、自由從業者、城市社會下層。李增洪：《13-15世紀倫敦社會各階層分析》（中國社會科學出版社，2005年），頁60-72。顯然，在倫敦這樣一個政治中心，不屬於市民階層的統治階級在城市居民中佔有相當大的比例。

從事工作有高低貴賤的區別，因而城市所有人員也有地位上的差異。在手工業者的作坊裏，除師傅外，還有幫工和學徒；在商人店鋪裏，有老闆，也有夥計。因此實際生活中，那些幫工、學徒、夥計，雖然在法理上人身是自由的，但他們在城市政治生活中沒有任何地位，是城市的下層，構成城市的貧民階層。手工業者、服務行業的店主和零售商業的普通店主，構成城市市民的普通階層。富有的批發商人、外貿商人、高利貸者和房地產主則成為城市的上層階級。所謂擁有政治權利的市民，作為城市社會基礎的市民，都指的是手工業者和店主以上的人員，城市下層貧民決不包括在內。

　　按說城市本來就是逃亡農奴心中的聖地，本來就是自由人的天堂，所有想成為市民的人，就是衝著能夠自由、能夠平等而來的，因此，城市在本質上是應該沒有社會等級的，是一個在西歐中古等級社會中出現的非等級社會。事實上，在中古城市存在的五六個世紀中，西歐無論哪一個國家的哪一個城市，都沒有公開張揚過要建立等級制度，都沒有在法理上規定社會等級。但是，由於城市誕生於等級社會母體之中，並且又同外部等級社會在政治、經濟、文化各方面保持著密切聯繫，因此它「無論如何繞不開」社會母體中等級制度、等級觀念的影響。因此，中古城市雖然不具有明確的等級制度特徵，但等級意識、等級觀念毫無疑問是存在著的[22]。這種等級觀念與社會各階層的收入差距、貧富程度相結合，從而出現了城市中十分明確的等級分層。只不過，這種以財富為基礎的社會等級，是開放式的，動態式的，每個人的社會身份不是固定不變的，通過發家和致富，人人都可以向城市社會的上層流動。當然這種向上流動的機會不是人人都可遇到的，或人人都能抓住的。

---

22 施治生、徐建新主編：《古代國家的等級制度》（中國社會科學出版社，2003年），頁481-508。

二 行會政治時期

中古西歐城市興起後，城市內部的政治關係也不斷地發生著變化。在早期階段，中古城市政治最突出的特徵之一，是按行業組織起來的行會。從某種意義上說，行會是早期城市內部的基層組織。雖然它以經濟職能為主，但也兼具重要的政治和社會功能。

行會制度也有一個發展過程。譬如在英國城市裏，最先出現的社會經濟組織是所謂商人基爾特。一個城市通常只有一個商人基爾特，因此，有的城市裏它和城市當局合二而一，有的城市裏它是市政當局領導下的最高經濟組織[23]。這個唯一的商人基爾特把城內所有獨立的工商業者都囊括了進來，商人無疑參加了，手工業者更是主要成員。在城市興起之初，手工業者產供銷職能俱備，亦工亦商，不但自己組織和進行生產，還要靠自己組織原料供應，靠自己出賣產品，「前店鋪後作坊」是其時手工業者生產的典型形式，因此他們也被視為商人。雖然商人基爾特所涉及的監管權利多在商業和經營活動方面，一般不過問生產事務[24]，但對它的政治和社會作用卻不可低估。如英國林城的商人基爾特是城市的實際統治者，它被稱為「大行會」，全部由顯貴組成。它的長老可以自動變成城市的代理市長。他可以挑選十二人委員會中的四名成員，這十二人委員會的職責是每年選舉市長和市政官員。按規定，城市官員必須出自這個「大行會」[25]。

---

23 C. 格羅斯：《行會商人》（Charles Gross, *The Gild Merchant*, Oxford University Press, 1927），第二、六章。

24 C. 格羅斯：《行會商人》，第三章。

25 蘇珊－雷諾爾茲：《英國中世紀城市史導論》，頁175-176；B. A. 哈納沃特：〈執燈火者：中世紀晚期英國的教區行會〉，載《中世紀和文藝復興研究雜誌》（B. A. Hanawalt, *Keeper of the Lights: Late Medieval English Parish Gilds, in Journal of Medieval and Renaissance Studies*, Duke University Press, vol.14, 1984, No.1）。

　　隨著生產和分工的進一步發展，按生產和行業分別組織的手工業行會和商業行會不斷湧現，行會便成為城市中的核心組織，大部分城市在早期都有個行會政治時期。工商業者為保護自身利益而組織起來的行會，調節生產，調節市場和原料，成員之間實行互助，這對於保護工商業、傳授生產技術或經商技巧，團結工商業者，無疑起了積極作用。但行會經濟政策的性質是保護性的。它在經濟上的統治權體現為三方面：（1）對成員的生產活動，包括生產規模、生產手段、雇工和學徒人數、工作時間、產品規格與品質等，都有極其嚴格的規定，並實行檢查制度；（2）控制城市裏本行業的發展，目的在於維持現有行會對本行業的壟斷權，規定從事本行業的人員資格，防止外來滲透，也防止本行業生產活動向外擴散；（3）維護本行會已擁有的既定市場。保護性發展到一定程度，當然就成了保守性。

布魯塞爾大廣場
廣場四周都是十四世紀後的行會建築。

行會的政治作用或政治角色，也有諸多表現。首先是行會對整個城市的政治領導權。如城市市政機構負責人多來自行會人員，或是行會信得過的人員；行會的種種規定和限制，往往成了市政當局制定政策的出發點或基石。一些勢力大的行會甚至還可從國王或領主那裏直接取得某些特權而凌駕於市政之上，或者不服從市政管轄。由於行會基本上囊括了城市所有市民，因此行會政治時期也是中古城市的民主政治時期。市政當局官員均由行會選舉或推舉，均從行會人員中選出，就連城市的市政大廳，也因主要是各行會代表開會場所而常常被稱為「行會廳」（guildhall）。當然，各個行會在城市中的地位因其規模和富裕程度而大有差異。典型者如意大利的佛羅倫斯，十四和十五世紀裏便有七個大行會和十四個小行會之分，城市政權基本上由這幾個大行會把持。

其次，行會的政治作用還體現在，它是城市中的基層政治組織，不但要對本行會全體成員負責，也要對市政機構負責。要執行市政下達的命令，完成市政交給的一切任務，包括繳納稅收，維持治安，管理街區等。在城市需要組成軍隊對外作戰時，一個行會往往就是一個成編制的戰鬥單位。

行會也是基層社會組織。行會有自己的會徽、會旗，多以本行會的生產工具或產品為標誌。它對成員有扶困濟危的責任，成員間也有相互幫助的義務。行會會所作為本行會的活動中心、聚會場所，對成員有強烈的吸引力。行會還能調解成員之間的矛盾，化解衝突，同時也負有申張正義、剪除邪惡的責任。城市舉行各種慶典活動時，以行會為單位參加。演出神秘劇時，行會要出節目；街頭遊行時，以行會為單位組成方隊，各方隊前面必有行會會旗，並有鼓樂隊開路。參加慶典的一切開銷由各個行會自行負責。

在行會政治時期，城市裏的行業差別，市民們的貧富差別，都還

不是很大。也許這種經濟上的平等決定了政治上的平等，因此行會時期城市還是很有民主氣氛的。然而，這種平等和民主在大多數城市裏都只是短暫的。隨著城市的進一步發展，政治權力越來越集中於少數人和少數集團手中。

三　寡頭統治與行會革命

隨著工商業的發展，市民中的貧富兩極分化出現並日益加劇。擁有和支配財富的人便會要求政治上的主導權和統治權，於是寡頭政治在中古城市裏普遍流行起來。

寡頭政治的社會基礎是城市貴族（city patrician）。所謂城市貴族，實際上就是城市中的富有者，因富而生貴。它包括多種成份：（1）移居城市轉而經營工商業的貴族。他們既有高貴的門第出身，又在經營工商業中發跡，佔有較多財富，因而勢必在城市擁有極高的社會地位。意大利尤其如此，領主在城市貴族中所佔的實質性地位，遠超過阿爾卑斯山以北的歐洲國家[26]。這裏移居城市經營國際貿易的貴族特別多。如熱那亞，十一和十二世紀貿易發展時期的頭面人物，大多是已有很高社會地位和影響的人。他們將地租收入、關稅和市場稅收入、官職收入，以及從東方掠得的財富等大量投入商業，形成一個個既有經濟實力、又有社會和政治勢力的顯赫家族[27]。（2）專門從事批發貿易、國際貿易特別是轉運貿易的大商人。尤其在以商業為主要特點的城市中居多，意大利的威尼斯、熱那亞最突出。（3）高利貸者——銀行家。這些人本來就是以財富來發家的。在城市早期，在普

---

26 M. M. 波斯坦等主編：《劍橋歐洲經濟史》第三卷，頁30。

27 A. B. 希伯爾特：〈中世紀城市貴族的起源〉，載《過去和現在》（A. B. Hibbert, "The Origins of the Medieval Town Patriciate", in *Past and Present*, 1971），頁18。

通的城市裏，高利貸者的活動較為頻繁；而在城市發展的後期，在那些大工商業城市裏，如熱那亞、佛羅倫斯、奧格斯堡，則有許多叱咤風雲的銀行家。（4）房地產主。自從城市土地變成自由地後，經營城市房地產的事業便隨之而興。房地產是城市特別是工商業興旺發達的大城市裏最易暴富的產業。（5）富有的手工工匠。城市行會雖然限制競爭，但總有一些靈活或幸運的工匠衝破各種規則和限制，把握機遇，使自己的事業日益興旺，從而脫穎而出，進入城市最富有的社會階層。由於各種因素的作用，不同的城市裏城市貴族的構成也不盡相同。

所謂寡頭政治，其基本特徵就是極少數富人構成一個封閉的政治團體，壟斷城市領導權，甚至還實行家族世襲制。前述英國約克市統治圈，即市長、大法官、大總管，加上市議會的核心層和中間層，就是一個封閉的寡頭政治團體。佛蘭德爾的根特城，政權由三十九個市政官把持，職位世襲。三十九人分成三組：十三人為本年度的執行市政官；上一年的十三位執政官本年度為顧問，協助執政；前年的十三位執政官輪休，待到來年即轉為執行市政官，如此周而復始。德國科隆的市政小議會是最高行政機構，十五個成員雖然每年都更新，但實際上全在十五戶城市貴族家族中產生[28]。另如威尼斯，城市貴族約占人口的百分之四至百分之五，只有這一階層的人才可參與對城市的政治管理。政府中的重要職務如總督、大議會成員、元老院成員、十人委員會成員、法院的大法官，無一不是被這些貴族所佔據[29]。

英國城市中市政官員的世襲制較為多見。如北安普敦的梅納德家

---

28 馬克垚：《西歐封建經濟形態研究》（人民出版社，1985年），頁321-322。

29 J. 馬丁等：《威尼斯再思考：一個意大利城市國家的歷史和文明》（J. Martin and D. Romano, *Venice Reconsidered, The History and Civilization of An Italian City-state,1297-1797*, John Hopkins University Press, 2000），頁16。

族、麥尼克家族、斯里克家族以及萊昂家族維持統治地位的時間，達一個世紀之久；而伊普斯威治的多恩迪家族、斯帕羅家族和布洛伊家族統治該城的時間，則從十六世紀初一直延續到十七世紀末[30]。就連一些中小城鎮也有寡頭統治。國王亨利八世在位的三十八年間，英國上威庫姆城的市長職務被十五人所壟斷，其中一個叫羅伯特的人，在一四八九至一五三〇年間曾經十一次出任市政要職[31]。遲至一六四一年，博辛斯托克鎮按照國王特許狀建立的寡頭政治機構，僅由一名市長、七位長老和七個市民組成，「它非但是一個封閉的集團，而且隨著時間的推移，變成了一個家族黨，它的所有成員都通過血緣和婚姻關係而相互依存」[32]。

商人家族統治最為突出的，是那些國際性的大工商業城市。如意大利佛羅倫斯的美第奇家族、巴爾迪家族、佩魯齊家族、阿齊烏里家族，熱那亞的多利亞家族、森特里奧內家族、帕拉維西諾家族、斯皮諾拉家族、格里瑪律迪家族，德國奧格斯堡的福格爾家族、雷林家族、赫西斯特家族、韋爾瑟家族，都長期控制著城市的政權。

商人寡頭掌握了市政權力後，極力實施對手工業行會的控制。如一二八六年，英國諾里奇市政當局就規定：各手工業行會都要由市政府管理，城市司法長官和二十四名市政議員每年對各行會進行四次檢查。起初由市政府任命，後來則自我選舉的各行會總管必須向市長宣誓效忠，如不履行職責，市政有權另行任命。市長有權對行會的過失和舞弊行為提起公訴。各行會條例須經市政當局批准。各行會不得擁

30 J. 瑟斯克主編《英格蘭和威爾士農業史》（J. Thirsk ed., *The Agrarian History of England and Wales, 1500-1640*, vol.4, Cambridge, 1967），頁489。

31 J. 康沃爾：〈16世紀20年代的英國鄉村城鎮〉，載《經濟史評論》（J. Cornwall, "English Country Towns in the Fifteenth Twenties", in *Economic History Review*, second series, vol.15, 1962），頁56。

32 P. 克拉克和 P. 斯萊克主編：《英國城市的危機和秩序》，頁21。

有獨立法庭，無權徵收罰款。類似的規定在坎特伯雷、約克、施魯斯伯里等城市也同樣存在[33]。寡頭政府還運用政治權力，在經濟上榨取普通市民。如佛蘭德爾的根特城，市政對市民的稅收在總收入中佔有相當大的比例，從而引起市民的不滿[34]，引發城市內部的衝突。英國的考文垂也相類似。這裏的寡頭政治團體經常濫用手中權力，侵奪城市普通市民的利益，結果遭到市民們的抵抗。一四八〇年，該城的財政總管桑德斯奮而反對這些有權勢的人們，在他周圍很快就集結了一批追隨者[35]。

城市普通市民反對城市貴族的鬥爭，習稱為「行會革命」。這是因為鬥爭主要是行會發動的，參加者大都是行會成員。十四世紀佛蘭德爾城市手工業行會與城市貴族之間的鬥爭異常激烈，而且還有領主介入其中，矛盾複雜交織，演變成一種三角鬥爭，從而使城市秩序大混亂。從一三〇〇至一三八五年，佛蘭德爾各城市爆發了三次大動亂。第一次是手工業行會與佛蘭德爾伯爵聯合起來反對商人寡頭。第二次是行會與商人貴族聯合反對伯爵。第三次是行會同商人貴族進行鬥爭時，被法國的軍事力量所鎮壓。無窮盡的衝突造成了極大的內耗，加速了佛蘭德爾城市的衰落過程。

行會反對商人寡頭的另一個突出例子是佛羅倫斯。在反對家族統治的鬥爭中，佛羅倫斯市民一度取得了重大勝利，推翻了城市當局，建立了自己的政權。

33 郭希寧：〈14至16世紀英國手工業行會的變化〉，載吳於廑主編：《十五、十六世紀東西方歷史初學集》（武漢大學出版社，1985年），頁154。

34 J. W. 湯普遜著，徐家玲等譯：《中世紀晚期歐洲社會經濟史》（商務印書館，1996年），頁551。

35 D. C. 道格拉斯主編：《英國歷史文獻》（D. C. Douglas edited, *English Historical Documents*, vol.4, London, 1969），頁1190。

四　市民階級力量成長

商人寡頭面臨的社會挑戰是多方面的。行會革命是出於對寡頭統治的反抗，而市民階級或中等階級的形成則意味著一種新生的社會力量崛起，對商人寡頭的統治構成了嚴重威脅，並在最後取而代之。

市民階級或中等階級，是後來城市資產階級的前身。它是在十五、十六世紀西歐進入經濟社會發展全新階段時逐漸形成的。城市中等階級有很多成分，來源面廣，大致包括：（1）處於上陞階段的獨立手工工匠，即所謂手工業資本家；（2）滲透手工業生產部門的商人，即所謂商人資本家；（3）因從事國內國際貿易而新近發跡的商人；（4）城市裏新出現並富有的律師、醫生、公證人等事務性階層；（5）從事文化、教育和藝術事業的精神勞動者。可以說，這個階級就是那些從事資本主義經營的人，或與這種經營息息相關的新興商人以及為這種經營提供各類服務的人。市民階級是城市市民富有階層的總稱，作為市民的主流，其經濟和社會影響力已非舊時商人寡頭可比。如在十七世紀後期格里高利・金的統計表上，全英格蘭每年歲入增長總額超過十萬英鎊的社會階層共十一個，其中屬於城市的社會階層五個，即遠洋鉅賈，遠洋商賈、律師、店主和商人、工匠和手藝人；並有若干社會階層含有城市市民成分，如紳士、地產主等。此外，如人文科學家和藝術家這一城市社會階層，也能形成積聚一定財富的能力[36]。

倫敦是中等階級力量成長的很好例子。在這裏，中古的行會制度只存在了一個短暫時期，大約在十四世紀就開始崩潰。寡頭政治在倫

---

36 亞・沃爾夫著，周昌忠等譯：《十六、十七世紀科學技術和哲學史》（商務印書館，1985年），頁676-677。

敦幾乎沒有出現。十五世紀裏，倫敦的大小行會都相繼過渡為號服公
會。十二家大公會的號服成員幾乎全是富有商人或大工匠，其餘較小
的號服公會中也有不少富有的上層人物。富人之多，使倫敦不可能讓
少數人來控制政權。十六世紀裏，雖然倫敦的政治權力主要由十二家
大號服公會掌握，但卻很少有人能滯留在城市的高級官職上。這個世
紀的一百年中，各大公會擔任市長職務的都有六七人以上，最多如絲
綢商公會達到二十四人[37]。可見掌握市政領導權的人來自於比較廣泛
的社會行列。從籍貫來看，一四八〇至一六六〇年倫敦的一百七十二
任市長中，只有十四人出生於倫敦[38]。由此也可推斷倫敦的統治集團
並無封閉和世襲之嫌。因此可以說，十六世紀倫敦城的政治領導權已
基本過渡到市民階級或中等階級手中，因而也就不難理解十七世紀英
國資產階級革命被不少研究者認為是倫敦（the City）與國王
（Crown）的鬥爭。

在中小城市裏，由於城市自身工商業發展條件的局限，中等階級
的成長速度相對要緩慢一些，但也呈現出了這一趨勢。如英國的諾里
奇，中古至近代早期是英國最重要的地方城市之一，人口卻只有一萬
餘人，相當於大陸上一個小城。它在十七世紀裏也逐漸顯示中等階級
正接近城市領導權的趨勢。從其市長的職業可以看出這樣一些走向：
（1）所任市長的職業廣泛，大約代表二十個行業以上；（2）商人出
身的市長的比例越來越小；（3）公證人、藥劑師等事務性階層人員開
始進入領導層；（4）作為紡織城市，最大行業是織呢工，但在商人寡
頭政治尚有影響的十七世紀上半葉，沒有人當過市長；到十七世紀下
半葉，織呢工匠的領導地位日益見長，甚至有取代商人的勢頭[39]。

---

37 施托克瑪律：《十六世紀英國簡史》（上海人民出版社，1959年），頁66。

38 P. 拉姆齊：《都鐸經濟問題》，頁110。

39 P. 科菲爾德：《諾里奇：17世紀晚期的一個地方都會》，頁278。

必須指出的是，在英國以外的歐洲大陸城市裏，無疑也有市民階級力量的成長。但幾乎每一個國家都因自身原因而使這種力量發育不全，難見優勢。意大利工商業城市發展得早，市民階級在很早就發出了聲音，但到社會經濟發生轉型的十六、十七世紀時，意大利城市反而走上了衰落之路。佛蘭德爾城市的衰落甚至比意大利更早一個多世紀。這種衰落，也就喪失了市民階級力量走向強大的母體。德國城市在十六世紀宗教改革和農民戰爭後，更多地被諸侯勢力所控制，原本就孱弱的城市市民階級終究沒有發展成具有影響力的新興社會力量。在法國，國家機器的強大使得城市資產階級特別尋求蜷縮在國王的卵翼之下，或尋求在國家政治資源中分得一杯剩羹，買官求職，富有的商人由此墮落為舊營壘中的成員。至於西班牙，原本就是個傳統性極強的國家，正是這種廣泛存在的社會依附性，使這個國家無法把握發現新大陸帶來的前景，本來就沒有多少工商業生活體驗、不太具備新觀念的城市市民，當然也就難成氣候而無所作為了。儘管有這種種坎坷命運，西歐城市中等階級正在作為一支新的社會力量崛起的趨勢，應該是無可否認的。

第四節　近代國家興起和自治城市衰敗

一　國王與城市的結盟

中古西歐國家的形成，無論從觀念上看還是從實體上看，本身都有一個從模糊到清晰的長期過程。當十一世紀前後城市剛剛興起時，西歐幾個主要國家也處在分裂割據、王權弱小的階段。在十世紀取代了加羅林王朝的加佩王朝，其王權弱小得只能與眾公爵、伯爵論短長，國王所能施加影響的區域不超過王室領地之外。而那塊以巴黎盆

地為中心、被人戲稱為「法蘭西島」的王室領地上，大小騎士們也不服管轄。法國國王的這種尷尬境地直到十二世紀開始後才有所改觀。在德國，加羅林後裔的統治也在十世紀終結。九六二年建立的神聖羅馬帝國，說起來威風凜凜，其實它的皇帝只是徒有虛名而已。他沒有都城，沒有朝廷，沒有財政，由諸侯選舉產生。皇帝的權威度低，加劇了諸侯割據自重的局面，而他甚至還頒佈詔書從法理上認可這種割據。對內無能的皇帝只好把自己的精力放到域外，一面向東擴張，一面則侵入南面的意大利，窮兵黷武，搶劫掠奪。而意大利，自德意志皇帝十世紀南下、加羅林後裔的意大利王國滅亡後，政治局面更加分散，北部興起眾多的獨立城市國家，中部是教皇國，南部長期為外族所統治。英國情況略有不同，十一世紀以前長期分裂，並且外侮不斷。一〇六六年諾曼征服後，英國的王權頗為強大，但貴族的割據和分離狀態一樣存在，統一政令也是其艱巨的任務。

在中古的西歐，還有一支巨大的政治力量，那就是天主教會。與王權的分散弱小相比，教會內部則是高度中央集權化。從教皇到樞機主教團，到各國大主教、主教、修道院長，教會上下可謂號令一致，思想一致。教皇和教廷還經常干涉世俗政治，中古歐洲的教俗之爭、教權和王權之爭，可謂比比皆是，此起彼伏。在這種鬥爭中，世俗的國王、皇帝總是處在下風，每每以失敗而告終。

因此，為了能在政治上統一國家，消滅領主割據狀態；也為了能在與教皇和教會的鬥爭中獲得勝利；還為了能在對外征戰中獲得國內支持，國王們急需尋找同盟者，新興的城市自然就成了他們所能物色到的最好結盟對象。而城市也有尋找政治保護的需求。他們要反對領主的壓榨，要開拓市場，統一貨幣、統一度量衡，這些只有在相對安定的政治環境下才能實現。這樣，出於共同反對割據勢力和天主教會的需要，城市便和國王走到了一起。

　　城市很早就顯示了自己在政治上的能量。一二一五年，英國社會各階層迫使國王約翰簽署了《自由大憲章》。這一事件雖然最先是由貴族發難的，並且也以貴族為核心，但城市的作用同樣不可低估。正因為如此，城市也從大憲章中得到了利益：城市的自治權利被確認，市民的通商自由得到保障，規定了全國統一的度量衡制度。一二六五年，英國孟德福伯爵叛亂時，也看到了城市的力量。他在召開那次被史家視為英國第一次國會的全國性會議時，就要求每個城市派兩名代表參加。

　　隨後的國王愛德華一世很欣賞國會這種政治形式，因此它便成了國王與城市結盟的基本方式。一二九五年，為了籌措同法國、蘇格蘭和威爾士作戰的經費，愛德華召開了歷史上所謂的「模範國會」，自治城市代表在其中佔有相當數量。英國的國會制度正式產生。一三四〇年左右，英國國會分成上下兩院。上院稱貴族院，由世俗貴族和教會代表組成；下院是平民院，由各郡騎士代表和各城市市民代表組成。初期的國會，是國王同各社會等級聯合進行統治的形式。在這種等級議會君主制中，市民是國王最可依賴的力量。

　　法國的三級會議也是國王與城市聯盟的基本形式。法國的三個等級，原指第一等級教士，第二等級貴族，第三等級其它自由民眾。隨著城市自治運動的勝利和市民力量的迅速壯大，第三等級逐漸演變成了富有市民的代稱。三個等級直接參與國家事務，起因是法國國王同羅馬教廷的衝突。由於對英作戰的需要，國王腓力四世擬徵收一種教會財產稅，結果遭到教皇的強烈反對。為了爭取社會各階層的支持，腓力於一三〇二年召開了法國歷史上第一次三級會議。與會者除教士和貴族外，還有城市的富裕市民，王室領地上的主要城市各派兩名代表參加。表決時，三個等級每個等級一票。三級會議召開，表明在法國等級君主制中，國王已正式與市民階級攜起手來。

　　國王與城市結盟，表明西歐的中古國家形式已日趨完善，同時城市也不再局限於自身政治，而是開始在整個社會政治體系中佔有不可替代的地位。當然，這種結盟是雙方出於各自自身利益需要的一種結合，根基並不是牢固的。一旦雙方的利益發生了衝突，昔日的盟友就會演變成鬥爭的對手。

二　近代國家的雛形：城市共和國

　　當阿爾卑斯山以北地區的中古國家日趨成熟的時候，意大利的城市共和國則在孕育著新的近代政治形式。可以說，這些城市共和國是近代國家的雛形。

　　認為城市共和國是近代國家的最早表現，這一觀點源出於十九世紀的布克哈特。這位偉大的歷史學家在其不朽名著《意大利文藝復興時期的文化》中，對意大利城市國家大加讚賞。他說，無論什麼傾向，都掩蓋不了「一個新的歷史事實——出現了經過深思熟慮、老謀深算的國家、作為一種藝術工作的國家。這種新的國家生活以千變萬化的形式在共和國家和君主專制的國家裏邊表現了出來，並決定了這些國家的內部組織和外交政策」。在這些城市國家身上，「我們第一次發現了近代歐洲的政治精神」。不過，在君主制城市國家那裏，這種精神主要表現為「隨心所欲」，「表現出肆無忌憚的利己主義的最惡劣的面貌，踐踏每一種權利和摧殘一個比較健康的文化的每一個萌芽」[40]。儘管布克哈特對君主制的城市國家作了詳盡論述，但他更看好的是威尼斯和佛羅倫斯這兩個城市共和國。

---

40 雅各・布克哈特著，何新譯：《意大利文藝復興時期的文化》（商務印書館，1983年），頁2。

在布克哈特看來，正是意大利城市在國家性質上的較早發展，使得「意大利人成了近代歐洲的兒子中的長子」[41]。而這種發展在威尼斯和佛羅倫斯那裏體現得最為顯著。他評論說，這「兩個城市對於人類歷史具有深刻的意義」[42]。尤其是佛羅倫斯，不但跟威尼斯一樣是現代統計科學的策源地，更是政治理論和政治學說的策源地，政治實驗和激烈的改革的策源地，最高尚的政治思想和變化最多的發展形式在佛羅倫斯結合起來了，因此它可稱得上世界上第一個近代國家[43]。

可以說，近代國家政治形式的幾條基本原則，都在威尼斯和佛羅倫斯具備了。

（1）近代政治精神或政治意識。這就是，國家不再是哪一個人的國家，而是全體成員的國家，因此全體成員都對國家的命運表示關切，全體成員都介入國家事務。誠如布克哈特指出：「在暴君專制的城市裏屬於一家一姓的事情，在這裏是全體人民所勤奮研究的問題」；而且，人民還要求政治上不斷出新，正是「那種既是尖銳批判同時又是藝術創造的美好的佛羅倫斯精神，不斷地在改變著這個國家社會的和政治的面貌」[44]。

（2）近代國家的政治手段，即國家內部治理和對外政策的精心結合。內部穩定團結是基礎，外交政策是為國內政治服務的手段。這一點在威尼斯尤為突出。在這裏，國家「在內部構成上是一種策略的產物，是深思熟慮精心設計的結果」[45]。譬如，城市的商業活動向一切人開放，最貧困的人也能獲得豐富的報酬，使他們不至於去注意政

41　雅各・布克哈特著，何新譯：《意大利文藝復興時期的文化》，頁125。
42　雅各・布克哈特著，何新譯：《意大利文藝復興時期的文化》，頁60。
43　雅各・布克哈特著，何新譯：《意大利文藝復興時期的文化》，頁72。
44　雅各・布克哈特著，何新譯：《意大利文藝復興時期的文化》，頁72。
45　雅各・布克哈特著，何新譯：《意大利文藝復興時期的文化》，頁85。

治問題而變成社會的危險分子，從而形成內部社會的穩定。由於具有
清醒的政治意識，具備阿拉伯式的嚴格行政管理，也由於長期進行工
商業活動，威尼斯和佛羅倫斯還第一次產生了真正的統計科學。同
樣，它們的對外關係「也是一種策略的產物」。它對外交問題也有周
密而冷靜的考慮，避免陷入意大利各地的黨派之爭，避免捲入永久的
聯盟。他們對外界的蔑視和外人對他們的嫉妒，使得威尼斯內部更加
團結，從而使陰謀者找不到煽動對象[46]。

　　（3）近代國家的政治機構及其相互制約。城市共和國裏立法、
行政等機構分立，各司其職，但又互相牽制。如威尼斯，元老院是最
重要的國家機關。它決定國家大政方針，決定戰爭和平，判定條約，
布置稅收，管理財政，批准一切法令。元老院中的十人委員會是常設
機構，最初只是負責掌管和平、鑄造錢幣及掃除社會不良現象等事
務，但很快便能干預一切事情，它的決定具有法律意義，其它任何機
構都不可更改。它甚至可以決定廢黜總督、決定總督的生死。一三五
五年，十人委員會將總督法利爾送上了斷頭臺；一四五七年，十人委
員會罷黜了總督弗朗卡利。元老院之外的大議會，是威尼斯的最高立
法機關和監督機關，它可以選舉元老院成員，十人委員會及元老院的
決議也須有大議會的支持才能生效，如元老院一五〇〇年對一位海軍
上校的審判最後由大議會裁決，一五八四年對一位海軍中校的判決最
後由大議會通過。大議會對總督也有很大的監督權[47]。作為總督，雖
然行政權力極大，但必須按「總督誓詞」行事，並遵守種種限制和
規定。

　　（4）官吏政治。除了那些需要選舉產生的城市主要官員外，各

---

46 雅各‧布克哈特著，何新譯：《意大利文藝復興時期的文化》，頁68。

47 D. 錢伯斯和 B. 普蘭：《威尼斯文獻史》（David Chambers and Brian Pullan, *Venice, A Documentary History* 1450-1630, Blackwell 1992），頁42、55-56、71。

機構中還有許多穩定性較強的常任公職人員，他們的就職有任命、推薦、考試選拔等多種方式。由常設和常任官吏來執行行政管理職能，是近代國家組織與中世紀傳統國家相比一個極其不同的特徵。在中世紀大部分時候，即使中世紀國家形成較早，但其政治統治方式卻有一個長期演變過程，而且明顯呈現出階段性。在割據制君主時代，國王基本上沒有設立統治機構，身邊只有一些隨員，王室就是國家的象徵和權力的中心。到了等級君主制時期，國會成為不常設的政治機構，國王也為自己增加了許多助手，由此逐漸形成了以國王為中心的朝廷。但這時協助國王統治的人，主要是那些大小貴族，因此這一時期可以稱為貴族政治時期。西歐國家從貴族政治轉變為官吏政治，大約是從十六世紀開始的，這是走向近代國家之路的重要一步。而走出這一步的先驅，無疑又是意大利這些城市共和國。

三　民族國家興起與城市自治權萎縮

隨著社會、經濟和政治的變革，從十五世紀起，西歐相繼形成了一些近代民族國家，主要有英國、法國、西班牙、葡萄牙等。民族國家被認為是「領土國家」[48]，它一定包含著寬闊的版圖。在國家版圖內，肯定存在許多原已擁有自治權的城市，這兩種政治主體也肯定有一個衝突或相容的問題。其結果已如歷史事實所示，那就是城市將自己努力融合在新形成的民族國家之中。

這種融合自然有國家方面的巨大吸力。十五世紀後期以來，英、法、西等國均已實現了全國範圍內版圖的統一，割據勢力走向衰弱，

---

48 費爾南・布羅代爾著，唐家龍等譯：《地中海與菲力浦二世時代的地中海世界》（商務印書館，1996年）。

大領主或被鎮壓，或歸順了國王，全國上下逐漸號令一致，強有力的中央集權的民族統一國家初現端倪。與政治統一相一致，各國逐漸形成了統一的國內市場，工商業有了更好的發展機遇，城市過去為之奮鬥的自由發展環境已然形成，故而城市為此目的而長期維持的自治權力漸成多餘。此外，英法等國政府從十五世紀末開始實施重商政策，一系列的措施加快了國內工商業以及對外貿易的發展，這種作用遠比單個的城市要大。因此，城市當局以及市民開始不再單純地依靠自己，而是更多地希望借國家之力，更多地依靠國家的保護。因此，從發展前景來看，由於民族國家的形成，城市正在喪失維持自治權的基礎。

另一方面，城市也在喪失繼續維持自治權的能力。原因在於城市舊有的中世紀性質導致了城市自身危機的發生。這種危機在中世紀晚期的西歐是一個普遍現象，到處都有「衰敗的城市」之說。雖然各國都有其自身的具體原因，但也明顯具有一些共性：（1）城市危機首先就是城市自身所具有的中世紀性質的危機。城市中的傳統因素如行會制度、寡頭政治等阻礙了經濟和社會的進一步發展。（2）城市危機是中古晚期西歐總危機的一個局部表現，是十四世紀以來農業危機的連鎖反應。尤其是，當十四、十五世紀農業危機導致莊園制、農奴制最後崩潰，農村人身依附關係趨於鬆弛時，所引起的副作用是領主轉而將注意力更多地放到了城市，對城市實行高壓政策。而且，當農民經濟狀況逐漸變好時，經過黑死病橫掃的城市對農村居民的吸引力也大為減弱。（3）城市危機也是城市舊有經濟結構不能適應社會變化的結果。城市手工業因原料、市場等因素，總是固守傳統產品，不能面向大眾市場的消費，結果終因銷售市場過窄而引發生產危機[49]。危機使

---

49 劉景華：《西歐中世紀城市新論》，頁122-148。

大部分城市減弱了自身的經濟能力和社會競爭力，自然也就減弱了政治上的能量。

　　而且，從城市自身發展的需要看，自治權的下落反而有利。十六、十七世紀裏，市民階級在城市的主導地位基本確定。他們感興趣的，是進一步清除舊的限制和規定，掃除障礙，打開門戶，為新興生產力的發展創造更寬鬆的環境。商品生產和資本主義生產的開放性質，又決定了市民階級這種政治力量不會把自己囿於一隅之地，他們需要拓展更大的活動範圍，尋找更廣闊的發展場所。他們所感興趣的並不是城市的獨立地位和自治權，相反，他們往往還會認為獨立性過強、自治權過大會損害自身的利益。因為，如果每個城市都擁有無度的自治權的話，那麼一個個城市都將成為一個個閉鎖孤立的政治經濟小王國，一個國家又會在政治上被分割得零零碎碎，商品經濟和資本主義便難以在全國範圍內整體地發展。因此，在市民階級佔據主導權的這幾個世紀裏，城市的自治權反而萎縮了，城市越來越成了全國政治統一體中的一個個構件而已[50]。

---

50 劉景華：《城市轉型與英國的勃興》（中國紡織出版社，1994年），頁24-25。

第七章
西歐中古賦稅制度

第一節　西歐賦稅理論

西方中古賦稅基本理論包括共同利益、共同需要和共同同意三部分。

一　共同利益

共同利益強調王國內各群體、各個體利益的一致性。所以在理論上，只有在這些群體、個體利益一致的條件下，方可談及徵稅問題。

經院學者特別是阿奎那曾反覆論及共同利益問題，認為君王是由上帝設立的，君王的職責是繁榮公共利益，促進公共幸福。正是基於經院學者的這些或類似的論述，共同利益才成為國王徵稅的基本依據或理由。可以這樣說，英國十二至十四世紀王室頒佈的所有關於徵稅和涉及徵稅的重要檔裏，幾乎都出現了為了共同利益，或王國利益，或公共福祉，或公共需要等詞彙。約翰在一二○五年召集貴族大會議開會，將對法王腓力四世的戰爭視為王國的戰爭，將十三分之一稅的徵收目的解釋為「保衛我們的王國」，並將之等同於「恢復我們的權利」[1]。一二○七年動產稅的徵收令將這次徵稅的目的表述為「保衛

---

[1] G. L. 哈利斯：《1369年以前的中世紀英格蘭的國王、議會和公共財政》（G. L. Harriss, *King, Parliament, and Public Finance in Medieval England*, Oxford, 1975），頁24。

我們的國家」[2]。國家是大家的而不僅僅是國王的，況且這時的國王
還不能代表國家。亨利三世在一二二四年貴族大會議討論怎樣恢復他
們在法國的世襲領地時，將王室領地的喪失視為對英國王權尊嚴和權
利的損害；一二四三年更通告倫敦市民，他在普瓦提埃進行的戰爭是
「為了王國的利益」；一二四八年，在談及恢復王室領地加斯科尼時
說事關貴族的利益[3]。自愛德華一世始，國王對「共同利益」的意義
有了更深入、充分的認識，因而幾乎任何徵稅活動都以「共同利益」
作為理論支持。愛德華一世將國家面臨的威脅解釋為對國民共同利益
的威脅，將保衛在法國的領地等同於代表共同利益。如一二九七年七
月三十日徵稅令提及「為了王國的共同利益」[4]；一二九七年八月十
二日王室宣言說：「國王始終願望國民幸福」，「為了王國的公共利
益。」[5]在愛德華一世看來，一二九七年貴族提交的《抗議書》中隱
含著一種對他的戰爭財政賴以依存的義務原則的威脅。他認為，他所
要進行的戰爭符合經院學者的正義標準，戰爭的目的是為了王國的榮
耀和公共利益，為了恢復他對法國領土的合法的繼承權，而這種繼承
權已遭到法國國王的陰謀暗算。因此，他所加在臣民身上的負擔是正
義的和必要的。另外，在加斯科尼、威爾士、蘇格蘭以及其它地方所
爆發的戰爭也都是為了反對他，而沒有臣民的支持他便無法保衛他和

2　G. L. 哈利斯：《1369年以前的中世紀英格蘭的國王、議會和公共財政》（G. L. Harriss,
　　King, Parliament, and Public Finance in Medieval England, Oxford, 1975），頁18-19。

3　G. L. 哈利斯：《1369年以前的中世紀英格蘭的國王、議會和公共財政》（G. L. Harriss,
　　King, Parliament, and Public Finance in Medieval England, Oxford, 1975），頁33-34；S.
　　K. 米切爾：《中世紀英格蘭稅收》（S. K. Mitchell, *Taxation in Medieval England*, Yale
　　University Press, 1971），頁210。

4　D. C. 道格拉斯編：《英國歷史文獻》（D. C. Douglas, *English Historical Documents*,
　　vol.3, London, 1975），頁473-477。

5　D. C. 道格拉斯編：《英國歷史文獻》（D. C. Douglas, *English Historical Documents*,
　　vol.3, London, 1975），頁477-480。

整個王國。他說，如果不能渡海保衛他的盟邦，王國便可能陷入危險。雖然目前的遠征看起來具有侵略性，戰爭本身卻是自衛的。他沒有將稅款用於自身利益，如購買地產、房產、城堡和城市，而是用於公共利益，用於保衛他自己、他們和王國。他並不吝惜自己的生命和財產，但他的財源不足以應付這場威脅，因而不得不求助他的臣民承受這一負擔，因為目前的需要是巨大的。最後，他說，目前的戰爭在於獲得一個美好的永久的和平，因而不僅強調了戰爭目的的正確性，而且承認「需要」也是一個暫時的理由[6]。從愛德華一世經愛德華二世至愛德華三世，以共同利益為由實施徵稅已經形成傳統。一三四四至一三六〇年間，愛德華三世徵俗人協助金達十一次之多，每次徵收都是以保護全體人民的共同安全和共同利益為由，而且徵得了全體議會代表的同意或批准。

　　共同利益是國王徵稅的工具，也是國民抗稅的武器。國王徵稅時，共同利益當然是經常使用的武器。比如國王為了恢復或保衛某一領地，為了獲得某國王位，為了舉行某種儀式，為了贖取國王人身等而向直接封臣或全國人民徵稅，貴族或納稅人代表總要對這些徵稅的事由作必要的分析，論證這種徵收是否符合貴族或國民的共同利益。而且這種分析絕非敷衍了事，因而國王難以蒙混過關。有時即使國王的徵稅的確代表了貴族或全國人民的利益，貴族或納稅人代表也往往借助共同利益強詞奪理，以達到阻止國王徵稅的目的。米徹爾在他的《英國中古稅制》中就列舉許多這樣的例子。在擬定正式檔特別是具有法律效力的檔時，貴族尤其注意強調和貫徹共同利益的精神。一二一五年《大憲章》出現了「為了王國的興隆」、「為了王國的富強」[7]

6　D. C. 道格拉斯編：《英國歷史文獻》，頁477-480。

7　《大憲章》（*Magna Carta*, 1215）。

一位農民卑躬屈膝地向莊園主繳納貢賦，其他農民則排隊等候
——選自艾德蒙・波尼翁著，席繼權譯：《西元1000年的歐洲》
（山東畫報出版社，二〇〇五年），頁81。

等短語。所謂「王國的興隆」、「王國的富強」，在貴族看來，當然首
先是他們以及國民的富裕，尤其不致因徵稅過度而使人民貧窮。這顯
然是共同利益的具體化。一二九七年《抗議書》談到「為了國王的榮
耀，為了人民的維持（for the preservation of the people）」，這裏所謂
人民，指國王的直接封臣如大主教、主教、修道院長、伯爵、男爵以
及王國各社團。而所謂維持，則是指他們作為各自生活水準的保持。
因為按中古法律，封君對封臣負有維持義務，須保證封臣的生活供
應。下文由國王遠征弗蘭德爾引出了人民的負擔問題，並由這一問題
進一步涉及且最終否定了國王關於「共同利益」的理由。《抗議書》
說，遠征弗蘭德爾史無前例，他們的父輩和先祖都未曾在此服役，所
以，他們也沒有這個義務。即使有這個義務，他們也沒有能力從事這
種遠征。因為他們已被各種任意稅和特別稅（prises）如小麥、燕麥、

被艱苦勞動和沉重賦稅逼迫的農民向
領主的代理人──某一騎士進行報復
──選自艾德蒙·波尼翁著，席繼權譯：《西元1000年的歐洲》
（山東畫報出版社，二〇〇五年），頁236。

啤酒、羊毛、皮貨、公牛、母牛、醃肉等的徵收折磨得精疲力竭，以
至於難以養活和維持自身[8]。這顯然是關於共同利益的理論的進一步
具體化。言外之意是，你國王口口聲聲代表國民共同利益，可眼下百
姓連生活都難以維持了，你究竟代表國民的共同利益，還是個人利
益？既然是個人利益，對於弗蘭德爾遠征，當然難以從命。而且，
《抗議書》否定的不僅是國王關於當前遠征弗蘭德爾的理由，就連此
前賦稅徵收的理由也否定了，因為《抗議書》以激烈的言辭指出以往
的徵稅已使國民貧窮化，現在甚至難以養活和維持自己了。一二九七
年《大憲章確認令》也反覆提及「為了上帝與聖教的榮耀，為了整個
王國的利益」、「為了王國的共同利益」等短語[9]，重申《大憲章》中

8　D. C. 道格拉斯編：《英國歷史文獻》，頁469-472。

9　D. C. 道格拉斯編：《英國歷史文獻》，頁485-488。

關於「共同利益」的規定的有效性，同時提示和告誡以後徵稅必須考慮人民的共同利益而不是國王的個人利益。

在法國，「共同利益」同樣構成了賦稅基本理論的一個重要部分。隨著時間的推移，王室的花費日漸浩繁，但國王無權在王室領地以外的地區徵稅。而要徵收全國性賦稅，需召開三級會議，由國王或國王的代理人申述徵稅理由，然後由與會代表審核這一理由，並作出分析論證，以確定是否實施徵收。在這裏，國王申述的主要內容是關於共同利益的論證，正如彼・多尼翁記錄朗桂多克三級會議召開的情況時所說：「總是為著某場以保衛王國為目的的戰爭而頻頻徵收額外捐稅。」[10]保衛王國即「代表共同利益」的具體說明。在路易九世統治時代，「最值得注意的大概就是『共同利益』這個口號了」，「它在聖路易在位期間變成了壓倒一切的口號」[11]。國王徵收賦稅、頒發令狀、取消某些法律條文都以代表共同利益作為理由或標準[12]。雅克・勒高夫在論及路易九世王權的界限時認為，有三個條件使國王無法成為絕對君主，其中之一即為「公共福祉」。而其它兩個條件「上帝」和「良心」[13]，也都與「公共利益」有密切關係。三級會議的代表審核國王徵稅理由的主要內容也是關於共同利益的論證，或者說以「共同利益」作為衡量能否徵稅的標準。在百年戰爭結束以前，法國王權遠較英國王權軟弱，徵收全國性賦稅更加困難，因而更加依賴「共同利益」的工具。貴族或人民呢？由於徵稅直接涉及個人私利，同樣依據「共同利益」限制國王徵稅，因此，「共同利益」的理論在法國賦稅基本理論中與英國一樣處於重要地位。

---

10 雷吉娜・佩爾努：《法國資產階級史》上冊（上海譯文出版社，1991年），頁180。

11 雅克・勒高夫：《聖路易》（商務印書館，2002年），頁376。

12 雅克・勒高夫：《聖路易》（商務印書館，2002年），頁698-699、706。

13 雅克・勒高夫：《聖路易》（商務印書館，2002年），頁719-720。

　　如上所論，賦稅基本理論既不是國王一己的理論，也不是貴族或
國民單方面的理論，而是國王和國民都認同的理論。對於某種形式的
徵稅，國王可站在自己的立場闡述意見，貴族或國民也可站在自己的
立場提出見解。但無論哪一方，不管他的或他們的見解看上去怎樣牽
強，都必須以共同利益為依歸，否則，在徵收問題上便難以達成一
致，除非一方作出讓步或妥協。也許正是這種一致性，使賦稅基本理
論成為所以為理論的關鍵所在。

二　共同需要

　　共同需要與共同利益並非同一概念。共同利益不一定導致共同需
要，所以提出了共同需要的問題。比如關於某次徵稅，國王宣稱他代
表了共同利益，貴族也同意這種說明，但認為現在不需要徵稅。這
樣，共同需要與共同利益相比，也就具有「突然」、「緊急」、「臨時」
的特點，所以在最初曾被表述為「突發事件或緊急情況理論」
（doctrine of emergency）。在具體的爭論過程中，「需要」一詞往往冠
以「明顯而急迫」的限定[14]。比如法國戰艦齊集英吉利海峽，劍拔弩
張，這時英王徵稅的需要就是「明顯而急迫」的。「明顯」者，法國
軍隊兵臨城下，戰爭在即，鐵證如山。「急迫」者，戰爭一觸即發，
戰費籌集刻不容緩。這時國王的徵稅即為共同需要。英國一二二○年
卡路卡奇的徵收理由是「巨大的需要和最緊迫的債務壓力」；一二二
五年十五分之一稅、一二三二年加斯科尼戰費等徵收的理由都是為了
王國或公共需要[15]。如果將「共同利益」與「共同需要」作一比較，

---

14 G. L. 哈利斯：《中世紀英格蘭的國王、議會和公共財政》，頁22-23。
15 G. L. 哈利斯：《中世紀英格蘭的國王、議會和公共財政》，頁33-34。

則一般說來,「共同利益」多具「長程」的特點,雖然也不排除評判
某些緊急事例是否也具有共同利益的性質,但共同需要除了急迫的特
點外,似不包含「長程」的含義,這是很可以理解的。在中古社會具
體條件下,納稅人無須為國王深謀遠慮的計劃作出經濟上的犧牲。相
反,他們一般希望大事化小,小事化了。事情來了,能拖則拖,目的
只在於少納稅或不納稅,何況滿足了國王的要求,在監督或審計機制
還不夠健全的情況下,所徵稅款也很難保證如數用於徵稅的目的。

　　後來,經過民法學家特別是教會法學家的闡釋,共同需要的含義
有了新解。法學家認為,共同需要的概念可以凌駕於法律之上,可以
廢除教會特權。從總體上看,這種新解似乎有利於國王徵稅。例如一
一七九年拉特蘭宗教會議允許基督教僧侶在國家緊急需要的情況下捐
出自己的屬世財產,理由是這樣的需要不是來自統治者的怪想,而是
來自對公共福祉的威脅。因此,統治者有權得到國民的支持[16]。而
且,在這種徵納關係中,國王對於國家的安全與維持在輿論或宣傳上
無疑具有恆久的先占權,對於緊急情況的宣佈具有創始權。這一點,
在哈里斯的分析中給予了特別的強調[17]。但是,只有在國家緊急需
要、公共福祉受到威脅時,國王徵稅才能夠超越或無視教會特權,才
能夠凌駕於法律之上。也就是說,重要的不在於徵稅的名義,而在於
實施了徵稅的結果,稅款得到了徵收才具有實際意義。在這裏,所謂
先占權或創始權一般在公正無私和誠實無欺的情況下才可能發揮作
用,而這取決於貴族或納稅人的評估和檢驗,而不是納稅人對國王徵
稅理由的輕信和盲從。

---

16 G. L. 哈利斯:《中世紀英格蘭的國王、議會和公共財政》,頁22。
17 G. L. 哈利斯:《中世紀英格蘭的國王、議會和公共財政》,頁22。

三 共同同意

　　共同同意是西方中古賦稅理論中最引人注目、發人深省的部分，是歷史學，憲政學、經濟學、社會學、法學等多學科學者共同關注的重大理論問題。十八、十九世紀以來，西方社會科學各領域就已經展開對這一問題的研究，斯塔布斯、亞當・斯密、梅特蘭、黑格爾等學術大師都曾給予深入思考並提出了自己的觀點。在歷史學領域，道沃爾、米徹爾、克拉克、哈里斯等著名史家則在他們的著述中都長篇或專文討論了這一問題。

農民在收穫季節辛苦勞作的場面
——選自艾德蒙・波尼翁著，席繼權譯：《西元1000年的歐洲》
（山東畫報出版社，二〇〇五年），頁225。

　　如上所論，如果徵稅為了共同需要，是否就一定導致共同同意的結果？回答是否定的。因為即使如此，納稅人也會而且在多數情況下作出不同反應。比如，有的可能同意繳納，有的則反對；有的同意中央稅率，有的則相反。而且，應詔者並非全部男爵，事實上常常僅為南方男爵，而不包括北方男爵。這些情況都會導致不同的結果，有時是共同同意，有時則是個人同意（individual consent）。這樣，共同同意便不單純是對國王所述理由即「共同需要」的肯定，也不單純是對徵稅的最後批准，而是通常包括這兩層含義，雖然在具體討論表決過程中，兩者並沒有形成兩個前後相續的嚴格程序。《大憲章確認令》關於羊毛補助金的規定即包含了這兩層含義，一是就國王的需要是否代表共同利益進行共同評判，一是就是否徵收舉行共同表決。由於對「需要」的認可並非必然意味著對徵稅的通過，由於需要還停留在理論階段，而徵稅卻要付諸實際，觸動每個人的切身利益，所以還要進行表決。這樣，西方中古賦稅理論也就形成了「共同需要」和「共同同意」兩個具有內在聯繫又各自獨立的部分。

　　共同同意由於源於羅馬法規定和日爾曼人的習慣，同時又得到了經院哲學家的認可，所以成為包括王室在內的各利益集團都認同的理論。對於貴族集團，早在《大憲章》頒佈以前，這一理論已經成為限制國王徵稅的武器。一二一五年，貴族將這種理論赫然寫入了《大憲章》。《大憲章》第十二款說，除了贖取國王人身之贖金、立其長子為騎士之費用和為其長女出嫁之花銷外，徵收任何盾牌錢和協助金都須徵得全國同意；第十四款規定，國王如欲徵收協助金和盾牌錢，須至少在會前四十日內致書各地教俗大貴族，注明時間地點，闡明理由，以獲得全國的共同同意[18]。《大憲章》是由貴族起草、由國王簽署的具

---

18 《大憲章》（1215）。

有憲法性質的檔，其中，主要反映了貴族的意見，並貫徹了共同同意
的理論。由於無地王約翰違背既定習慣，踐踏成例，肆意徵稅，教俗
貴族方旗幟鮮明地捍衛了這一理論。一二九七年《大憲章確認令》更
多處徵引了這一理論。《大憲章確認令》是在王室財政陷入危機、國
內矛盾嚴重激化的背景下，國王對過去發佈的令狀予以重新確認的詔
令，包括涉及補充條款、森林憲章、自由憲章、任意稅徵收等多個正
式檔的確認。它同樣是在貴族的脅迫下簽署的，因而仍然反映了貴族
的意見，其中多處重申了共同同意理論。一二九七年十月十日和十一
月五日《確認令》的附加條款第一款說，為王室與國王的子孫計，確
認《自由大憲章》和亨利三世在位期間經全國共同同意而頒佈的森林
憲章；第七款說，應納稅人的請求，王室將徹底解除他們的負擔，並
承諾除經他們共同同意，在已經授予的羊毛、皮革和毛皮等關稅以
外，將不徵羊毛附加稅[19]。「非經同意不徵任意稅」的檔第一款說，如
若沒有國內大主教、主教、其它高級教士、伯爵、男爵、騎士、市
民、以及其它自由民的意願，並經他們共同同意，王室與國王子孫將
不徵任意稅和協助金；第二款說，無論是誰，沒有他的意願和同意，
國王和國王子孫的官員將不向他收取糧食、羊毛、皮革、或其它物品
[20]。共同同意不僅作為理論寫入了具有憲法性質的檔，貴族集團也一
直將之作為有力武器控制著賦稅徵納。從某種意義上說，一部中古賦
稅史就是一部貴族捍衛和實踐共同同意理論的歷史。其間，對於國王
的徵稅要求無論是通過還是否決，都是對共同同意的貫徹和落實。

　　如果說在十二世紀，還僅僅表現為貴族主要是國王直接封臣對共
同同意的堅持、維護和貫徹、落實，那麼，從十三世紀初始，這些行

---

19 D. C. 道格拉斯編：《英國歷史文獻》，頁485-486。
20 D. C. 道格拉斯編：《英國歷史文獻》，頁486-487。

為或活動已經大眾或廣泛化了。這時國王協商的團體除貴族組成的大會議外，始有由郡代表、城市代表、教會代表、商人代表分別組成的團體。這裏所謂團體並非指將這些代表召入議會，舉行具有全國性質的表決，而是指各團體單獨評判國王的要求，然後給予表決。因為國王常常在徵稅要求遭到貴族否決的情況下單獨召集某一團體開會，或派代理人深入基層與某一團體的代表面談，以徵求他們的意見。如果獲得同意，國王所徵便不是全國性賦稅，而是單獨向各團體徵收。共同同意的大眾化不是產生於莊園租稅而是國稅的徵收。一二一三年，騎士代表應邀赴牛津參加會議，「與國王共商國是」；一二二五年，沿海城市的代表應詔商討國防問題；一二三五年，又與國王「共商國是」；進入愛德華一世統治時期，不僅單獨與郡代表、城市代表協商並徵得他們的同意成為經常的事情，國王也開始單獨對教士徵稅，因而也開始徵得他們的同意。而由於這一時期王室財政越來越倚重羊毛稅，羊毛商人也成為單獨協商的對象。而且即使在遭到羊毛商人代表拒絕時，國王也常常不去尋求議會的支持，從而反映了對羊毛商人的倚重。這樣，從十三世紀開始，對國王徵稅要求的表決，便在不同規模、不同範圍、不同形式的團體中廣泛展開了。有時是上述團體的單獨表決，有時是全國性質的表決，有時則是將上述某一團體召入貴族大會議進行某種中等規模的表決。這種現象表明，共同同意業已成為全國人民認同的賦稅理論。

　　共同同意不僅是貴族、民眾認同的理論，也是國王認同的理論。由於《查士丁尼法典》中有「事關眾人之事須經眾人同意」一說，由於日爾曼人素有遇事集體討論的習慣，中古西歐國王一般視之為法律。在英國中古國王中，無地王約翰與貴族的關係雖然最為緊張，但大多數情況下也還是遵守這一習慣或法律。他在位近二十年，多次徵稅，無一不是徵得了大貴族的同意。十三世紀，這一理論在英國已廣

為流傳，深入人心，以致國王認為，大貴族對於徵稅的表決對國內各團體都具有約束力。在這裏，國王實際上將貴族的共同同意看作徵稅的主要條件。所以一二三二、一二三七年王室令狀認為，大貴族給予國王徵收動產稅的同意對所有階級都有效。為了削弱大貴族的權力，國王要求召集地方代表參會，並相應授予他們表決或同意的權利。愛德華一世即位後，勵精圖治，對法律制度進行了重大改革。正是這位被譽為「英國的查士丁尼」的國王，視共同同意為「最公正的法律」[21]。而同時期的法學家布拉克頓說，國王宣佈的法律就是習慣，必須得到封臣的同意。

這樣，共同同意便成為國王、貴族、騎士、市民、教士、商人等所有利益群體公認的賦稅基本理論。

在西歐其它國家，共同同意也是賦稅徵收中國王和臣民認同的理論。因為對於大多數統治者來說，徵收額外賦稅很難說是一種權利，恰恰相反，必須向納稅人去請求，這就需要得到他們的同意。這種同意對於納稅人來說自然是認同的，對於國王來說則不得不去認同，因為在這種徵納關係中，後者處於被動地位，如不認同，則徵納關係不能建立，國王難以獲得稅款。正因為如此，國王要擴大徵收，便不得不召集各種納稅人集團進行協商。而由於人口有了一定的增長，代表會議制度自然應運而生。正是由於這一原因，十三世紀前後，西歐各國大多建立了等級代表會議。在法國，由於民族習俗的自然延續和羅馬法的直接影響，遇事共同協商表決一直是國家制度的通則。早在查理大帝統治時期，國家大事即須提交國務大會商定。十三世紀，巴黎大學校長瑪律西里·巴頓著《和平的保衛者》一書，甚至聲稱國家最

---

21 P. 斯普福德：《英國議會的起源》（P. Spufford, *Origin of English Parliament*, London, 1967），頁130。

高權力不應屬於世襲君主，而應屬於選立的君主[22]。同時，國王由選舉產生也一直是十三世紀中葉以前法國的傳統。這說明無論在觀念上還是在實際上，法國文化中都蘊含著顯著的共同同意的精神。在三級會議誕生之前，國家要徵稅，都要徵得地方會議同意，而同意的習俗不僅是國王和臣民都遵守的，在觀念上也都是認同的。以此而論，《三月大敕令》的頒佈與其說是王權衰落、市民或「第三等級」勢力崛起的結果，不如說是法國或西方文化精神的自然流露。三級會議產生以後，所批准的租稅都具有臨時性質，而且徵收明文規定年限，而國王也承認他應當用他自己領地的收入支付他的開支，他無權下令徵收一種新稅。論者常常以十七世紀初期三級會議的停征證明法國君主專制政體的強大，但須知，此後國王仍然召開一種由社會名流參加的會議，謂之「名士會議」，組成成分雖不似三級會議那樣廣泛，但仍然來自組成三級會議的三個等級。這就不能說共同同意的民主精神已經泯滅或消失。而且新稅的設立必須經過他們的同意，然後再派稅吏徵收。即使在路易十四時代，全國三級會議雖停開已久，國王徵稅仍須徵得地方三級會議的同意。須知，在西歐各國中，只有法國稅制在十五世紀前後出現了有利於王室徵稅的趨勢。在其它國家如英國，即使在伊莉莎白女王統治時期，由於議會嚴格控制賦稅徵收，王室財政一直處於拮据狀態，以至於貴族們都嘲笑女王處事吝嗇。在卡斯提，國王甚至窮得成了「他們臣民們嘴上的一個笑柄」[23]。

---

22 康・格・費多羅夫著，葉長良、曾憲義譯：《外國國家和法律制度史》（中國人民大學出版社，1985年），頁79。

23 卡羅・M. 奇波拉：《歐洲經濟史》第一卷（商務印書館，1988年），頁276。

第二節 賦稅機構

一 作為權力集體的制稅組織

在西方，國王徵稅須經某一權力集體批准。這一集體在不同時期有不同名稱、構成和許可權。在英國，最早的權力集體是賢人會議（witenagemot）。賢人會議當為盎格魯—撒克遜人原始民主組織的遺存，以後又可能受到了基督教某種會議組織的影響。在文獻上，較早見於八世紀的麥西亞王國，至十世紀，英格蘭七國中，都可以看到賢人會議活躍的身影[24]。關於賢人會議的定義，如果從會議的規模、構成、召開的經常性、時間以及地點等方面進行概括，可能會遇到不少障礙。它可以是在國王加冕、節日慶典等特殊日子組織起來、由大人物組成的大會議，也可以是由國王親信、近臣等組成的小會議。總之，無論什麼時候，國王只要需要與這樣的組織協商或討論，需要其署證或批准王室的政令，而且在王室事務管理中確能組織起來，那麼，這一組織便可稱為賢人會議。這時的賢人會議主要由教俗貴族、國王近臣和王室成員構成。九三一年三月，麥西亞國王埃塞斯坦在科爾切斯坦召開的一次賢人會議，與會成員即有威爾士國王、三十七名塞恩、十三名郡守、十五名主教等。由此可見，賢人會議是一種構成人數可多可少，議題可大可小，地點無定，時間不拘，隨時召開，沒有定制的會議形式。這應該是原始民主組織演變、遺存的正常狀態。

在這裏，有兩點必須強調。第一，會議討論的問題有些雖然無關緊要，但一切重大事務必須提交會議討論[25]，而討論的目的，是國王

---

24 B. 利昂：《中世紀英格蘭憲政與法制史》（B. Lyon, *A Constitutional and Legal history of Medieval England*, New York, 1980），頁45。

25 B. 利昂：《中世紀英格蘭憲政與法制史》頁46。

聽取與會人員的意見，接受他們的勸告並取得他們的同意。而所謂同
意，則意味著可以改變國王的主意，否定國王的決定。由此可見，會
議權力很大，並非如有學者所說，僅僅是諮議機關。事實也正是如
此，它在國家立法、司法、賜地、戰和、賦稅、任免官吏、王位繼承
等方面享有廣泛的權利[26]。例如，在舉薦王位繼承人時，它可以變更
次序，甚至打破傳統，在充任資格之外舉薦人選，麥西亞著名國王埃
爾弗雷德即是由賢人會議撇開前國王的兒子擁立的[27]。第二，英國賦
稅理論中的「共同同意」可以在賢人會議的議決程序中找到它的萌芽
或早期形態。而這種形態又是盎格魯—撒薩克遜原始民主組織的遺
存。原始民主組織當然不是西方歷史中的孤立現象，但基於獨特的地
理環境、民族性格、思維方式等條件，這種民主組織卻得到了較好的
遺存，正是這種遺存，使西歐形成了迥異於東方的文化模式。

　　賢人會議在國家政權體系中的地位決定了它在賦稅徵收中的重要
作用。在盎格魯—撒克遜時代，國王主要依靠他的領地收入、司法收
入和各種間接稅生活，因此國稅與非常稅較少徵收。但只要徵收，便
必然涉及賢人會議的同意與勸告問題。九九一年，專斷者艾瑟爾雷德
欲徵丹麥金以賄買丹麥人，即得到了賢人會議的同意。九九四年，經
會議同意又徵收丹麥金一萬六千英鎊。一〇〇二、一〇〇七、一〇一
一等年份，國王與賢人會議都曾討論過丹麥金的徵收問題，而且達成
了一致意見。另外，在一〇一二至一〇一三年，丹麥人曾幾次向專斷
者艾瑟爾雷德提出丹麥艦隊在英國服役的津貼問題，國王與賢人會議
都徵收了常稅（heregeld），滿足了丹麥人的要求[28]。

　　在歐洲大陸，民主傳統看得更為真切。法蘭克王國的國王只有經

---

26 B. 利昂：《中世紀英格蘭憲政與法制史》頁44-51。

27 蔣孟引：《英國史》（中國社會科學出版社，1988年），頁59。

28 B. 利昂：《中世紀英格蘭憲政與法制史》，頁48。

過人民的同意方能處理或決定重大問題。克洛維皈依基督教就曾徵得人民的同意，對西哥特人宣戰，亦事先徵求了軍隊的意見。後來，法蘭克王國逐漸褪去原始的習俗，國家制度日益健全；國王之下，開始設御前會議。這個會議，由高級官吏和主教構成，即相當於英國的賢人會議。另有貴族會議，每年春秋兩季召開，討論重要問題。《凡爾登條約》頒佈以後，由西法蘭克王國發展來的法蘭西，仍然繼承了法蘭克王國的民主傳統，加佩王朝前期國王的產生，即承襲了選立的習俗。

英國的賢人會議在諾曼征服之後，逐漸演變為貴族大會議（curia regis），雖然編年史仍循習慣稱之為賢人會議（witan）。貴族大會議與賢人會議的重要區別是其成員依據習慣義務參會，因為諾曼征服之後，征服者威廉建立了一種比較典型的領主附庸制度，領主都依據領地的多寡承擔義務。而貴族大會議作為國王與領主處理國政的機構和聯繫的紐帶，能否參會也就成為貴族權利義務的重要體現。但賢人會議不同，其資格依據主要不是義務，而是業已確立起來的社會或宗教地位。另外，如前所述，賢人會議的召開特別在時間上沒有定制，但貴族大會議遵循威廉在法國公爵領地的習慣，每年逢復活節、降靈節、耶誕節都循例召開。其它如王子立為騎士、王室成員舉行婚禮以及國王加冕慶典，都是召開的法定日期。相比之下，臨時性召開的意義也就顯得可有可無了。法國的御前會議也逐漸分野為御前小會議或御前庫里亞和御前大會，這兩個會議都參與國家重大事務的處理。其中庫里亞設財政或會計署，以監督稅款解進王室金庫的情況。而且庫里亞並非王室行政管理的獨有建制，大領主的領地都設有庫里亞。這些庫里亞除教俗封臣參加外，還常常吸收貴族和市民代表參加。至十二、十三世紀，公國和伯國便開始召開等級代表大會。正是這些等級代表會議，演變成為後來的地方三級會議。

　　英國賢人會議既然已演變為貴族大會議,其原本享有的權利也就相應傳入後者之手。因此,貴族大會議此時很為國王所倚重,在行政、立法、司法、外交、宗教、官吏任免、宣戰媾和等方面享有廣泛權力。所謂廣泛,並非指事無鉅細,全都參與。因為這時的政體畢竟是君主政體,既然是君主政體,有些事情必然由君主獨自處理,即使在民主制下,國家首腦也總有自己的權力空間。那種由某一權利集體無分大小處理一切的政府是不可思議的,也是不存在的。就是這樣一種政體,便足以與中國中古政體區別開來。因為在這裏,不存在與賢人會議相對應的機構。由於會議成員平時分佈在全國各地,所以一有會議,王廷首先派執事人員奔赴各地分發國王令狀。而接獲令狀的人員即使住在邊遠地區,也一般有足夠的時間赴會。盎格魯—撒克遜編年史記述了一一二三年二月會議召集的情況。「國王向全國各地分發令狀,命令他的主教、修道院長和塞恩參加在格魯塞斯特召開的聖燭節會議。他們都如約赴會。召集完畢,國王令他們選舉坎特伯雷大主教。」[29]

　　既然會議並不處理一切大小國家事務,有關徵稅事務也便不是一應包攬。萊昂談及諾曼王朝制稅時說,大會議對賦稅的控制僅限於常稅,他稱之為「the customary feudal aids」。又說,會議沒有控制國稅或非封地稅[30]的徵收,所有丹麥金的徵收都由國王自己決定[31]。照理,封地常稅無須大會議授權,因為它是封君封臣關係締結的起碼條件,而且約定俗成。他還舉了一一一〇年瑪提爾達與亨利五世結婚時徵收協助金的例子,說這種協助金是經大會議同意徵收的。由於作者沒有注明出處,我們無從查考這條資料的原意,或者無法對原始資料給予

---

29 B. 利昂:《中世紀英格蘭憲政與法制史》,頁143。

30 封地稅,譯自英文 Feudal Tax,特此說明。

31 B. 利昂:《中世紀英格蘭憲政與法制史》,頁145。

也許不同的解釋。退一步說，即使作者所引符合實際，這也只能是特例而非常例。至於說會議沒有控制國稅或非封地稅的徵收，所有丹麥金都是國王自己授權似乎不實。根據我們所掌握的材料，一〇九五年懺悔者愛德華徵收的丹麥金即由男爵授予，而教士則是反對的[32]。而且，作者在另一處也說，「封地習慣稅不作為問題提交討論」[33]。這並非否定諾曼王朝不存在這種現象。這個王朝以征服立國，王權強大，國王有過這種徵收是可能的。但一般來說，國王必須尊重傳統。傳統是什麼？是盎格魯—撒克遜時代形成的國王徵稅必須徵求賢人會議意見的規矩。那時的國王徵收丹麥金總是要爭得賢人會議的授權。威廉雖以征戰立國，卻也必須尊重這一傳統。而且，縱觀議會產生前的英國史，即或萊昂所說是事實，也絕不是主流。遠的不說，即在亨利二世和亨利三世統治的一一五四至一二七二年的一百多年裏，情況即全然不同。這時徵收的財產協助金、卡路卡奇、動產協助金等，都經過了貴族大會議的同意。這種同意採取了一種聯合的特徵，出席者的同意約束缺席者，多數人的同意約束少數人。特別需要指出，在一二三七至一二六九年間，資料記載國王曾遇到九次拒絕。而一二六九年歲末，會議因十字軍東征是一個非常事件，同意徵收一個動產協助金。授予的目的仍然遵循傳統，所徵稅金必須用作戰費[34]。

　　與大會議並存的還有一個小會議。而且按萊昂的意見，這個小會議才可稱為「curia Regis」[35]，才是真正的王廷。通常情況下，大會議與小會議難以區別，只是在召集的範圍或規模上有所不同。如前所

---

32 S. J. H. 拉姆塞：《英格蘭國王收入史1066-1399》（S. J. H. Ramsay, *A History of the Revenues of the Kings of England 1066-1399*, vol.1, Oxford 1925）頁6。

33 B. 利昂：《中世紀英格蘭憲政與法制史》，頁248。

34 S. K. 米切爾：《中世紀英格蘭稅收》，頁2。

35 B. 利昂：《中世紀英格蘭憲政與法制史》，頁149。

述，大會議在集中過程中，有些與會人員由王室直接提名參加，而且
這些人參加得往往比較經常。這些人員主要有中書令（chancellor）、
宮室長（chamberlain）、總管（seneschal）、膳食長（butler）、警衛長
（constable）[36]和一些輔助人員，有時有一些較大的男爵。這樣，在
大會議中便形成了一個核心，這個核心就是小會議。在職責上，二者
並無顯著區別。一般說來，小會議處理的事情多些，例如王室特許
狀，多數由小會議署證，只有最正式的特許狀，方由大會議署證。在
賦稅徵收方面，國王有時也徵求小會議意見，這在文獻中也有所反
映。但在小會議同意之後是否還須經大會議討論，目前還缺乏資料證
明。但可以肯定，大會議是這時英國政府制稅的主要機構。

隨著政府機構的發展，國事日繁。由於人員的構成、議事的性
質、召開的次數等存在差別，大、小會議的界限漸趨分明，發展開始
分途。小會議日益成為國王的貼身會議，被漸稱為御前會議。而大會
議則由於主要處理國計民生的重大問題而漸具代表性質，開始朝著等
級代表會議或議會的方向演變[37]。這時的稅權執掌也相應明朗，主要
由大會議掌握，而與小會議無關。例如《大憲章》規定，國王徵收盾
牌錢與協助金，只需與大會議協商，徵得大會議同意。關於小會議，
則隻字未提[38]。

上文提到，貴族大會議在與小會議分途後開始朝著議會的方向演
變。但這並非說議會只由貴族大會議一個組織演變而來。它的形成還
必須有地方或城鄉政治力量的參與。英國歷史很早就形成了國王向各
社會群體諮詢並與其協商的傳統。諮詢、協商的目的是為了取得地方

---

36 這裏沿用馬克垚先生的譯名，見馬克垚：《英國封建社會研究》（北京大學出版社，
　　1992年）。

37 B. 利昂：《中世紀英格蘭憲政與法制史》，頁251。

38 《大憲章》（1215）。

對王室事務的支持並批准國王的徵稅要求，而諮詢、協商的形式則大多表現為國王對某些人員的召見。十二世紀下半葉，這種召見已經相當頻繁，被召見者雖多由地方當局臨時指定而非選舉產生，但其中業已包含代表的性質當無疑義。鄉村代表，主要由騎士或其它自由人組成；城市代表則主要由市議員、市民等組成。地方代表的活動，有時與貴族大會議或王室一起進行。例如，一二一三年十一月，各郡郡守接到王室令狀，推舉四位慎思謹行的騎士，與男爵大會議一起商談王國事務。一二〇四年，約翰從一些港口各召集十二位市民與王室官員「商討國家事務」[39]。在大多數情況下，鄉村與城市代表由國王分別召見，單獨活動。在鄉村，如果從事司法活動，如參加嚴肅的陪審活動，應召者的意見即代表所屬社團對嫌犯的意見。如果從事財政活動如徵稅，他們便代表所屬社團負責估值與徵收。在城市，市議會在一定程度上是全體市民的代表。如果徵收任意稅，多數情況下是國王的官員與市議會協商，市議會則代表這個城市提出自己的意見。同意徵收，便履行徵收職責，並將稅款送交財政署。有時，城市代表也被召進王宮，以便國王直接協商。如果處理司法事務，例如王室巡迴法庭來到城市所在郡，則城市須派代表出席法庭，他們的意見便代表城市群體的意見。

　　國王與貴族大會議以及地方代表協商的傳統構成了議會制度形成的基礎。可以說，議會的產生正是這種協商傳統水到渠成的結果。一二六一年，西門‧孟福爾和亨利三世都召集地方代表參與了他們的討論。如果說這次召集還僅限於各郡騎士，那麼到了一二六五年，鄉村和城市的代表同時受到邀請，從而在歷史上第一次實現了三種政治力量和堂共議的局面。這次參會的人員包括五位伯爵、十八位男爵、每

---

39 B. 利昂：《中世紀英格蘭憲政與法制史》，頁415-416。

郡兩名騎士、每市兩名市民[40]，是一次三方代表都參加的、具有真正代表意義的會議。而在一二六五年的基礎上，一二九五年愛德華一世又循例召開了會議，參會成分與一二六五年完全相同。按傳統觀點，這次會議的召開標誌著議會的誕生。

關於議會的職能，從發展的角度看，先是在批准國王徵稅的同時，處理一些司法事務，一二五八年《牛津條例》頒佈前後，開始擁有一定立法權力；到十四世紀，議會已經不僅發展為最高立法、司法機構，而且同時成為王室與官員的最高監督機關了。這一時期的議會十分強勁活躍，不僅審判、罷免、處死和任用了許多高官，而且曾廢黜愛德華三世和理查二世兩位國王，勢力之大、權力之高是前所未有的。但必須指出，議會的這些權利都是通過稅權獲得的，沒有稅權的控制，議會的產生是不可思議的，更遑論它的發展與壯大了。

議會的形成，同時也促進了賦稅理論的定型和賦稅制度的進一步完善。在議會管理之下，長期的制稅實踐使前一階段的「共同同意」上陞為理論，並在「共同同意」之外增加了「共同利益」、「共同需要」、「補償原則」等部分，從而使賦稅理論臻於定型。以後的賦稅徵收基本上是在這一理論的指導下進行的。與此同時，賦稅制度也趨於完善。例如在制稅方面，關於稅項的設定，一三三二年將城市和鄉村的十分之一和十五分之一稅確定為城鄉動產稅的基本項目，並規定以後議會批准國王徵收的動產稅都以此為法定比例，如一個十分之一和十五分之一稅不敷使用，可增徵二分之一或一個十分之一和十五分之一稅。

法國三級會議始建於腓力四世統治時代，當時召開的目的主要是國王為了獲得社會輿論的支持。一三〇二年和一三〇八年，國王分別

---

40 B. 利昂：《中世紀英格蘭憲政與法制史》，頁417。

與教皇卜尼法斯八世和聖殿騎士團展開了鬥爭。為了得到廣大國民的
支持，召開了全國性的會議。「每個城市和村莊的居民奉命聚集在教
堂、公墓或中心廣場，聽取王室欽差向他們介紹情況。然後，他們一
致或幾乎一致地表示支持王室的論點」[41]。代表來源十分廣泛，議會
記錄曾提到婦女也同男人一樣參加了大會。一三〇八年大會與一三〇
二年大會相比，更具有全國三級會議的特點，因為這不是一次地區性
會議，而是一次地點設在圖爾的全國性會議，各階層和各團體的代表
都參加了會議。一三〇八年會議之後，議會召開的目的不再停留在輿
論支持上，而是已經延及或乾脆轉到了賦稅財政上，並且在此後財政
問題一直佔據主導地位。有學者記述了賦稅徵收和三級會議產生的歷
史過程，「總是為著某場以保衛王國為目的的戰爭而頻頻徵收的額外
捐稅……常常被說成是兵役的等價和贖金……，由於這種人力和財力
的徵收日益頻繁，致使王室欽差應顧不暇，不可能再一一徵求各個城
市和每個貴族的意見；因此，他們就通過代表大會的形式，避免了向
每個有關人士一一徵詢的辛勞」[42]。在一三一四年八月的議會上，國
王為進行弗蘭德爾戰爭向與會代表當面提出了「幫助」的要求。而愛
提安·巴爾貝特代表巴黎市民率先答應向國王提供財政援助。其它城
市的代表也紛紛仿傚，答應提供幫助。腓力去世之後，三級會議的召
開逐漸形成慣例。而在整個百年戰爭期間，三級會議一直在國事管理
中發揮重要作用。這些三級會議與以前相比最大的區別是城市代表在
會議中佔據了頭等重要的地位。此外，會議多以省級會議的形式召
開，如諾曼第三級會議、蘭桂多克三級會議等。從這時起，選舉代表
逐漸形成了制度。高級教士和世俗貴族不再單獨召去開會，而是和
「第三等級」的代表一樣需要經過選舉。在城市，每逢禮拜天的大彌

41 雷吉娜·佩爾努：《法國資產階級史》（上海譯文出版社，1991年），頁178。
42 雷吉娜·佩爾努：《法國資產階級史》（上海譯文出版社，1991年），頁180。

撒結束後，各家家長不分男女集中在一起，選舉他們的代表。當選者然後再聚集到主要城市選出他們當中的六至八人參加三級會議。

　　三級會議的作用始終體現在財政方面。每次開會，都是為了獲得的必要的「幫助」，以對付因英法戰爭而日益嚴重的財政局勢。一三五五年會議投票通過了對商品出售每鋰徵收八鐋的稅金。此次大會第一次公開表示了對王室官吏的不信任。一三五六年三月的會議將人頭稅改為僅對收入徵收的所得稅。一三五六年十月的會議可謂盛況空前，與會代表達八百人。該會任命了一個由八十名當選代表組成的委員會，根據時局作出了多種決策，解除了多名王室顧問的職務，規定顧問須從三級會議中產生並接受會議的監督。在這一點上，三級會議的意志取代了國王的意志。同時規定，三級會議從此成為定期性會議，每年召開兩次並在必要時召開特別會議；宣佈只能「根據人民的意志，得到人民的同意」，方可徵稅。有學者評論這次會議說，這已經不僅是一個「新的立憲制，而且也是一個議會制」[43]。一三五七年三月會議制定了著名的《三月大敕令》，規定三級會議定期舉行，清洗樞密院，改革國家行政機構，由會議每年單獨確定貨幣價值。一三八一年三月，在三級會議的脅迫之下，查理六世不得不下詔限制自己在任命大法官和總督方面的權力；他們以後將改由大理院任命，確定了王室地方軍政長官的職責，限制大官吏如王室總管、元帥、王室侍從等的權力；每個主教區的徵稅工作交給由當地百姓選出來的三名顯貴；這樣徵收來的間接稅只能用於戰爭，如果挪作他用，它便不再成為一種義務；三級會議代表有權在他們認為必要時集會，討論稅收和它的使用問題。

　　其實，早在十二世紀，西歐已經出現議會組織。在西班牙諸王國

---

43 雷吉娜・佩爾努：《法國資產階級史》，頁220。

中，阿拉貢和卡斯提王國的國王諮議會已分別於一一六二、一一六九年吸納了城市代表參會。一一八八年，西班牙北部的琴恩（Keon）國王甚至許諾，除非得到主教、貴族和從所有城市中選出的有公民權的市民之建議和同意，他將不宣佈戰爭和結盟。這樣，在西歐歷史上，西班牙最早形成了等級代表會議，這些等級是高級教士、世俗貴族和城市代表。議會不僅經常召開，而且隨著時間的推移，權力越來越大，以至形成了對王權的挑戰。國王的諮議員和政府大臣要對議會負責，而議會則可據理解除官員的職務。在財賦法律方面，非經議會批准，國王不得徵收任何賦稅，實施任何新律。十五世紀末，卡斯提、阿拉貢和加泰羅尼亞等王國合併為統一的西班牙王國後，原來各國的等級會議仍然保留並對王權仍享一定的制約權。比如，一五二〇年卡斯提議會在表決補助金提案時，曾向國王查理一世提出條件，不得任命外國人擔任官職，不得把金錢運往國外。國王滿足了議會的要求，而議會也同意了國王徵收補助金的提案。資產階級革命前的尼德蘭，各省都有三級會議，在省會議之上是全國三級會議。如果在尼德蘭徵收新稅，須經省議會批准。西班牙國王查理一世及其繼任者腓力二世無視尼德蘭的傳統，加重稅收，結果導致了革命的發生。在西西里，一二三二年形成了地方代表會議，稱大法庭；在德國，一二五五年出現城市代表會議，稱迪耶茨（diets）。它們都具有一定的制稅權力。

我們所以將議會看作制稅機構，是因為它一般決定賦稅徵收的種類、數額、徵收對象、時間和地點等。而如徵收新稅，更要進行廣泛的討論，而後形成決議。這些，也就構成了制稅的基本內容。

二　管理機構

管理機構是中古財政部門的重要機構。其構成是否合理，運作是

否有效，吏員是否清廉等，都直接關係到稅款是否用得其所，從而關係到國家機器運轉是否正常，因此深受國王重視。但由於資料所限，這裏僅以英國財政署為例作些說明。

英國稅款管理組織起源於盎格魯─撒克遜時代。最初，所徵錢物納入王室內府所轄宮室（chamber）的錦衣庫（wardrobe），由司宮（chamberlain）掌管。後因王室經常巡遊，難以攜帶，遂於十一世紀初在溫徹斯特設置國庫以便儲存。這時的國庫兼有中國中古社會國藏與皇帝私藏的兩種職能。諾曼征服後，由於王室規模擴大，國事日繁，收支日巨，且跨越海峽兼控英格蘭與諾曼第兩地，國王在繼承盎格魯─撒克遜王室財政機構的基礎上而有改革，設宮室長（master chamberlain）以管理財政收支事宜。而隨著錢物儲積的日益增長，溫徹斯特一庫已不足用，於是又別建魯恩、法萊士兩庫。新庫建畢，溫徹斯特便不再專作存儲之用，而兼為財政人員編寫、存放文書的場所，地位逐漸突出。威廉二世在位間，始設國庫長（treasurer）一職負責溫徹斯特事務：錢物收支、帳目核算、檔歸檔、財務糾紛等。由此，國庫漸與內府分離而向財務管理機構轉化。

亨利一世統治時期，索爾茲伯里主教羅傑爾任國庫長，此人深受羅馬和基督教文化薰陶，精通管理、計算之道，在位時借手中權勢，在國庫的基礎上組建了財政專門組織──財政署（Exchequer）。財政署分上、下兩部。上部（Upper Exchequer）統攬財政署全域，負責處理財政署重要事務，人員由貴族小會議的成員構成，包括宰相、中書令、國庫長、司宮、司廄等，習稱「財政署男爵」（Baron of Exchequer）。宰相統領上部全體官員，處理、裁決署內一切重要問題；而基於在王室的崇高地位，又可發佈宰相令文，批准支撥小額款項。中書令位在宰相之下，主要職責是保管印璽，印證有關文令，並與國庫長一起負責繕寫和編訂財政署檔案。此檔案有兩種，一為原件，稱

《國庫卷檔》（Pipe Rolls）；一為副本，稱《中書令卷檔》（Chancellor Rolls）。《中書令卷檔》的作用是一旦前者遺失或破損，即資以查詢。但印璽並非由中書令直接掌管，而是存放於其屬吏之處，且使用時須經宰相批准，並由國庫長與司宮一同提取。由此可見，所謂執掌印璽在中書令又似乎僅具虛名，並無實際意義。國庫長的職責主要有兩個：一是負責收款、記帳；一是與中書令一起撰修財政署卷檔，即《國庫卷檔》。司宮的職責主要是協助國庫長處理分內事務，其職位有似一副國庫長。司廄則主要保管記帳器俱如記帳木碼，發放催款令文，並拘捕或羈押違令者。由於這些官員多非財政署專職，例如宰相，位居「一人之下，萬人之上」，國家和王室事務無所不管，難以專理財政。這樣便有了財政署的下部。下部（Lower Exchequer）也稱接收部（Receipt），是財政署的執行機構，主要負責收支事宜。人員主要由國庫長和司宮的屬吏組成。前者主要負責記帳、封存錢袋等事務。而所謂記帳，即將接收金額刻在木碼上，然後將木碼劈為兩半，一留財政署，一交交款人。後者則負責清點錢幣、保管鎖鑰和支出款項等事務。而由西敏寺至溫徹斯特之間的錢幣、帳目之運輸工作則由二者共同完成。此外還有若干執事人員，從事一些具體工作，如熔銀、化驗、稱量、計算、記錄、保衛等[44]。

第三節　賦稅徵收

一　徵收

　　賦稅徵收首先由國王提出要求。在中古初期，這一要求須首先徵

---

44 見 D. C. 道格拉斯和 G. W. 格林威編《英國歷史文獻》（D. C. Douglas and G. W. Greenaway, *English Historical Documents*, vol.2, Oxford, 1981），頁523-609。

得某一權力集體如賢人會議或貴族大會議的同意,以獲得某種名分。
然後再與納稅人進行具體協商,史稱個人協商制(the system of
negotiation)。稍後,在個人協商制之外,又出現另一種形式,即將納
稅人召入王宮或正在召開的會議現場進行協商。十三世紀初葉,這種
集體協商形式已見諸文獻,《大憲章》即對此作了規定:第十四條
說,「為了獲得全國對徵收協助金和免役稅(盾牌錢)的同意,我們
將分別致書各大主教、主教、修道院長、伯爵和男爵,另外,還將通
過郡守、法警,召集領有我們的土地者,在固定的時間,即至少應在
開會以前四十天,固定的地點,召集會議。在這些書信中,我們都將
詳述召集之緣由。而開會時間一經確定,事情將依據出席者的意見在
指定之日進行,儘管被召集者有的並未出席」[45]。可以認為,《大憲
章》頒佈之後,會議的召集基本上循章進行。一二五五年,國王在莫
頓(Merton)會議上取得了在王室領地徵收任意稅的同意之後,即將
倫敦市長與一些市民召至會場,而後向他們提出徵收三千馬克任意稅
的請求。倫敦市民則針對他們擔負任意稅的責任問題提出質疑[46]。儘
管如此,由於習慣的作用,個人協商制仍在一定程度上或一定範圍內
發揮作用。如一二四三年,國王在倫敦徵收任意稅,派王室官員深入
基層,逐一向市民提出請求,說國王為了全國的福祉,正在國外打仗,
他需要很多錢,市民務必給予支持[47]。十三世紀末,個人協商制開始
為一種由中央代表會議一次性授予的制度所取代,史稱議會授予制。
這種變化始於一二八二年愛德華一世遠征威爾士。當時國王在茹德蘭

---

45 D. C. 道格拉斯等編:《英國歷史文獻》,頁318。

46 S. 多維爾:《英格蘭稅制與稅收史》(S. Dowell, *A History of Taxation and Taxes in England*, vol.1),頁53。

47 S. 多維爾:《英格蘭稅制與稅收史》(S. Dowell, *A History of Taxation and Taxes in England*, vol.1),頁52。

（Ruddlan），由於召集會議不便，不得不下發詔令在北漢普頓和約克召開地方會議。參加這次會議的代表為每郡四名騎士，每個城市、自治市和城鎮二名市民。會議討論的結果是授予國王徵收三十分之一動產稅。估值與徵收工作由王室特派員在郡守的協助下組織進行[48]。此後，國王的徵稅要求便基本以詔令的形式下發給某一團體的成員，接獲通知者即按通知上寫明的時間、地點參會討論這一要求。

　　討論國王要求是徵稅過程中的重要環節，也是國王和納稅人予以特別關注的環節。因為決議的形成事關國王計劃的成敗和納稅人的切身利益。但由於原始記錄詳於討論的結局而疏於過程的描述，我們很難了解或知曉討論特別是爭論的細節。而恰恰是這些細節，對我們的論題往往具有重要意義。在個人協商制階段，所謂討論，主要是指財政人員與各納稅人之間的討價還價，雖然其中也不免有涉及徵稅法理問題的申述與爭論。一二〇一、一二〇七年，傑佛瑞大主教曾兩次禁止稅吏進入他的領地徵收卡路卡奇[49]。以大主教憤然阻止徵稅的史實推測，雙方有過激烈的爭論當無疑義。而爭論中涉及個人權利、義務、習慣乃至稅製法理問題也應是題中之意。大憲章頒佈以後，對國王徵稅要求的討論便多在王宮或會場進行。此時此地，我們看到了納稅人為了維護習慣或傳統與國王展開爭論的狀況，而正是這種習慣或傳統，蘊含著納稅人的權利與自由。一二三七年，圍繞協助金的徵收是否形成習慣問題展開爭論。亨利三世承諾，如果他被允准徵收三十分之一稅，今後將不再要求類似的徵收，並保證這次徵收不會成為未來徵收的先例。在一二九七年的爭論中，愛德華一世也作了類似的保

48　S. 多維爾：《英格蘭稅制與稅收史》（S. Dowell, *A History of Taxation and Taxes in England*, vol.1），頁54-55。

49　W. 斯塔布斯：《英國憲政史》（W. Stubbs, *The Constitutional History of England*, vol.1, Oxford 1880），頁148、619。

證：本年徵收純屬偶然，下不為例；除經國民共同同意，以後永遠不徵同樣賦稅[50]。一二一五年，約翰企圖徵收稅率為三馬克的盾牌錢。北方貴族認為，他們雖然在理查、亨利二世和約翰在位的前期曾經交納盾牌錢，但他們並沒有拖欠海外的役務，因此拒絕繳納盾牌錢。當約翰圖謀起兵懲罰這些桀驁不馴的「北方人」的時候，斯蒂芬大主教認為國王沒有法庭的評判不應該對北方貴族發動戰爭。而當約翰正要改變主意的時候，朗頓又威脅說要開除那些在禁令廢除之前對任何人動武的人的教籍，而且拒絕就此甘休，直至國王確定了日期以便眾男爵出庭聽取他們同等者的裁判[51]。

如果上述爭論對納稅人來說主要是為了通過法律維護習慣進而達到保護切身利益的目的，那麼，下面的爭論則主要是為了保護個人單獨授予而不是共同或集體授予的權力。在一二三七年的會議上，亨利三世及其政府受到了與會人員的嚴厲批評，人們譴責政府奢侈腐敗，治理不善，並拒絕批准徵收協助金的要求。但在亨利接受了這些批評，承諾履行改革並保證此後不再徵收類似的賦稅後，人們還是答應了他的要求。這是一次貴族大會議的集體授予。對於類似的授予，國王及其官員，甚至文獻注釋家都認為是貴族個人授予。然而決議一旦形成，必將對所有財產持有者形成約束。即沒有參加授予的財產持有者也要執行這一決定而繳納協助金。比如一二一七年，溫徹斯特主教並未因未參加授予而免於本年的課徵。他宣佈說他從來沒有在小會議上同意徵收協助金，而且小會議對他的這種做法也表示理解。再如一二二〇年卡路卡奇的徵收。估值令文說，這次徵收繫由王國的顯貴和信徒共同授予，但約克的封臣以沒有參加大會議因而沒有參加授予為

---

50 S. K. 米切爾：《中世紀英格蘭稅收》，頁163。

51 S. K. 米切爾：《中世紀英格蘭稅收》，頁189-190。

由而拒絕了交納，並聲稱如果國王來約克請求授予，則他們會給予允准。其它男爵也成功地抵制了這次徵收。儘管棄權的原因任何地方都沒有給予說明，對他們的徵收無一成功[52]。與這則實例性質相同，一二四八年，亨利三世在倫敦兩度召集貴族大會議商討國事。第一次會議的與會人員有九位主教、九位伯爵、若干男爵、騎士、修院院長以及一些其它貴族和職員，很像一個貴族擴大會議。在這次會議上，國王要求以現金形式徵收協助金，理由是恢復他在國外的統治權。並說這也涉及與會人員的利益。但顯貴們拒絕了這一要求，並嚴厲批評國王的奢侈、專橫、治理不善和在任命中書令、警衛長和國庫長問題上的無能。第二次會議上，國王拒絕任命三位官員，說那樣會剝奪他固有的權利。國王的行為激怒了顯貴，致使會議中斷，而國王徵稅的要求落空[53]。這些史例說明，納稅人尤其大貴族一直在維護著個人授予的權力，並基本上獲得了成功。雖然這種個人授予與集體授予對於貴族利益很難說哪種更好些，但個人授予無疑更靈活機動，更能體現納稅人的自由意志，而貴族所極力維護的個人授予恰恰體現了這種自由精神。

就討論的結果來說，只要貴族或納稅人代表認為國王的要求合理，多數情況下會給予允准。不過這種允准是有條件的。在中古前期，如果是非正常徵收，這些條件一般為不能形成新的習慣，或者要求頒布新的法律、改組政府等。至中古後期，這些條件多表現為制度的實施，例如「補償原則」（redress before supply）[54]的確立。這在後面會論及。在許多情況下，討論的結果以國王的要求遭到否決而告終，有時甚至遭到連續否決。一二○七年一月，無地王約翰徵收協助

---

52 S. K. 米切爾：《中世紀英格蘭稅收》，頁195-196。

53 S. K. 米切爾：《中世紀英格蘭稅收》，頁210-211。

54 B. 利昂：《中世紀英格蘭憲政與法制史》，頁601-602。

金，遭到了與會主教與修道院長的拒絕。在二月份召開的貴族大會議
上，又遭到了拒絕[55]。一二五五年復活節，亨利三世因負債而請求徵
收協助金，遭到了貴族大會議的拒絕，理由是他沒有按《大憲章》的
規定徵得所有顯貴的共同同意。一二五七年再次請求徵收協助金，復
遭拒絕。一二五八年，又遭男爵拒絕[56]。而如上文所述，自一二四二
年開始，亨利三世曾連續遭到九次否決[57]。

經討論形成決議，然後按決議的規定進行徵收。徵收之前首先估
值。第二次十字軍東侵開始之時，亨利一世徵收動產什一稅的令文規
定：每個人都須繳納動產什一稅。徵收須在教堂、聖殿騎士和醫院騎
士（the knights templars and hospitalers）、國王、男爵和僧侶代表在場
的情況下進行。如果有人要求少繳，則須在本教區選出四至六名自由
人，宣誓後申報他理應繳納的數量，他則須補足餘額[58]。一二○七
年，國王為恢復諾曼第等地區的統治權，面向全國徵收出租財產稅和
牲畜稅，規定伯爵、男爵可通過他們的管家或法警，在王室代理人面
前宣誓申報出租財產和牲畜動產的價值。伯爵、男爵之外，則人人都
須親自申報，隱瞞不報或所報不實者，須受懲罰。財產估值由派往各
郡的王室特派員在郡守的協助下組織進行。百戶區和教區分別登記，
王室特派員則負責每個城鎮的登記。估值完畢，王室特派員便責令依
照他們的記錄謄抄估值詳情，並交郡守，郡守則在十五天內實施徵
收。估值原本先由特派員保管，後交財政署。凡染指這一事務者，都
需宣誓[59]。不僅動產稅的徵收需要估值，土地稅的徵收亦須估值。一
一九八年卡路卡奇的徵收即留下了非常翔實的資料。參加估值的人員

---

55 S. K. 米切爾：《中世紀英格蘭稅收》，頁177。

56 S. K. 米切爾：《中世紀英格蘭稅收》，頁218。

57 S. K. 米切爾：《中世紀英格蘭稅收》，頁161。

58 S. K. 米切爾：《中世紀英格蘭稅收》，頁61。

59 S. 多維爾：《英格蘭稅制與稅收史》，頁63。

包括國王的代理人即一名騎士與一名隨員，郡守和郡內經選舉並宣誓
履行這項工作的幾名騎士。他們將男爵的管家以及各城鎮、百戶區的
有關人員召集在一起，誠實無欺地申報所在地卡盧卡奇的數額，並據
此估算出相應的稅額。估值的結果登記為四個卷冊，國王代理人即騎
士、隨員、郡守和男爵的管家各執其一，以便徵收和查對。

賦稅徵收有時與估值同時進行，即在對某納稅人的財產作出估值
後，接著取走應繳稅款。有時則先估值，後徵收。比如一個百戶區，
先對所有納稅人的財產作出折算，然後按記錄統一徵收。一一九八年
卡路卡其的徵收，由兩位騎士和一名法警收取稅金，然後將稅金交郡
守，並清算帳目。郡守驗證後再將稅金和帳目押送財政署。男爵的稅
金則要求在郡守的協助下向他的封臣徵收。如作假，則作假的部分須
在他的領地上補償。自由民與維蘭也一樣，如被控作偽證，則需將損
失的部分提交國王。另外，維蘭還須將其犁隊中一頭最好的公牛交給
他的領主[60]。一二二五年動產稅的徵收則由王室首先委派欽差，各郡
郡守則在規定的時間和地點將郡內騎士全部召集開會，然後以百戶區
為單位選出四名左右的騎士，負責相鄰百戶區而不是其所居住的百戶
區的徵收。在城鎮，則由城鎮長官和四名自由人具體負責。徵畢，將
所收稅款送交所選騎士，騎士再上繳欽差，而欽差則將之置於某一安
全場所，如大教堂或修道院，以待解運王室。在這裏，所選騎士須在
欽差面前宣誓忠於職責。

二 「補償原則」（redress before supply）

國王要徵稅，須首先徵得議會代表的同意。一般情況下，國王的
要求只要合理，代表們大都給予允准，但須有個前提，即國王必須給

---

60 S. 多維爾：《英格蘭稅制與稅收史》，頁36-37。

予「回報」，稅款與回報是並行的，互為條件的，在一定意義上是不可割裂的[61]。那麼，議會究竟怎樣獲得和獲得了什麼回報呢？

在英國，這具體表現為「補償」原則的實施。「補償」（redress）原則是通過下院議員向國王提交請願書，國王接受這些請願書並對提出的問題和要求給予一定的解決而實施的。一三〇一年，議會拖延賦稅的徵收時間，直至愛德華一世滿足了請願書上提出的要求[62]。一三〇九年，議會更幾次拖延賦稅的徵收，而每次拖延，都從愛德華二世那裏獲得了權益[63]。在一三三九年會議上，下院提交了六個請願書，愛德華三世接受後於一三四〇年議會召開時以四個法規的形式頒行全國，下院因此批准了國王的徵稅要求。一三四八年第一次會議，下院提出六十四個請願書，因未得到滿意答覆，便拒絕了國王的徵稅要求。在第二次會議上，下院又將六十四個請願書的大部分重新提出，並宣佈如得解決，他們將授權國王連徵三年十分之一和十五分之一稅[64]。

在法國，「先補償、後供給」的表述未見諸文獻，但體現這一原則的具體實例卻不少見。一三四三年，北法三級會議要求國王放棄降低貨幣成色的政策以換取它對國王徵收交易稅的批准[65]。一三五五年，北法三級會議答應為國王提供一支役期一年、為數三萬的軍隊以抗擊英軍入侵，條件是：必須進行政府改革；國王與王室成員須像普通公民一樣繳納間接稅，不可豁免或給以特權；從三個等級的代表中選擇人員監督稅款徵收；三級會議於每年春秋兩季召開兩次以聽取徵

61 G. L. 哈利斯：《1369年以前的中世紀英格蘭的國王、議會和公共財政》，頁99。

62 G. L. 哈利斯：《1369年以前的中世紀英格蘭的國王、議會和公共財政》，頁105。

63 G. L. 哈利斯：《1369年以前的中世紀英格蘭的國王、議會和公共財政》，頁108。

64 B. 利昂：《中世紀英格蘭憲政與法制史》，頁551。

65 D. 馬修：《中世紀歐洲共同體》（D. Matthew, *The Medieval European Community*, New York 1977），頁335。

稅工作的彙報。國王當即頒令滿足了會議的要求[66]。一四一三年，巴黎市民提交了一份類似英國下院請願書性質的財務報告，要求罷免所有財政人員，扣押他們的人身和財產，強迫他們公佈帳目，並建議選舉有經驗的人充任財政官職[67]。由上述實例可以看出，法國三級會議的要求在一些方面較英國國會的補償原則更激進。

　　通過「補償」原則的實施，納稅人或議會（在英國主要是下院）獲得了眾多權益。這些權益依據請願書的性質可大體分為兩類：一類是國王直接解決公民的具體問題。這類請願書主要是陳述冤情的，就某一具體問題要求國王作出合理的解決，如改善不公正的待遇、改正司法審判中的錯誤判決等，而國王一般也能秉公處理。另一類是立法創制。在英國，一三二七年之前，下院尚無立法創制權，但已享有參與立法權。所謂參與立法權是指下院議員反映的問題有些具有典型性和普遍性，因而作為法案製成了法規，頒行全國。這種法規顯然在一定程度上反映和代表了議員們的意見和利益，但是，請願書作為法案頒佈為法規還不能說議會享有立法創制權；因為在立法活動中，國王掌握主權，而議會則處被動地位，而且請願書本身還僅僅是一種公眾請願的工具，不具法案性質。有些請願書所以作為法案頒佈為法規，是因為國王認為具有必要性，議員的作用還僅僅在於提出請願書，讓國王了解下情。愛德華三世即位之後，情況不同了。一三二七年，下院議員集體提交了一個包括四十一款的涉及全民總體利益的公眾請願書，處理的結果是其中十六個較為重要的條款製成法律頒行，二十二個製成法令公佈。西方憲法史家認為，這是英國憲法史上的一次重大改革[68]。它的意義在於，從此以後，公眾請願書取代了國王與御前會

66　D. 馬修：《中世紀歐洲共同體》，頁335-336。

67　D. 馬修：《中世紀歐洲共同體》，頁348。

68　B. 利昂：《中世紀英格蘭憲政與法制史》，頁553。

議制定的法案而成為法案的主要形式，也就是說，議會獲得了立法創
制權。對於公眾請願書，國王與御前會議可在做答時修改，不再擁有
創制權[69]。

這樣，通過稅權執掌，終於敲開了國家權力的大門，而國家政體
也就因此而形成了議會君主制的獨特形式，從而與中國的專制政體形
成了鮮明的對比。

第四節　賦稅支用

一　體制

從形式上看，西方賦稅支用體製表現為國王決定稅款支出。但實
際上，真正的決定者應該是某一權力集體。如上所述，國王每次徵
稅，都必須向某一權力集體提出徵稅要求，這種要求即包含著關於稅
款用途的說明。而某一權力集體的批覆，也相應包含著他們對這種用
途的論證與意見。如果這種用途符合他們的利益要求而且可行，他們
就可以授予。相反，則可以拒絕。這樣，稅款支出雖表現為國王一己
的活動，實際上卻取決於這些權力集體的意見。雖不排除國王在某些
情況下可能超越這些權力集體而決定了稅款的支用，但那肯定是不合
法的。至少，我們迄今還沒有發現法律明確規定國王可以支用國稅和
非常稅的例證或資料。

為了使稅款用得其所，某些專門收入往往設專賬由專人管理，這
些專門收入甚至不僅僅指軍事用項，有時還包括一些常項如卡路卡

---

69 B. 利昂：《中世紀英格蘭憲政與法制史》，頁553。

其、動產稅等。通常情況下，這些專項單獨立賬，不入 pipe roll[70]。即
使在封君封臣關係中，封君也不可違逆封臣意見將協助金挪作他用，
除非經過了封君法庭的認可或批准。而這種對封臣繳納的協助金作出
違反民意的處分的事情終究是很少的[71]。十三世紀之前協助金的管理
就是如此。這一時期，授予國王的所有非正常協助金都作為特別收入
予以專門管理，即使在一二三二年，所徵協助金納入了財政署，仍設
專賬管理。協助金的財務主管（treasurers）通常由任命產生，國王缺
席或未成年時，例如在一一九三、一二〇三和一二二五年，這些職位
必須由重要官員充任，在其它情況下，如一二〇七、一二三二、一二
三七年，則由提名產生。如為前者，稅款支付由貴族大會議批准，財
務主管則負責監督稅款的用途，以保證專款專用。如為後者，則國王
既決定稅款支出，也監督稅款專用。在這裏，國王的親自監督與專款
專用的財務原則並不矛盾，而且在某些情況下，有可能恰恰強化了這
一原則。因為協助金的授予是為了應付特別需要，監督稅款用得其所
恰恰符合國王的利益。這樣，協助金的非常性質便保證了它自始便被
特別支撥且單獨管理。而越是專款專賬專用，貴族便越容易進行監
督。這並非說專款專用財務原則的實施就杜絕了國王對稅款的濫用。
事實上，這些款項對於軟弱、鋪張、貧窮的國王來說，仍然是頗具誘
惑力的錢財備用之源。所以濫用的情況仍有發生，但發生率肯定大大
降低，而且貴族可以據理鉗制國王，拒絕批准他的徵稅要求。一二四
二年，男爵們就是依據前此所授協助金被濫用的情況，否決了國王的
徵稅要求。一二四四年，官員們甚至要求將協助金交由十二名被提名
者管理。在這種情況下，權力集體的用稅權利就顯得直觀了。稅款的

---

70 G. L. 哈利斯：《1369年以前的中世紀英格蘭的國王、議會和公共財政》，頁15。
71 G. L. 哈利斯：《1369年以前的中世紀英格蘭的國王、議會和公共財政》，頁18。

專門管理保證了專款專用。一二六九、一二七五和一二八三年徵收的
協助金都由特別徵稅人負責,他們的帳目表明這些稅款基本上用在了
十字軍東征和威爾士戰爭方面。而且在十三世紀之前,國王與貴族關
於稅款支用問題基本上沒有發生爭論。

　　問題的關鍵還不在於將幾種稅項予以專門管理,而在於這種專款
專用的財務體制。這種體制的實施與否與徵稅方式密切相關。在中國
中古社會,政府的諸項開支分夏秋兩季混徵。官員俸祿、戰爭費用、
皇室開支等一併由納稅人負擔。而這些用項在絕大多數情況下都不是
單獨或專項徵收,自然也就不可能形成專款專用的財務原則了。西方
情況不同,官員俸祿、王廷消費乃至政府開支在大多數情況下由國王
個人收入支出,雖然不排除國王也有將戰費用於王室消費的情況。納
稅人承擔的只有戰費。而戰費又可分為針對法國、威爾士、蘇格蘭等
項,所以徵收時即有明確的目的和目標。這樣便不僅易於形成專款專
用的財政體制,而且在技術上也便於操作。

　　隨著議會的產生和發展,在愛德華三世和理查二世統治時期,專
項撥款實行專門管理逐漸形成了慣例。一三四八年,英國下院在批准
十五分之一稅時強調這次稅款「只能用於蘇格蘭戰爭」[72]。一三九〇
年,下院批准每袋羊毛可徵四十先令出口稅。其中三十先令須用作戰
費[73]。至蘭加斯特王朝統治時期,議會對稅款使用作了明確規定。一
般地說,大項撥款用於衛國戰爭;噸稅、磅稅用以保衛領海;羊毛磅
稅與關稅用以維持加萊駐軍的軍需;而王室消費由王領收入維持,只
有在偶然情況下由其它來源的專項撥款補充[74]。

---

72 B. 利昂:《1369年以前的中世紀英格蘭憲政與法制史》,頁552。
73 B. 利昂:《1369年以前的中世紀英格蘭憲政與法制史》,頁552。
74 B. 利昂:《1369年以前的中世紀英格蘭憲政與法制史》,頁602。

二　主要用項

　　關於西方中古社會賦稅的主要用途，在國內學術界其實還是一個比較模糊的問題，因此不免產生一些錯誤認識，以為在君主制下稅款主要用於王室浩繁的消費或無度的揮霍，這便背離了歷史實際，從而難以客觀評價政府的財政活動。

　　其實，賦稅支出的主要用項是戰費。而戰費有兩個來源，一是國稅。從理論上講，國稅稅款必須全部用於戰費支出，或者說，國王徵收國稅的唯一目的即在於打仗。而其它如官吏薪俸、宮廷花費等，基於這時政府的私人性質，都支自國王收入，雖然實際上不免有國王私自挪用國稅的事情發生，但在議會審計的控制下，這種事情終究是不多的。這樣，如果將國稅的流失忽略不計，則所謂國稅支出，就只是戰費支出。國稅支出雖只有戰費一項，其支出金額卻是巨大的。西歐中古社會國王多好大喜功，窮兵黷武，致使兵連禍結，戰爭頻仍。在英國，這些戰爭包括對法戰爭、蘇格蘭戰爭、威爾士戰爭、十字軍東征等。在法國，除了對英戰爭、十字軍東侵外，十世紀之前有查理帝國的長期對外擴張，十世紀之後更有國王針對獨立大領主的統一戰爭。這些都是曠日持久的大戰。英法百年戰爭，斷斷續續進行了一百多年，十字軍東侵更延續了二百年之久。這期間，交戰雖不是沒有間歇，但間歇期間在佔領地上的駐軍仍需要財力維持，耗費仍然是巨大的。蘇格蘭戰爭、威爾士戰爭、法國統一戰爭，也都遷延上百甚至數百年之久，給人民帶來了沉重的負擔。大戰之外，又有眾多的小戰。這些小戰有時與大戰同時發生，同時進行，有時與大戰交替發生，交替進行。大小戰併發的結果使英法中古社會幾乎常年充滿了戰爭。這樣，在戰爭年代，若以年費為單位比較，僅戰費的國稅一項開支，即超過了任何一項其它開支並常常超過所有其它開支的總和。而且即使

在所謂和平年代，也常有戰費性質的開支。如英國，一三六〇至一三六九年間被稱為和平年代，雖無戰事發生，但在加萊、道維爾、波爾維克、洛克斯堡以及其它地區都派有駐軍，在加斯科尼、龐休、布列塔尼、愛爾蘭等海外屬地也需要財政維持[75]，其軍費開支亦不可忽視。戰費的另一個來源是封地稅。封地稅雖不似國稅那樣全部用於戰費開支，但大部分派作此用則是可以肯定的。這首先包括了協助金的大部分。按封建法，國王的直接封臣必須帶領他的騎士一年為他服兵役四十日。這種四十日的兵役便可以折合為戰費，或者說是戰費支付的結果。由於形成了定制，四十日的役期每年都須履行，於是構成了協助金的大部分開支。雖然國王被俘贖身、國王長子立為騎士、長女出嫁時直接封臣的花費亦不在少，有時甚至堪稱巨額，如英王獅心理查被俘後他的封臣投入了十萬馬克才將其從德國領主手中贖回。但這種事情畢竟很少發生。同樣，國王的長子長女也只有一個，徵納的機會也不多見，很難與支於戰費的部分相比。這樣，僅國稅支出一項，已使戰費成為國王或王室支出中最大的項目，再加上封地稅部分，戰費的開支更加龐大無匹了。

將戰費置於一定的參照中，有助於進一步認識它在國家財政支出中的分量。這裏以王室消費為例做些分析，因為王室消費居於戰費之下而遠高於其它用項，但由於統計資料缺乏，只能與英國國王愛德華一世的宮廷消費做些比較。愛德華一世的王室消費年支出平均為一點五萬英鎊。而他在位三十五年，僅戰爭用款中的國稅一項即達一百萬磅[76]，年均花費幾近王室消費的兩倍，這還沒將封地稅中用於戰費的協助金計算在內。另外，還須將另一個因素考慮在內，即王室花費並

---

75 G. L. 哈利斯：《1369年以前的中世紀英格蘭的國王、議會和公共財政》，頁473-477。
76 M. M. 波斯坦：《劍橋歐洲經濟史》，頁304。

非全部來自稅款。西歐中古社會王室消費有一套獨特的運行規則，這就是「國王靠他自己的收入生活」。所謂自己的收入，主要指王領、司法、山澤之入等，在英國則還有城市稅款。其中司法、山澤之入便不可以稅款視之。如果將這些收入從中扣除，則王室花費必將大打折扣。而且，與東方特別是中國不同，由於政府具有私人性質，王室所費包括了官吏的薪俸，這一狀況直致伊莉莎白時代仍舊保持。而在中國，官員的俸祿是稅款開支的重大部分，特別在官僚機構膨脹的情況下就更是如此。

在上述原則的制約下，國王「自己的收入」構成了王室消費的基本範圍和界限。所謂基本範圍和界限，是指王室消費雖常有結餘和超支的情況發生，但大體波動在「自己收入」的額度上，不會造成大的誤差。這樣，大體說來，十四世紀中葉之前，國王的生活基本上遵循了這一原則，雖然如上所述，不能說沒有國王挪用戰爭稅款的事情發生，但可以肯定，無論哪個權力集體還是國王本人，都不會認為這具有任何合法性。既屬違法，對於國王的財政行為和權力集體的監督活動便都產生一定的限制和加強，這也許是王室消費在「自己收入」的額度上波動的基本原因所在。十四世紀末，始見議會將稅款的一部分劃歸王室消費的資料，說明這一原則和傳統開始適應新的歷史條件而發生變化。十五世紀，議會重申傳統，規定王領收入留作王室消費，並作出新的規定，個別情況下可以得到議會專項撥款補助。稍後，議會又決定將王室從國家支出中劃分出來，劃撥專款維持王室消費。這標誌著王室財政和國家財政分離的開始[77]。但須知，議會所以作出這一規定，目的仍在於控制王室消費，使其專款專用，以防挪用其它款項，而不是如人們所認識的那樣，後者的支出獲得了更多的資源。這

---

77 B. 利昂：《中世紀英格蘭憲政與法制史》，頁602。

樣，便可以作出結論，由於戰費的徵收經過了國王要求、集體討論、共同同意和議會授予的法定程序，稅款的開支在某種程度上適應了納稅人的需要，代表了人民的共同利益。這其中有時當然包含了一些比較複雜的因素，比如納稅人雖然最終同意授予，但並非完全出於自己的意願，然而事情的最終結局卻是，通過某種討價還價（在議會形成後稱為「補償原則」），納稅人仍可獲得一定的權益。再將這種情況考慮在內，說稅款的支用在某種程度上代表了人民的共同利益並非背離歷史的實際。

中華文化思想叢書　A0100028

中古政治制度　上冊

作　　　者	侯建新等	
責任編輯	蔡雅如	
發 行 人	陳滿銘	
總 經 理	梁錦興	
總 編 輯	陳滿銘	
副總編輯	張晏瑞	
編 輯 所	萬卷樓圖書股份有限公司	
排　　版	林曉敏	
印　　刷	百通科技股份有限公司	
封面設計	斐類設計工作室	
出　　版	昌明文化有限公司	

桃園市龜山區中原街 32 號
電話　(02)23216565

發　　行　萬卷樓圖書股份有限公司
臺北市羅斯福路二段 41 號 6 樓之 3
電話　(02)23216565
傳真　(02)23218698
電郵　SERVICE@WANJUAN.COM.TW

大陸經銷
廈門外圖臺灣書店有限公司
　　電郵 JKB188@188.COM

ISBN 978-986-93170-2-3

2016 年 5 月初版

定價：新臺幣 420 元

如何購買本書：

1. 劃撥購書，請透過以下郵政劃撥帳號：
　　帳號：15624015
　　戶名：萬卷樓圖書股份有限公司
2. 轉帳購書，請透過以下帳戶
　　合作金庫銀行 古亭分行
　　戶名：萬卷樓圖書股份有限公司
　　帳號：0877717092596
3. 網路購書，請透過萬卷樓網站
　　網址 WWW.WANJUAN.COM.TW

大量購書，請直接聯繫我們，將有專人為您
服務。客服：(02)23216565 分機 10

如有缺頁、破損或裝訂錯誤，請寄回更換

國家圖書館出版品預行編目資料

中古政治制度 / 侯建新等著.-- 初版.-- 桃園
市：昌明文化出版；臺北市：萬卷樓發行,
2016.05
　　冊；　公分.-- (中華文化思想叢書)
ISBN 978-986-93170-2-3(上冊：平裝).--
1.政治制度 2.中古史 3.比較研究
572　　　　　　　　　　　　　105007560

本著作物經廈門墨客知識產權代理有限公司代理，由江西人民出版社責任有限公司授
權萬卷樓圖書股份有限公司出版、發行中文繁體字版版權。